全国交通运输行业干部培训系列教材

Gonglu Guanli Gailun

公路管理概论

韩　冰　胡娟娟　主编

人民交通出版社股份有限公司
China Communications Press Co.,Ltd.

内容提要

本书为全国交通运输行业干部培训系列教材之一，全书共八章，主要内容包括：公路发展概论、公路基础知识、公路网规划、公路建设、公路养护管理、公路路政管理、路网监测与应急处置、收费公路等。

本书可作为交通运输行业的干部培训教材，也可供公路建设与管理人员参考使用。

图书在版编目(CIP)数据

公路管理概论/韩冰，胡娟娟主编. —北京：人民交通出版社股份有限公司，2017.1

ISBN 978-7-114-13511-8

Ⅰ.①公… Ⅱ.①韩… ②胡… Ⅲ.①公路管理 Ⅳ.①F540.3

中国版本图书馆 CIP 数据核字(2016)第 289618 号

书　　名：公路管理概论
著 作 者：韩　冰　胡娟娟
责任编辑：李　斌
出版发行：人民交通出版社股份有限公司
地　　址：(100011)北京市朝阳区安定门外外馆斜街 3 号
网　　址：http://www.ccpress.com.cn
销售电话：(010)59757973
总 经 销：人民交通出版社股份有限公司发行部
经　　销：各地新华书店
印　　刷：北京市密东印刷有限公司
开　　本：787×1092　1/16
印　　张：12.25
字　　数：250 千
版　　次：2017 年 1 月　第 1 版
印　　次：2017 年 8 月　第 2 次印刷
书　　号：ISBN 978-7-114-13511-8
定　　价：30.00 元

前言

PREFACE

干部教育培训是建设高素质干部队伍的先导性、基础性、战略性工程。交通运输行业干部教育培训是提高交通运输行业干部队伍素质,保障交通运输行业可持续发展的关键。“十三五”及未来一段时期将是交通运输行业贯彻五大发展理念、加强法治政府部门建设、加快供给侧改革、实现行业治理体系和治理能力现代化的重要时期,面临转型升级、结构调整、提质增效、推进综合交通运输体系建设的艰巨任务。交通运输作为经济社会发展的先行官,迫切需要建设一支适应“四个交通”发展的高素质的干部队伍。部党组高度重视干部教育培训工作,强调要通过集中轮训、专题培训、岗位培训、网络培训等方式,突出重点,统筹推进各级各类干部教育培训。目前交通运输行业迫切需要一套体系完整的行业干部教育培训系列教材。

交通运输部管理干部学院按照部党组的要求,贯彻《干部教育培训工作条例》,“适应不同类别干部教育培训的需要,着眼于提高干部综合素质和能力,逐步建立开放的、形式多样的、具有时代特色的干部教育培训教材体系”。学院全面推进正规化建设,高度重视培训教材建设,在部人事教育司的大力指导下,与人民交通出版社签订了战略合作协议,组织开发了全国交通运输行业干部培训系列教材。

《公路管理概论》是系列教材中的一本,作为综合交通运输方面的干部教育培训教材,本教材紧密结合交通运输部新出台的相关政策、法律法规,把握政策要点和前沿技术发展趋势,涵盖了公路基础知识、公路网规划、建设、养护管理、路政管理、路网监测与应急处置以及收费公路等方面的相关内容,是适合公路行业领导干部和相关管理人员使用的科普型教材。

本教材由韩冰负责整个教材框架和结构设计,胡娟娟负责教材编写过程的组织协调和统稿工作。教材共分八章,其中韩冰主要编写第一章、第七章,李菊侠主要编写第二章,胡娟娟主要编写第三章,尤冬梅主要编写第四章,张宇主要编写第五章,余清河、郭新红主要编写第六章,李维明主要编写第八章。

由于编写水平有限,存在不足之处,敬请谅解。

编写组

2016 年 10 月

目录 CONTENTS

第一章　公路发展概论

第一节　我国公路发展概论

一、公路建设概况

交通运输的发展是区域经济发展的基础条件，而在各种交通运输方式中，公路运输相对于铁路、水路及航空运输来说所占比重更大，尤其是在内陆地区，由于铁路运输的非直达性，内河航道的缺乏，空运的高成本以及高速公路建设的快速发展等诸多原因，公路运输已经成为地区间最直接、最有效的运输方式。公路建设对于一个国家经济的发展起着重要的基础作用。

新中国成立初期，我国公路通车里程仅为8.07万千米，公路等级均在二级以下，路面里程仅有3万千米。到1978年，全国公路通车里程达到89万千米，是新中国成立初期的11倍，但既无一级公路，更无高速公路，公路交通成为当时国民经济发展的“瓶颈”之一。改革开放后，随着国民经济快速发展和对外开放的不断扩大，公路交通进入了快速发展时期，公路建设成就辉煌，路上运输已经成为覆盖面最广、与人民群众关系最密切的交通运输方式。主要表现在以下五个方面：

(一)公路总量快速增加

我国公路发展共经历了三个阶段，1949—1984年是我国公路发展的起步阶段，公路总里程由8万千米发展到94万千米，但公路的通达深度与广度严重不足。1985—1997年是公路稳步发展阶段，公路总里程由94万千米发展到122.6万千米，二级以上公路占总里程的10.7%，在此阶段，我国不仅开始建设高速公路，干线公路改造也取得了重大成就。1998年至2016年，是公路高速发展阶段，公路总里程达到了469.6万千米(图1-1)，实现了历史性的跨越，不仅建成了世界上最大的高速公路网，也建成了一个施工难度最大、技术水平最高、全国ETC联网的高速公路网，国省干线的升级改造，农村公路的全面发展都取得了令人瞩目的巨大成就。

(二)高速公路建设突飞猛进

高速公路是现代经济和社会发展重要的基础设施，是构筑交通现代化的重要基础。我国高速公路建设酝酿于20世纪70年代，起步于20世纪80年代，发展于20世纪90年代，腾飞于21世纪，起步时间较西方发达国家晚了近半个世纪，但起点高、发展速度快。1988年10月31日，上海至嘉定高速公路的通车，标志着我国大陆公路零的突破。“七五”期间(1986—1990 年),建成以沈大高速公路、京津塘高速公路为代表的一批高速公路 522 千米。“八五”期间(1991—1995 年),建成高速公路 1600 多千米。“九五”期间(1996—2000 年),建成高速公路 1400 多千米。“十五”期间(2001—2005 年),建成高速公路 2400 多千米。1999 年高速公路里程突破 1 万千米,2007 年突破 5 万千米,截至 2016 年底,高速公路总里程达到 13 万千米,居世界第一。有 20 个省(区)高速公路里程超过 3000 千米,覆盖所有 100 万人口以上的城市和 93% 的 50 万人口以上的城市。全国高速公路里程发展趋势如图 1-2 所示。

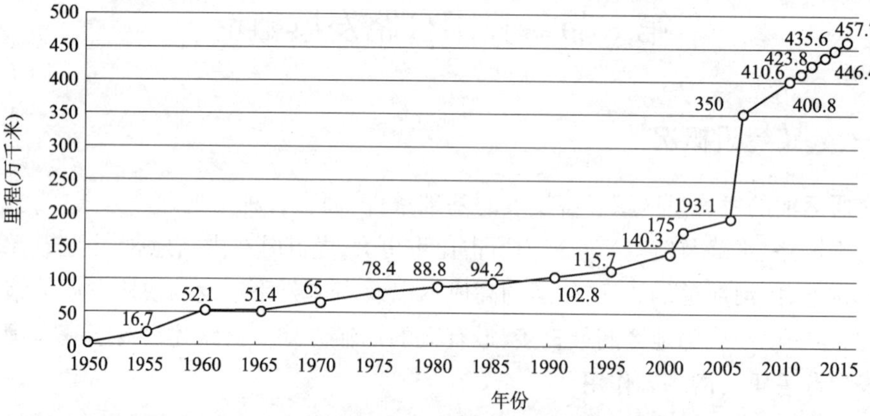

图 1-1　新中国成立以来全国公路里程发展示意图

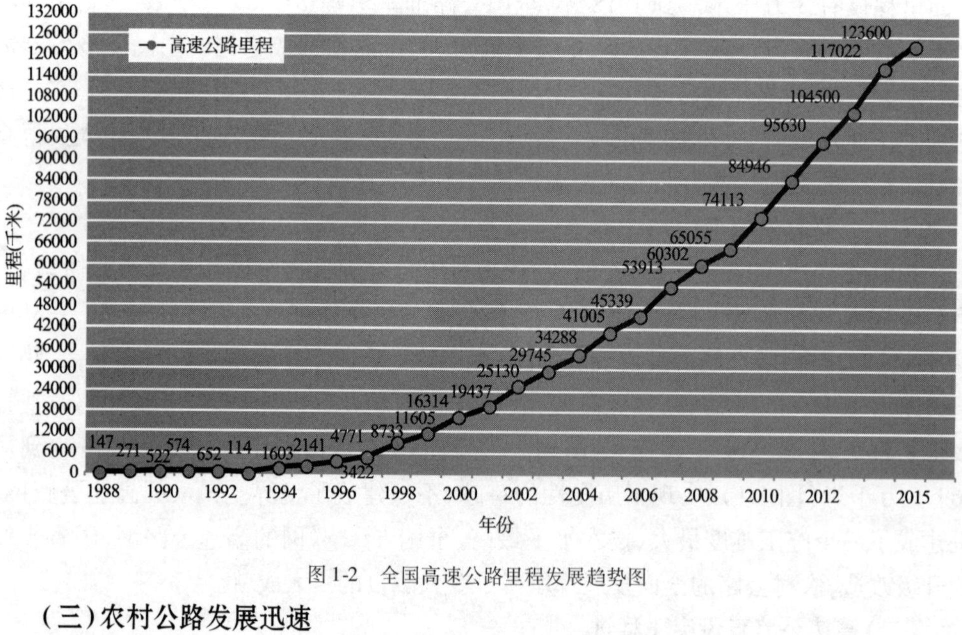

图 1-2　全国高速公路里程发展趋势图

(三)农村公路发展迅速

截至 2016 年底,农村公路通车总里程突破 398 万千米,比 1978 年增长了近 5 倍;乡镇和建制村的通达率分别达到 99.98% 和 99.82%,全国农村公路铺装率达到 66.8%,通客运班车率分别达 99% 和 93%,亿万农民“出门水泥路,抬脚上客车”的梦想正加快实现。全国农村公路路网已经延伸到从高原到山区,从少数民族地区、贫困老区到各个角落。“十二五”期间，中央对农村公路总投资达3265亿元，带动全社会投资约1.3万亿元，比“十一五”期间增长40%，GDP贡献率约0.6%，带动农民就业290万人，增收超过940亿元。“十二五”期间，全国创建了一批“美丽乡村示范路”，把农村公路整治与改善人居环境结合起来，农村环境和村容村貌发生翻天覆地变化，助推了宜居、宜业、宜游的“美丽乡村”建设(图1-3)。

a)　　b)

图1-3　美丽乡村公路

(四)桥梁建设进入国际先进行列

截至2013年底，全国桥梁数量世界第一，达到73.53万座(3977.80万米)，其中，特大桥梁3075座(546.14万米)，大桥67677座(1704.34万米)，中小桥664548座(1723.32万米)。我国先后在长江、黄河等大江大河和海湾地区，建成了一大批深基础、大跨径、技术含量高的世界级公路桥梁，江阴长江公路大桥、润扬长江公路大桥、南京长江二桥和三桥、东海大桥、杭州湾跨海大桥、苏通长江公路大桥等一批特大型桥梁相继通车，舟山西堠门跨海大桥、泰州长江大桥、马鞍山长江大桥、嘉绍过江通道等一批在建桥梁进展顺利。

目前，世界前10座主跨最大的悬索桥中，我国有5座(包括香港青马大桥)(表1-1)；世界前10座主跨最大的斜拉桥中，我国有7座(包括香港昂船洲大桥)(表1-2)；世界前10座主跨最大的拱桥中，我国有7座；世界前10座主跨最大的桥梁中，我国有5座。2007年刚建成的杭州湾跨海大桥全长36千米，是世界上最长的跨海大桥(表1-3)；苏通长江公路大桥主跨跨径、主塔高度、斜拉索长度和群桩基础规模创造了四项世界之最。

世界上主跨跨径最大的前10座悬索桥　　表1-1

排　名	桥　名	国　家	主跨跨径(m)	建成时间
1	Akashi-Kaikyo大桥	日本	1991	1998
2	西堠门大桥	中国	1650	2009
3	Great Belt大桥	丹麦	1624	1998
4	Gwangyang大桥	韩国	1545	在建
5	润扬长江大桥	中国	1490	2005

续上表

排　名	桥　名	国　家	主跨跨径(m)	建成时间
6	南京长江四桥	中国	1418	2014
7	Humber 大桥	英国	1410	1981
8	江阴长江大桥	中国	1385	1999
9	青马大桥	中国	1377	1997
10	Hardanger 大桥	挪威	1310	在建

世界上主跨跨径最大的前 10 座斜拉桥　　表 1-2

排　名	桥　名	国　家	主跨跨径(m)	建成时间
1	苏通大桥	中国	1088	2008
2	昂船洲大桥	中国	1018	2009
3	鄂东长江大桥	中国	926	2010
4	Tatara 大桥	日本	890	1999
5	Normandie 大桥	法国	856	1995
6	荆岳长江大桥	中国	816	2010
7	Incheon 大桥	韩国	800	2009
8	上海长江大桥	中国	730	2008
9	闵浦大桥	中国	708	2010
10	南京长江三桥	中国	648	2005

世界上最长的前 10 座跨海大桥　　表 1-3

排　名	桥　名	国　家	里程(km)	建成时间
1	杭州湾大桥	中国	36	2007
2	港珠澳大桥	中国	35.5	在建
3	东海大桥	中国	32.5	2005
4	青岛海湾大桥	中国	27	2011
5	舟山大陆连岛工程	中国	25	2009
6	King Fahd Causeway	巴林	25	1986
7	Great Belt 大桥	丹麦	17.5	1997
8	Oresund Strait 大桥	丹麦/瑞典	16	2000
9	Rio-Niteroi 大桥	巴西	13.3	1974
10	杭州湾嘉绍大桥	中国	10.1	2013

(五)隧道建设能力迅速提升

截至 2012 年底,全国公路隧道为 10022 处、里程总长达到了 805.27 万米,其中,特长隧道 441 处、198.48 万米,长隧道 1944 处、330.44 万米。相继建成了全长 504 千米的雁门关隧道,全长 7 千米的雪峰山隧道,全长 18 千米的秦岭终南山隧道(规模位居世界第一),埋深最深的 4.2 千米的二郎山隧道。随着公路的快速发展和技术水平的不断提高,山岭长大隧道、深水海底隧道不断涌现,施工及运营管理技术不断提高,运营服务不断完善。厦门翔安隧道实现了海底隧道建设的新突破,上海越江隧道盾构直径达到了15.43米。四川省二郎山主隧道长4.2千米,洞口海拔2200米,是我国公路隧道中埋藏最深(埋深830米),地应力最大(最大50兆帕),岩爆、大变形、暗河等不良地质情况最多,地下水富集(勘探孔中承压水头高达115.4米)的一条山岭公路隧道。四川华蓥山隧道全长4.7千米,沿线穿越煤层、岩溶地质、断层、背斜高应力核部,并伴有瓦斯、天然气、石油气、硫化氢等多种毒害气体;山西雁门关隧道全长5.4千米,一路穿越27条断层。这些隧道集中体现了我国的隧道建设能力和技术水平。

公路建设的快速发展,对促进国民经济发展和社会进步发挥了重要作用。第一,公路交通是通达率最广、与人民群众生产生活联系最为密切的一种运输方式,是综合运输体系的基础和骨干,公路交通的快速发展,为人们出行和货物流通提供了良好的基础设施,为经济和社会的发展奠定了良好的基础;第二,改善了投资环境,促进了沿线地区土地开发和产业结构调整,促进了沿线经济产业带的形成和区域经济的繁荣;第三,农村公路的建设改善了贫困地区的交通条件,促进了农村发展、加快了农民脱贫致富的步伐;第四,通过公路建设,扩大了内需,带动了建材、石化、机械、汽车、运输、旅游、商业等相关行业的发展,为国民生产总值的增长做出了贡献;第五,公路建设增加了就业,近几年,公路建设的施工人数每年约280万人,施工高峰期约400万人,促进了就业;第六,公路的开通促进了信息交流,使沿线人民群众开阔了眼界,转变了观念,促进了经济发展和社会进步。

二、行业管理现状

各级交通运输主管部门加强对公路基础设施建设的指导和监督,创造性地开展工作,管理机制、管理方式随着市场经济的发展逐步完善,管理水平、管理效率随着建设经验的不断积累逐年提高。

1. 以科学发展观为指导,不断创新理念

在科学发展观理论指导下,总结推广了四川川久路示范工程建设的成功经验,提出了"六个坚持、六个树立"的公路建设新理念,建设"安全、环保、耐久、经济"的公路工程已成为行业内共同的目标。

2. 狠抓质量管理,工程质量显著提高

始终把工程质量作为行业管理的首要任务,全面推行项目法人责任制度、招标投标制度、工程监理制度和合同管理制度,建立了"政府监督、法人管理、社会监理、企业自检"的四级质量保证体系,加强了质量抽查和质量监督,集中开展了沥青路面早起破损治理工作,解决了一批工程质量通病。从近年来质量统计结果来看,工程质量抽检合格率保持在较高水平,工程总体质量稳中有升,一批重点工程获得国家级优质工程奖励。

3. 加强市场监管,市场秩序明显好转

强化源头管理,加强动态监管,初步建立了公路建设市场诚信体系。组织开展以“履约诚信”为主要内容的市场督查活动,查处了一批违法违规企业,规范了市场秩序。加强招投标管理,全面推行合理底标价和无标底招标。高度重视工程安全生产监督,开展安全生产专项整治工作。组织开展了清理拖欠工程款和农民工工资专项整治工作,顺利完成了国务院部署的三年清欠工作目标。

4. 法制化水平显著提高,标准规范体系渐趋完善

全力推进公路建设法制化进程,《公路建设监督管理办法》《公路工程施工招标投标管理办法》《经营性公路建设项目投资人招标投标管理规定》等八部部颁规章相继实施,公路建设法规体系日益完善。及时总结工程实践经验,加快了公路工程标准规范编制修订进程,翻译了一批国外成熟的标准规范,相关标准规范指南得到充实和完善,形成了一个“结构合理、功能完备、科学有效”的完整的公路工程标准规范体系。

三、公路建设发展的宝贵经验

回顾公路建设近年走过的发展历程,最重要的是紧紧抓住了国家加快基础设施建设的历史机遇,最显著的是公路建设实现了跨越式发展,最突出的是提出了完全符合中国国情的公路建设管理经验、运行模式和技术路线。概括起来,主要有以下五条经验:

1. 党中央、国务院重视发展交通运输事业

党和国家领导人多次对交通运输工作作出重要指示批示,“先行官”成为引领行业发展的新旗帜,“三个服务”“四个交通”“三个转变”“五化工程管理”等发展现代交通运输业理念成为行业共识。“贷款修路、收费还贷”政策、开征车辆购置附加费政策、提高公路养路费费率政策为公路建设融资奠定了良好的基础,促进了公路快速发展。

2. 坚持科学发展,坚持以人为本

走资源节约型、环境友好型发展之路,努力做好“三个服务”是实现公路建设又好又快发展的根本理念。

3. 坚持科技先导,质量第一、安全为本

实现公路安全性、便捷性、舒适性的和谐统一,是公路建设的本质要求。

4. 坚持依法行政,坚持改革创新

转变政府职能,加强管理,完善措施,全面提高公路建设市场监管水平,是促进公路建设快速发展的不竭动力。

5. 坚持条块结合、以地方为主的联合建设方针,多渠道筹集资金

把公路建设由行业行为转变成政府行为、社会行为,形成上下联动、部门互动。社会参与的良好氛围,是公路建设事业持续发展的有力保障。

第二节　发达国家公路交通发展主要特点

一、各国公路发展主要特点

早在20世纪20～30年代，高速公路就开始在意大利、德国等西方发达国家出现。意大利于1924年修建了米兰—莱克斯高速公路，德国于1932年建成了波恩—科隆高速公路。随后发展的是美国、英国、法国、日本等国家。高速公路有计划、大规模建设是在20世纪50年代中期以后，此时西方主要发达国家开始从战时经济状态进入持续快速发展时期，交通运输需求总量不断增加，工业社会生产的多品种、少批量产品及高、精、尖产品大量增加，对运输的方便性、及时性要求明显提高。与此同时，汽车工业快速发展，汽车运输逐渐成为综合运输体系中的基础运输方式，这对于高速公路的发展起到了直接的推动作用。

由于高速公路对国民经济和社会发展具有重要作用，许多国家把修建高速公路作为实现现代化的一项重要措施。从20世纪60～70年代开始，澳大利亚、西班牙、墨西哥、加拿大、前南斯拉夫以及一些发展中国家也加入了修筑高速公路的行列。据不完全统计，目前全世界已有80多个国家和地区拥有高速公路，通车里程超过23万千米。就世界范围来看，高速公路已发展到了一个比较成熟的阶段，无论其主体工程还是基础配套设施的发展，均已经相当完善，一些发达国家越来越重视高速公路的安全性、信息化管理、环境和景观等问题，并正向以计算机技术、现代通信技术和现代控制技术为基础的智能交通系统发展。

从高速公路的发展趋向看主要有两个特点：一是网络化，如北美、西欧的高速公路网建设；二是智能化，20世纪90年代以来，美国、日本、西欧等国竞相大量投资进行智能车辆与高速公路系统的研究开发工作，运用现代信息、通信和控制等技术，通过车辆与道路的双向信息沟通，以达到缓解道路堵塞、疏导交通、提高通行能力、减少交通事故、降低环境污染等目的。据美国有关方面的研究，智能车路系统能使高速公路网容量提高一倍，使道路拥挤及油耗损失降低25%～50%，酝酿多年的这场新的高速公路技术革命已引起人们的极大关注。

（一）美国：半个世纪基本建成高速公路网络

美国是当今世界上公路交通最发达、高速公路通车里程最多的国家之一，2014年底其高速公路里程达9.2万千米，几乎占世界总量的一半。美国的高速公路主要由州际和国防公路系统（7.46万千米，占高速公路总里程的84%）组成。该公路系统从20世纪30年代后期开始筹备和规划，中间几经调整，20世纪50年代中期开始大规模建设，至20世纪80年代基本建设完成，前后经历了半个多世纪。

美国于1938年提出建设总长度约4.3万千米的跨区域公路系统的设想。1941年，罗斯福总统指出了研究建立国家快速路系统的必要性，研究者提交的报告将这一系统称为"国家州际公路系统",并建议该系统总长度为6.3万千米。1944年的"联邦资助公路法案"采纳了这个建议,将总长度扩展到6.5万千米,正式提出了"国家州际公路系统"这一概念,要求尽可能连接主要的大都市地区、城市和工业中心,并服务于国防,与加拿大和墨西哥连接的具有大陆交通意义的公路干线也在考虑之内。但是由于该法案及整个20世纪40年代的其他法案都没有为州际公路系统的建设解决资金来源,加之受第二次世界大战的影响,其建设速度相当缓慢,直到1953年艾森豪威尔总统执政时才完成1.03万千米。

1956年通过的《联邦资助公路法》和《公路税收法案》决定征收燃油税和重要汽车配件消费税等,建立州际公路信托基金,解决了州际公路建设资金问题。在1957—1959财政年度,按照人口占2/3、土地占1/6、州际公路里程占1/6的比例给各州分配基金。从1960财政年度开始,采用分期拨付的方式,联邦政府承担州际高速公路建设费用的90%,其余10%由各州政府承担。此外,该法案将州际公路系统扩大到6.66万千米,目标是服务于全国,连接所有5万人口以上的城市,全部控制出入,消除公路和铁路的平交,绝大部分路段应不少于四车道,在交通量稀少的路段允许两车道,城市出入口路段应建成六至八车道,并能适应未来20年交通需求的增长,可承担全美公路交通总量的20%~25%。1966年又通过立法明确规定,州际公路不管交通量大小,至少要修建四车道,且取消一切平交,同时允许各州将符合州际公路标准的收费道路、桥梁、隧道纳入州际公路系统。因此,美国州际公路系统的规模和布局得到不断扩大和完善。1956年的《联邦资助公路法》确保了州际公路在"用者付费"的原则下修建,既为该系统的建设提供了资金保障,又实现了艾森豪威尔总统确定的"不增加联邦政府财政赤字"的基本要求。

目前美国的州际公路总里程达到7.46万千米,全国高速公路达到9.2万千米,形成了连接各州首府及所有5万以上人口的城市,并与加拿大、墨西哥等周边国家相连的高速公路网。美国州际公路的建设创造了许多就业机会,还拉动了钢铁、水泥、沥青和碎石的生产,并为汽车工业的发展清除了"路障",对二战以后美国经济的快速发展和国土资源的均衡开发起到了至关重要的作用。资料表明,美国州际公路的客货运输所创造的经济效益与建设成本之比为3:1,同时,该系统的建设大大提高了交通运输的方便性、迅速性、舒适性和安全性,生产制造活动、商业活动、社会活动等都离不开州际公路所提供的服务。如果没有该系统,美国这个"车轮上的国家"将无法运转。

(二)日本:收费公路制度解决资金问题

日本的高速公路网规划开始于20世纪40年代初。尽管当时日本的经济实力还很弱,财政困难,人民生活水平不高,但是由于看到高速公路在西方发达国家经济与社会发展中起到的积极作用及其带来的巨大经济效益和社会效益,当时日本政界和金融界提出了建设纵贯日本南北的高速公路设想,这样有利于国土的普遍开发、人口的均匀分布及经济的协调发展。经过3年的调查和研讨,1943年,日本提出了5490千米的高速公路规划方案。

随着日本战后经济的复兴和外资的引入,国内建设高速公路的呼声高涨。1955—1957 年,日本国会讨论并通过了《国土开发纵贯公路建设法》《高速公路法》和《道路公团法》,正式批准了 7 条纵贯国土、共计 3730 千米的高速公路建设计划,并成立高速公路公团专门负责高速公路的建设和管理工作。

1966 年日本国会通过的《国土开发干线公路建设法》明确提出,至 2000 年,全国建设 32 条、总长 7600 千米的高速公路网的发展规划。制订该项规划的基本原则是:

首先,从高速公路开发功能考虑,以纵向贯通国土的高速公路为骨架,辅以横向高速公路并与纵向高速公路相连,形成如脊椎骨与肋骨般的关系;以 10 万人以上的地方中心城市、新兴产业城市、工业开发城市等为主要控制点,高速公路必须连接这些城市;除边远山区外,全国各地都能在两小时之内到达高速公路。

其次,从高速公路布局的合理性和完善性考虑,对连接主要控制点的比较路线,计算远景交通量,选出交通量大的路线;对各条路线计算沿线城市人口,对某些单位路线长度城市人口多的路线,增补一些路线;对高速公路网围绕的各个区域,分析其交通量是否与高速公路的能力相适应,对不适应的区域再补充路线。根据该项规划确定的目标,在规划实现之后,在日本全国范围之内,1 小时内可到达高速公路的地区占 70%,2 小时内可到达高速公路的地区占 90%。

1987 年日本国土厅发表的“第四次全国综合开发规则”确定 21 世纪日本的国土结构目标为:“发挥区域的独立性,通过进一步的交流、多方面的联络,形成统一的圈域,同时,各圈域的中心城市之间形成较高层次的路网,即形成多中心的分散型国土。”针对 21 世纪国土结构的设想和交通需求,同年 6 月的日本内阁会议决定将 1966 年法定的 7600 千米高速公路扩展到 1.4 万千米,并更名为“高标准干线公路”。

“高标准干线公路”由三部分道路组成:高速公路 11520 千米,及原计划的 7600 千米和新规划的 3920 千米;一般国道中汽车专用道 2300 千米。“高标准干线公路”是既作为一般国道的骨架,又作为高速、综合交通系统加以规划的。制订该计划的主导思想是:加强 10 万人口以上城市的联络;强化东京、名古屋、大阪等特大城市的环形和绕行高速公路;加强重要港口、航空港等客货集中地的连接;在全国形成从城市和农村各地一小时内可到达高速公路的干线网络;建设在出现灾害时可靠的、并能替代其他运输方式的高速公路网;消除已有高速公路中交通严重拥挤路段等。

高速公路建设计划的有效实施,必须有长期、稳定和充足的资金来源作为保障。日本在开始修建高速公路时财政十分困难,无力解决高速公路建设资金问题,因此不得不借助于 1952 年通过立法建立和实施的收费公路制度,采取借款修路、过路收费、收费还债的办法解决财力不足的问题。其中第一条高速公路——名神高速公路是通过向世界银行贷款建设的,1966 年建成通车后,取得了巨大的社会、经济效益。这种制度至今仍在日本高速公路建设和资金筹措中发挥重要作用。按照这种制度,道路的建设资金从政府和金融机构借款取得,并通过道路通车后收取的通行费来偿还。此外,日本政府每年还向高速公路建设拨款,主要用于贴息。

(三)德国:建设规划步步推进

德国是世界上最早修建高速公路的国家,1939 年,德国已建成高速公路 3440 千米,但其早期修建的高速公路主要是用于军事。二战后,前联邦德国在战后的头 10 年间主要致力于恢复、重建高速公路。从 1955 年开始,前联邦德国又开始有计划地大规模修建高速公路。

前联邦德国对全国公路网制订了长期规划和中期规划,规划以人口、经济、国土开发和环境保护的发展为基础,使所有 5 万人口以上的城市及大部分人口在 5 万以下的城市连通高速公路。规划的原则是:交通量多的轴线优先规划;帮助落后地区经济开发并促进交流;加强与邻国的连接;将交通量大的交通轴线规划为复线或多车道公路。按照上述原则规划的路网,以大城市汉堡、汉诺威、科隆、法兰克福、斯图加特、慕尼黑为交通轴线,从轴线出发分别修建以复线为主的路线,然后根据国土开发计划修建路网。1955—1970 年间共修建高速公路 2245 千米,这一期间的主要任务是将已有的高速公路连接成网。

1971 年后,前联邦德国又制订了为期 15 年的高速公路网建设规划,规划里程 1.05万千米,规划目标为:全国各地都能在 30 分钟内到达高速公路。1985 年,前联邦德国高速公路总里程达到 8198 千米,全国 5 万人口以上的城市及大部分 5 万人口以下的城市通了高速公路(距高速公路不到 10 千米)。

德国统一后,德国又进一步制订了 1991—2010 年州际高速公路发展计划,计划期内将新建高速公路 2313 千米,改建高速公路 2308 千米。到 1999 年,德国高速公路总里程达到 1015 万千米,形成了欧洲最庞大的高速公路网络,并有 9 条高速公路与邻国相通。截至 2014 年底,德国高速公路总里程达到 1.1 万千米。德国处于欧洲中部,其大部分高速公路同时又承担着欧洲大陆交通的职能。因此,德国的高速公路网促进了整个欧洲经济开发以及邻国之间的经济交流。

德国干线公路与高速公路建设费用主要来自联邦、各州和私人投资,最早一段时间还有少量外来贷款,后期制定石油税收法后,则用汽车燃油税作为主要资金来源。联邦按税收情况制订整个经济开支计划。资金分配的总原则是以各州汽车保有量的增加情况、整个联邦地区的交通关系和各地的急迫性调查为依据而确定的,同时考虑到不同地区排除冬季冻害需要的资金。联邦高速公路的所有权归联邦政府,由联邦政府统一投资建设,建成后委托各州管理和养护。

二、启示

总结发达国家高速公路发展的经验,可以得到如下启示:

第一,高速公路的普及与发展是工业社会的客观要求。发达国家的高速公路是在政治、经济、军事等多重因素的驱动下起步建设的,分析其内在的深层次原因可以发现,工业化和工业社会是高速公路在世界各地迅速普及与发展的动力源泉。

在货运方面,工业化使货物需求结构趋向高附加值和多样化,对高速公路发展提出迫切要求；在客运方面，在工业化中后期，最终需求结构的变化使得人们可以支配收入中交通消费大幅度上升，适应这种交通消费方式的个性化交通工具——私人小客车迅速普及，对高速公路的发展提出客观要求；在运输工具方面，20 世纪 30 ~ 50 年代，汽车工业技术的发展已经比较成熟，汽车的大规模生产和廉价供应推动了高速公路的发展。

第二，高速公路网络建设对各国经济与社会发展起到了巨大的推动和促进作用。大多数国家的高速公路里程仅占公路网总里程的 1% ~ 2%，但承担的汽车行驶量却占总量的 20% 以上。高速公路已经成为各国交通运输系统的主动脉。发达国家的实践证明，高速公路的建设与发展能够有效地促进国民经济的增长，推动国土资源均衡开发，加快城市化进程，提高人民生活质量和水平，并在汽车等相关产业的发展、增加就业等方面发挥重要作用。

第三，发达国家一般都经历了集中 20 ~ 30 年的时间大规模建设高速公路的快速发展时期。主要发达国家高速公路的发展大都经历了建设起步时期、大规模建设时期、稳定发展与完善时期。以美国为例，在 20 世纪 40 年代中 ~ 50 年代初，美国高速公路开始起步建设，但发展速度相对较慢，平均每年新建高速公路不到 1000 千米，而在 1956—1978 年的 20 多年间，高速公路进入快速发展阶段，平均每年新建高速公路约 3000 千米。20 多年的大规模建设使美国的州际公路系统基本形成。在以后的 20 多年间，美国的高速公路建设速度降至每年增长 300 千米左右，开始进入稳定发展期。

第四，中央政府高度重视，国家领导人亲自倡导与推动国家级高速公路网络的规划建设，并作为独立系统进行管理。实践证明，规划建立国家级的高速公路网络既有利于增强国家的控制力，优化高速公路网布局，集约利用资源，提高投资效率，又有利于提高高速公路运营质量、效率，为用户提供规范、优质的服务。

第五，国外经验表明，通过立法，制定相应的法律法规，为高速公路建设提供长期、稳定、充足的资金来源，是高速公路发展规划得以有效实施的根本保障。

第六，各国根据国情采取不同的高速公路建设模式。发达国家的高速公路网基本上由中央统一进行建设规划，高速公路规划充分体现国家意志并具有权威性，任何建设和管理机构不得随意更改规划确定的路线、工程项目和技术标准。各国根据本国国情的不同，在投资、建设和管理方面则呈现多种模式。美国、德国、英国等采取的都是政府建设和管理的模式，日本、法国等国家则通过建立专门的全国性高速公路建设实体来进行高速公路的建设和管理。

第七，各国都十分重视综合运输通道中的高速公路建设。有多种运输方式共同组成的综合运输大通道具有显著的聚集效应和规模效益，因此，发达国家十分重视综合运输大通道的建设。随着工业社会的逐步发展，高速公路在综合运输大通道中扮演着越来越重要的角色。如在沿莱茵河流域的综合运输大通道中，公路运输因其快速、方便而在运输通道中发挥着重要作用，其承担的货运量占通道运输总量的 80% 左右。

第八，随着科技的进步，高速公路也在不断地发展和完善。随着以信息技术为代表的高新技术的发展，以合理有效地疏导交通、提高通行能力、减少交通事故为目的的现代化高速公路管理手段得到广泛应用。一些国家的智能交通系统（ITS）研究正如火如荼进行，并部分投入了使用。高速公路正向以计算机技术、现代通信技术和现代控制技术为基础的智能车路系统方向发展。

发达国家的实践证明，高速公路的建设与发展能够有效地促进国民经济的增长，推动国土资源均衡开发。

第二章 公路基础知识

第一节 公路的分类

道路按照交通性质所在位置主要分为公路和城市道路。公路是指连接城市、乡村、厂矿和林区的道路，主要提供汽车行驶并且具备一定的技术条件的交通设施。城市道路是指在城市范围内，使用提供交通功能的交通设施，并且具有提供通风、采风、管道、通信设施埋设通道的功能。

由于每条公路在国民经济中的作用不同，自然条件的复杂程度不同，车辆种类和速度以及运量不同，其技术完善程度和管理方法也不同。从规划、设计和管理的要求出发，需要对公路进行分类。

一、公路的技术等级

在交通运输部《公路工程技术标准》(JTG B01—2014)(以下简称《标准》)中规定，公路分为高速公路、一级公路、二级公路、三级公路及四级公路五个技术等级，其交通量差别见表2-1。

五个等级公路交通量的差别(单位：辆次)　　表2-1

公路等级	高速公路	一级公路	二级公路	三级公路	四级公路	
					双车道	单车道
年平均日设计交通量(小客车)	15000以上	15000以上	5000～15000	2000～6000	2000以下	400以下

(1)高速公路：专供汽车分向、分车道行驶，全部控制出入的多车道公路。

(2)一级公路：供汽车分向、分车道行驶，可根据需要控制出入的多车道公路。

(3)二级公路：供汽车行驶的双车道公路。

(4)三级公路：供汽车、非汽车交通混合行驶的双车道公路。

(5)四级公路：供汽车、非汽车交通混合行驶的双车道或单车道公路。

二、公路的行政等级

国家《公路管理条例实施细则》规定：公路分为国家干线公路(简称国道)，省、自治区、直辖市干线公路(简称省道)，县公路(简称县道)，乡公路(简称乡道)和专用公路五个等级。

(1)国道(G):指具有全国性政治、经济意义的主要干线公路,包括重要的国际公路,国防公路,联结首都与各省、自治区首府和直辖市的公路,联结各大经济中心、港站枢纽、商品生产基地和战略要地的公路,属于干线,国道中跨省的高速公路由交通运输部批准的专门机构负责修建、养护和管理。

(2)省道(S):指具有全省(自治区、直辖市)政治、经济意义,联结省内中心城市和主要经济区的公路,以及不属于国道的省际的重要公路,属于干线,由省(自治区、直辖市)公路主管部门负责修建、养护和管理。

(3)县道(X):指具有全县(旗、县级市)政治、经济意义,联结县城和县内主要乡(镇)、主要商品生产和集散地的公路,以及不属于国道、省道的县际间的公路,属于支线,由县、市公路主管部门负责修建、养护和管理。

(4)乡道(Y):指主要为乡(镇)内部经济、文化、行政服务的公路,以及不属于县道以上公路的乡与乡之间及乡与外部联络的公路支线,由人民政府负责修建、养护和管理。

(5)专用公路(Z):指专供或者主要供厂矿、林区、油田、农场、旅游区、军事要地等与外部联络的公路,由专用单位负责,也可委托当地公路部门负责修建、养护和管理。

公路的技术等级与行政等级之间,既有联系,又有区别。

第二节　公路的基本组成及常用术语

公路是指城市间、城乡间、乡村间主要供汽车行驶的公共道路。公路按其在公路网中的地位分为国道、省道、县道和乡道,并按技术等级分为高速公路、一级公路、二级公路、三级公路和四级公路。公路主要由路面、路基、桥梁、涵洞、隧道、公路渡口、防护与支挡工程、公路用地及公路附属设施组成。

一、路面

路面是铺筑在公路路基上与车轮直接接触的结构层,承受和传递车轮荷载,承受磨耗,经受自然气候的侵蚀和影响。因此,对路面的基本要求是具有足够的强度、稳定性、平整度、抗滑性能、尽可能低的扬尘性和透水性。路面结构一般由面层、基层、底基层与垫层组成。

面层是直接同车轮和大气接触的结构层。按使用性能、材料组成和结构强度可分为高级路面、次高级路面、中级路面和低级路面;按力学性能可分为刚性路面、半刚性路面与柔性路面;按所用材料不同可分为沥青混凝土路面、水泥混凝土路面、碎(砾)石路面等。与水泥混凝土路面相比,沥青混凝土路面具有表面平整、无接缝、行车舒适、耐磨、噪声低、施工期短、养护维修方便且适于分期修建等优点,因而在高速公路建设中得到广泛应用,但在我国南方地区,因雨季长、雨水多,较多采用水泥混凝土面层。

基层位于面层之下，是路面结构的主要承重层，承受由面层传来的车辆荷载，并把它扩散到垫层和土基中。基层有时分层铺筑，其下层称为底基层。基层一般分为无机结合料稳定类和粒料类两种类型。无机结合料稳定类基层又称为半刚性基层，一般包括水泥稳定、石灰稳定和粉煤灰稳定及综合稳定类。半刚性基层的特点是整体性强、承载力高、刚度大、水稳性好，且较为经济，因此，在我国高等级公路建设中越来越多地被采用。

垫层是介于基层与土基之间的结构层。主要作用是保证面层与基层具有足够的强度，减轻路基冻胀，防止地下水上升，以及排水和防污。

路面排水设计在路面设计中是很重要的一环，应根据公路等级、降水量、地形、地貌、地质及水文条件等因素，与路基排水综合考虑，合理布置，使地表排水与地下排水、路面排水与路基排水有机地联成整体，确保排水畅通，路基、路面稳定和行车安全。

国内外对路面技术的研究都很重视。近年来，我国注重引进国外先进经验和先进的施工设备，结合自己国情，进行本土化改造。如美国在夏普设计方法、改性沥青技术、沥青玛蹄脂（SMA）路面、水泥混凝土滑模摊铺施工技术、路面管理系统等新材料、新技术的研究与应用上都取得了很大的进展，大大提高了路面设计、施工和管理水平。

二、路基

（一）路基的作用及类型

路基是公路的基本结构，是支撑路面结构的基础，与路面共同承受行车荷载的作用，同时承受气候变化和各种自然灾害的侵蚀和影响，路基的形式划分为：填方路基、挖方路基、半填半挖路基三种。填方路基（也称为路堤）是指设计路基高程高于原来地面高程的结构形式，多见于平原、微丘地形中地表低洼，地下水位高且丰富，和桥涵构造物联结处（图 2-1）；挖方路基（也称为路堑）是指设计路基高程低于原来地面高程的结构形式，多见于山岭的垭口和隧道出口的地方通过开挖原来地面形成路基（图 2-2）；半填半挖路基在横断面上兼具填方挖方路基两种结构形式特点，沿河傍山垂直地形使用较多（图 2-3）。

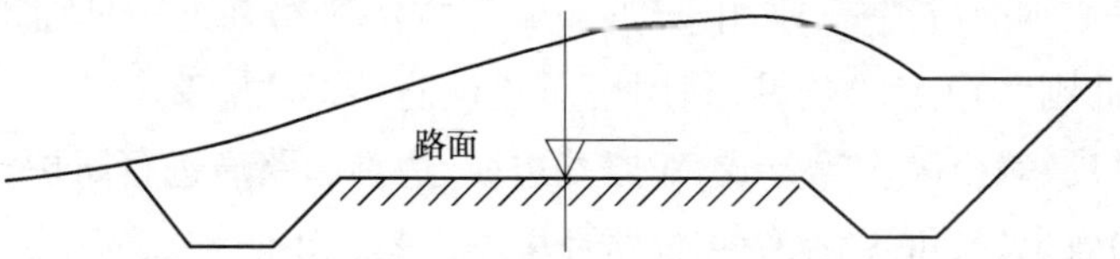

图 2-1　挖方路基示意图

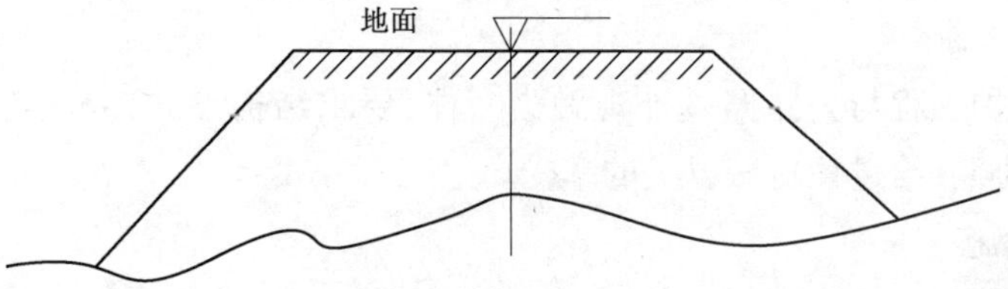

图 2-2　填方路基示意图

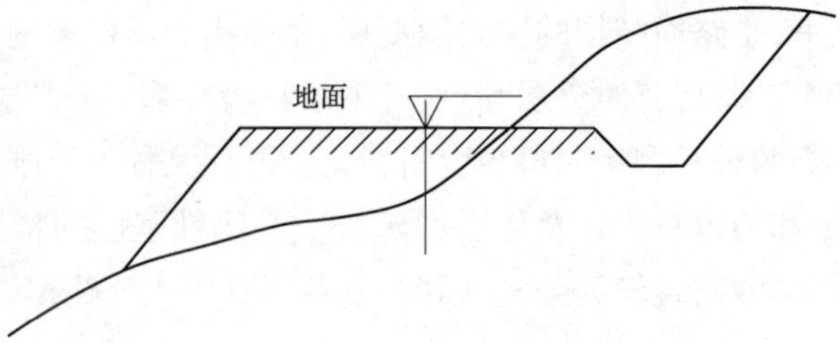

图 2-3　半填半挖路基示意图

路基是公路工程的基础,其工程质量的优劣直接对公路的使用寿命和路面质量造成巨大影响。因此,对路基的基本要求是具有足够的强度、稳定性和良好的排水能力,要通过建设路基构造物,增加路基强度,避免路基不均匀沉降,防止路基滑移,提高其抗灾能力和使用功能。

(二)路基强度

路基是用土或石料填筑,经过摊铺、整平、压实而成。路基要结合公路技术等级、所处地质环境和公路使用特点,选定路基强度标准。为达到规定的标准,宜选用合格的土质、粒径较小的石料,以最佳含水量填筑、压实,或用片(块)石码砌。路基强度通常用密实度表示,即对路基填筑材料进行标准击实试验,确定填筑材料单位体积的标准重量;单位体积内实际填筑材料重量与标准重量的比值(以百分比计算)即为路基的密实度。

(三)防护工程

路基防护工程是防治路基病害,保证路基稳定、安全,满足使用功能,同时保护生态平衡,改善公路景观的工程设施。路基防护的范围包括防路基失稳(如沉降、滑移)、防冲刷、防冻胀、防风沙、防雪害、防震灾等。设置路基防护工程应贯彻“因地制宜、经济适用、就地取材、安全可靠”的原则。根据公路技术等级、当地水文、地质、气候、地形条件及材料分布情况,选取防护类型,并注重与周围环境、景观协调。

路基防护的主要措施有三种。一是工程防护。为保证路基稳定,用砌石、混凝土或钢筋混凝土建筑挡土墙、抗滑桩式抛石、石笼等工程;路基上方或下方采用混凝土预制块或砂石料,采用钢网或锚杆,采用干砌、灰浆等方法对路基上下坡面进行防护,达到路基边坡防止冲刷和稳定的效果;利用地形建设防沙、防雪墙等。二是植物防护。利用种花草、铺草皮、栽植灌木等方式,对路基边坡、边沟和路肩进行防护,既达到防止冲刷、稳定边坡的效果,又可美化、绿化公路环境。三是化工防护。使用近几年开发应用的新技术,如土壤固化剂、土工合成材料加固路肩、边沟和边坡,以提高路基强度、整体性和防冲刷的要求。

绝大多数防护工程与公路路基外观融为一体,要求结构形式多样、美观,讲求工艺,与周围景观协调,给过往行旅以美的享受。

(四)排水设施

排水设施是指用来排除影响路基稳定的地表水和地下水,防止水对路基侵害的设施。设置排水设施的主要措施:一是结合当地气象、水文、地质情况,合理设置边坡、路面、路肩横坡,并保证平整无凹陷,以免在路面、路基表面积水;二是结合桥梁、涵洞等排水构造物,利用路基边沟、排水沟和截水沟,构成完整、合理的排水系统,使路基用地范围地表水及时排除;三是在山岭重丘区,视地形高差,设置跌水井、急流槽和消力池,防止急流冲垮路基或冲毁农田;四是布设井点、砂桩,修建盲沟和埋设管道,降低地下水位或排出地下水,亦可通过铺设土工合成材料阻断地下水上升、地表水渗进路基。

三、桥涵

桥涵是指公路跨越水域、沟谷及其他障碍物时修建的构造物。按照我国《公路工程技术标准》规定,单孔跨径小于 5 米或多孔跨径之和小于 8 米称为涵洞,大于这一规定值则称为桥梁。

(一)桥梁

1. 桥梁的分类

按结构体系分类,桥梁可分为梁式桥、拱桥、桁架桥和索拉桥四种基本体系,以及由它们组合而成的组合体系。按主要承重结构所用建筑材料分类,可分为场工桥(包括砖、石、混凝土桥)和钢筋混凝土桥、预应力混凝土桥和钢桥等。按用途分类,可分为公路桥、铁路桥、公路铁路两用桥、人行桥及其他专用桥梁。

2. 桥梁的构成

桥梁由上部结构、下部结构和墩台基础三部分组成。上部结构包括支承桥面系统的板、梁、桁、拱或拉索等;下部结构包括桥墩和桥台,桥台还起着衔接桥梁与桥头路堤的作用,桥墩(台)主要由墩(台)帽、墩(台)身和基础三部分组成。常见桥墩形式有重力式桥墩、空心式桥墩、桩(柱)式桥墩、柔性排架墩、薄壁墩等,桥台有埋置式桥台、重力式 U 形桥台、轻型桥台、框架式桥台、组合桥台等。常用的基础形式有扩大天然基础、桩基础和沉井基础三大类。

目前世界各国的桥梁建设都在迅速发展,在实现使用功能的同时,桥梁设计越来越注重结构的安全实用与艺术造型的美观统一,创造出许多桥梁史上的艺术珍品。

(二)涵洞

1. 涵洞的分类

按建筑材料分类,涵洞可分为砖涵、石涵、混凝土涵及钢筋混凝土涵、钢管涵等;按构造形式分类,涵洞可分为圆管涵、盖板涵、拱涵、箱涵等;按涵顶填土情况分类,可分为明涵、暗涵;按水力性能分类,可分为无压力式涵洞、半压力式涵洞、压力式涵洞、倒虹吸管等。

2. 涵洞的构成

涵洞由洞身、洞口、基础和附属工程组成。洞身承受着荷载压力和土压力,并将压力通过基础传给地基,它具有保证水流安全宣泄的必要孔径,其截面形式有圆形、拱形、矩形(箱形)三大类。

位于涵洞上游的洞口称为进水口，位于涵洞下游的洞口称为出水口，进出口应与路基衔接平顺且保证水流顺畅，使上下游河床、洞口基础和洞侧路基免受冲刷，以确保洞身安全，并形成良好的泄水条件。涵洞的洞口常用形式有：端墙式、八字式、井口式。洞口建筑的形式直接影响涵洞的宣泄能力和加固类型的选择，在工程设计中，应根据河床地形、地质和水流性质，合理地选择洞口建筑形式，以及上下游河床的铺砌、加固方式等。

四、交叉

交叉口是道路交通的咽喉，相交道路的各种车辆和行人都要在交叉口汇集、通过。

公路交叉按照交叉对象分为公路与公路交叉、公路与铁路交叉、公路与其他道路管线交叉等，其中最常见和最复杂的是公路与公路交叉。按照交叉形式又可分为平面交叉和立体交叉。选择哪种形式交叉应根据各相交公路的技术等级、交通量、设计行车速度、交通构成及其在公路网中的作用，并结合地形、地物、用地条件和投资等因素确定。

（一）平面交叉

平面交叉是两条或者两条以上线路在同一高程上的交叉。由于来往车辆在同一平面上通过形成较多的交叉点，且受到行人、非机动车等因素影响，因而具有车速受限制、阻滞交通和事故多等缺点，但其形式简单，适应性强、造价低、占地少。高速公路不准采用平面交叉，一级公路可少量采用平面交叉，其他公路可采用平面交叉。平面交叉的类型，可分为加辅转角式交叉、加宽路口式交叉、分道转弯式交叉和环形交叉等。

（二）立体交叉

立体交叉是两条或者两条以上线路在不同高程上的交叉。可以消除或减少交叉口各个方向车流的相互干扰，保证车流安全迅速通过交叉口，提高相交公路的通过能力。立体交叉必须设线桥构造物，因而造价高，占地也较多。立体交叉可分为分离式立体交叉和互通式立体交叉两类。高速公路与其他各级公路交叉，必须采用立体交叉，交叉形式除在控制出入的地点设互通式立体交叉外，均采用分离式立体交叉；一级公路与其他公路交叉，应尽量采用立体交叉；其他各级公路的交叉，当交通需要或在有条件的地点，也可采用立体交叉。

五、隧道

公路隧道通常是指建造在山岭、江河、海峡和城市地面下，供车辆通过的工程构造物。按所处地理位置可分为山岭隧道、水底隧道和城市隧道。山岭隧道用作克服地形或高程障碍，可以改善线形，保证路线平顺，提高车速，缩短里程，节约燃料，节省时间，保护生态环境，还能增加隐蔽性、提高防护能力和不受气候影响。城市隧道可减少用地，构成立体交叉，解决交叉口的拥挤阻塞，疏导交通。水底隧道不影响水路通航。

公路隧道是地下工程构造物，为保证坑道岩体稳定，保证行车安全，洞身开挖前后应有支护、衬砌和洞口防护等，主体工程完成后还应视隧道长度和交通量配置通风、照明、消防、变配电和监控系统等设施。

近年来,随着公路交通事业的发展、高技术等级公路的增加,公路隧道的发展也取得了长足的进步。到2012年底,公路隧道达1万余处、8050千米。

六、公路渡口

公路渡口是指以渡运方式供通行车辆跨越水域的基础设施。

码头是公路渡口的组成部分,可分为永久性码头和临时性码头。永久性码头具有良好的水泥混凝土路面和通行条件,适宜较大水位差的水域;临时性码头仅适应季节性和白天通过。

公路渡口在跨江、河、湖、海的公路交通中曾发挥重要作用。随着我国经济实力增强及桥梁建设技术不断提高,现在许多公路渡口已经改渡为桥。如近几年长江中下游河段的江阴、芜湖、铜陵、黄石均已经改渡为桥。

七、交通工程及沿线设施

公路交通工程及沿线设施是保证公路功能、保障安全行驶的配套设施,是现代公路的重要标志。公路交通工程主要包括交通工程安全设施、监控系统、收费系统、通信系统四大类,沿线设施主要是指与这些相配套的服务设施、房屋建筑等。

(一)交通工程安全设施

交通工程安全设施主要包括护栏、交通标志、路面标线、隔离防护设施、防炫设施、视线诱导标志和施工安全设施等,为道路使用者提供各种警告、禁令、指示、指路信息和视线诱导、排除干扰,提供路侧保护、减轻事故严重程度,防止炫光对驾驶人员视觉功能的伤害。

(二)监控系统

监控系统包括信息采集系统、信息提供系统和监控中心三大部分。信息采集系统收集公路上的实时交通信息,是判断交通运行状态的依据;信息提供系统把交通运行状态或控制指令告知驾驶人员,以便参考或遵循;监控中心则是监控系统中实时信息的分析处理和发布控制指令的中枢部分。

(三)收费系统

收费系统由收费车道、收费站和收费中心三大部分组成。收费车道是具体进行收费操作的场所;收费站对收费车道的系统设施和收费业务进行管理;收费中心是一个路段或整条公路收费管理的机构。

(四)通信系统

通信系统主要用于监控系统和收费系统的数据、语音和图像等信息的传输,保持公路管理部门之间及与外界通信联络的畅通。

服务设施主要包括停车场、加油站、车辆维修、旅馆、商店、餐厅等,提供餐饮、休息、购物和车辆维修等服务。房屋建筑,包括生产生活用房及场地,根据不同等级公路养护管理工作的具体内容、劳动组织、机械设备等在适宜的地点设置。

第三章　公路网规划

第一节　公路网规划概述

一、国外公路网规划研究发展概况及趋势

早在2000年前，罗马人就开始了整个欧洲的道路规划，但早期的实践多基于工程学，如干线道路的选线等问题。真正的公路网规划的出现是在20世纪初，汽车运输全面普及，产生了公路网建设的强烈需求之后。如1910—1920年美国加州开始了公路运输规划;20世纪30年代，德国规划了大量的公路建设项目，仅1933—1939年就建成了3440千米高速公路;1944年，美国制订了近7万千米的州际和国家高速公路规划。这样，现代化的公路网规划随着公路运输业的迅速发展，逐渐形成一门新的学科，并在不断完善。第二次世界大战结束后的十年间，各国处于经济恢复时期，规划工作的思路偏重于局部线路的分析诊断。尚未充分认识到区域交通需求和土地使用之间的动态联系，缺少对公路网的系统分析和先进的运算工具。公路网规划工作还处于初级阶段。

20世纪60~70年代中期，由于公路运输业的高速发展，公路建设达到新的高潮。公路网规划进入中期阶段。这一时期，人们开始了对交通需求和土地使用间动态联系的研究，规划工作也更多地与经济结合起来。在需求分析中，考虑与经济变量的结合，分析经济的增长、运输成本的减少对运输需求的影响;在成本效益的评估中，除考虑各种运行成本外，还考虑了时间节省、交通污染和交通事故的费用;在路网规划的评价中，既考虑财务上的评估，又考虑经济上的评估。这一阶段的另一个主要特征是四阶段规划法的产生及广泛应用。这一阶段，公路网规划的理论方法有了重大突破和发展，但规划过程中过于偏重理论分析与计算，忽视了运输问题中政策与经验的作用。

20世纪70年代中期以来，人们对公路网规划的过程有了一个系统的认识，规划中注意了定性与定量的结合，将专家系统引入计算机，同时，规划中重视了环境因素和政策因素的分析研究，使公路网规划在政策和技术方面有机地结合起来。

二、新中国成立以来公路交通发展规划的历史回顾

新中国成立以来，我国公路交通规划经历了从无到有，从形成、发展到逐步完善的历史过程，并且与我国经济社会发展和经济体制改革的历史步伐相适应，我国公路交

通发展规划经历了改革开放前和改革开放后两大历史时期。在每一个发展阶段，公路交通发展规划呈现出不同的历史特征。

（一）改革开放以前

从1949年新中国成立到1978年改革开放，我国先后经历了国民经济恢复时期、“一五”“二五”“三五”和“四五”等历史时期。为了满足国民经济发展、国防建设以及战备工作的需要，从1958年起，交通部先后制订了公路交通发展的短期规划和中期发展规划。“三五”时期，首次制订全国公路国道网建设规划并提出了《关于“三五”全国公路国道网建设规划的实施方案（草案）》；“四五”时期，提出了建设“适应战争和经济发展需要的四通八达的公路网”和“社社通汽车”的公路交通发展设想；交通部还制订了《1963—1972年交通科学技术事业发展规划（草案）》《1976年至1985年公路交通发展规划》等中期发展规划。

改革开放前，我国公路交通发展规划尚处于起步阶段。交通发展规划的历史使命在于满足国民经济发展、国防建设和战备工作的需要。交通发展规划以短期规划和中期发展规划为主，交通发展思想、理念和政策措施集中体现在五年建设计划之中。期间，形成了全国公路国道网建设规划设想，为改革开放以后公路交通发展战略的提出以及中长期发展规划的制订奠定了基础。

（二）改革开放以后

改革开放以来，也就是1978年到现在，我国经历了“五五”至“十二五”8个五年规划的历史时期。在这一阶段，党和国家高度重视交通建设，把交通发展列为国民经济发展的战略重点。为促进公路交通的现代化发展，交通部加强了交通发展战略、发展规划和发展政策研究，进一步明确了交通发展战略，制订了一系列中长期发展规划。

20世纪70年代末，交通部制订了《关于实现交通运输现代化的汇报提纲》，首次研究我国公路交通运输现代化发展战略。该提纲首次把我国高速公路建设问题提上政策议程，并提出建设“以高速公路和国防、经济干线为骨架的现代化公路网”和建成“一个江、河、湖、海四通八达的水运网”的现代化发展目标。20世纪80年代初期，划定了国家干线公路网；20世纪80年代末期提出了公路水运交通发展的“三主一支持”的战略构想。即以“建立综合运输体系为主轴的交通业”为指导思想，按照“统筹规划、条块结合、分层负责、联合建网”的方针，从“八五”时期开始，用30年左右的时间，建设公路主骨架、水运主通道、港站主枢纽和交通支持系统。20世纪90年代，进一步完善“三主一支持”的规划体系，编制了国道主干线系统规划、水运主通道规划和港站主枢纽规划。在1998年交通工作会议上，制订了我国社会主义初级阶段公路、水路交通发展实现现代化的三个发展阶段的目标。

进入新世纪，交通部进一步明确了公路交通现代化发展战略，制订了《公路水路交通发展的三阶段战略目标》和《公路水路交通发展战略》。与此同时，继续健全公路交通发展的中长期规划体系。2005—2013年间，交通部先后制定了《国家高速公路网规划》《农村公路建设规划》《国家公路运输枢纽布局规划》《国家公路网规划（2013—

2030 年)》等国家级规划,确立了完整的公路交通发展国家级规划体系。此外,为贯彻落实国家区域化发展战略,交通部还制定了一系列区域交通发展规划。继《加快西部地区公路交通发展规划纲要》之后,2004—2006 年间,交通部先后制定了《长江三角洲地区现代化公路水路交通规划纲要》《振兴东北老工业基地公路水路交通发展规划纲要》《促进中部地区崛起公路水路交通发展规划纲要》《泛珠江三角洲区域合作公路水路交通基础设施规划纲要》和《海峡西岸公路水路交通基础设施发展规划指导意见》以及《环渤海地区现代化公路水路交通基础设施规划纲要》,进一步充实了公路水运交通发展的中长期规划体系。

改革开放至今是我国公路水运交通发展规划逐步完善并趋于成熟的历史时期。在这一阶段,交通发展规划以促进公路水运交通的现代化发展为宗旨,确立了我国公路水运交通现代化发展战略,形成了以国家级交通发展规划和区域交通规划为主体的公路水运交通发展中长期规划体系,为我国交通运输事业又好又快发展提供了有力的支持。

三、公路交通发展规划的主要成就

经过了 60 年的发展,我国公路交通规划工作取得了长足的进步。取得的主要成就有以下四个方面。

第一,建立了比较完善的规划体系。从时间上看,既有短期的五年计划,也有中长期发展规划;从空间上看,既有国家级规划,也有区域发展规划和专项规划;就内容而言,涉及高速公路、干线公路、农村公路、公路运输枢纽等公路交通运输网络的各个方面;就性质而言,既有基础设施建设规划,又有行业发展规划。

第二,树立了比较科学的规划理念。规划的重心从注重基础设施建设到注重全行业的发展转变,从重视交通供给能力和投资效率的提升到提高供给水平和资源综合利用效率转变,从重视交通发展速度和规模到重视提高交通发展的质量和优化交通发展的结构转变。规划的视角从关注行业内部关系的处理到关注行业外部的协调,从注重单一运输方式的发展到注重综合运输体系的建构,从关注国内交通发展到注重国际交通发展的比较。

第三,形成了比较成熟的规划方法和技术。公路规划领域引进了"四阶段"规划法,形成了"总量控制法"和"逐层展开 + 单因素分析"等科学实用的规划方法。

第四,确立了比较规范的规划工作制度。新中国成立以来,我国公路交通规划工作制度不断完善,推动了规划工作日益制度化和规范化。《公路法》的制定,以法律、法规的形式确立了公路交通规划的重要地位,并提出了规划工作的基本原则。与此同时,交通部颁布了《公路网规划编制办法》等部门规章,对交通规划的编制、审批、公布、修改与实施管理活动等做出了明确的规定,进一步提高了交通规划工作的规划性。

具体地讲,在国道网、省道网等以下几个方面的规划,都取得了可喜的成果。

（一）国道网规划方面

改革开放以来，我国先后出台了四个国家级干线公路网规划。分别是1981年，国家计委、国家经委、交通部联合颁布的《国家干线公路网（试行方案）》，也就是普通国道网，1992年交通部出台的《国道主干线系统规划》，2004年国务院批准的《国家高速公路网规划》，以及2013年交通运输部在国务院新闻办举行的新闻发布会上公布的《国家公路网规划（2013—2030年）》。

1.《国家干线公路网（试行方案）》

1981年11月，国务院授权国家计委、经委和交通部以《关于划定国家干线公路网的通知》的形式批准了《国家干线公路网试行方案》（国家干线公路网简称国道网）。国道网是在既有各省公路基础上划定而成，共70条线路，长10.92万千米。主要由以下线路组成：①由首都通向并连接各省（区、市）政治、经济中心和50万人口以上城市的干线公路；②通向各大港口、铁路干线枢纽、重要工农业生产基地的干线公路；③连接各大军区之间和具有重要国防意义的干线公路；④连接省际和省内个别地区的重要干线公路。1993年交通部对国道网做了局部调整。调整后的国道网路线由70条减为68条，总里程由10.92万千米下降至10.62万千米。

国道网规划是在全国公路普查数据基础上形成的，该规划在1981年划定之初所涉及的国道不到全国公路总里程1/8，却担负着全国约1/3的交通量和1/3以上的公路运输量，是全国公路网的主骨架，具有重要的政治、经济和军事意义。调整后的国道网，更好地兼顾了地区经济发展、对外开放和环境保护的现实需要，路网布局更趋合理。国道网的划定对指导我国20世纪80~90年代的公路建设发挥了重要作用。

2.《国道主干线系统规划》

在国道主干线系统规划方面，1992年，为破解全国交通运输全面紧张的难题，交通部在“三主一支持”长远规划构架的基础上编制了《国道主干线系统规划》。国道主干线系统由“五纵七横”12条路线组成，总规模约3.5万千米，规划为二级以上高等级公路标准，其中2.5万千米为高速公路。“五纵”约为1.5万千米，由五条自北向南纵向高等级公路组成：同江—三亚，北京—福州，北京—珠海，二连浩特—河口，以及重庆—湛江等；“七横”总里程约2万千米，由七条自东向西横向高等级公路组成：绥芬河—满洲里，丹东—拉萨，青岛—银川，连云港—霍尔果斯，上海—成都，上海—瑞丽，以及衡阳—昆明等。国道主干线系统建设跨越了“八五”至“十一五”的四个五年计划，于2008年上半年已基本建成通车。

“五纵七横”国道主干线布局规划将全国重要城市、工业中心、交通枢纽、主要陆上口岸以及所有特大城市（人口100万以上）和93%的大城市（人口50万以上）连接在一起，逐步形成一个与国民经济发展格局相适应、与其他运输方式相协调的快速、高效、安全的国道主干线系统。国道主干线系统规划指导了近20年的公路建设，推动了高速公路迅速发展，使我国高速公路用了十几年的时间完成了发达国家30~40年才能走完的路程。

3.《国家高速公路网规划》

为指导全国高速公路建设,交通部于2002年开始组织编制《国家高速公路网规划》,并于2004年经国务院审议通过颁布实施。国家高速公路网由7条首都放射线、9条南北纵向线和18条东西横向线组成,简称为“7918网”,总规模约8.6万千米。截至2015年底,高速公路总里程达到12.36万千米,居于世界第一,7918国家高速公路网已基本建成。国家高速公路网规划为我国高速公路持续健康有序发展提供了保障。

4.《国家公路网规划(2013—2030年)》

在以上这些规划的指导下,我国干线公路快速发展,总体上由过去的“瓶颈制约”发展到现在的“基本适应”,显著提高了公路交通发展水平,对于提升国家综合国力和竞争力、增强经济社会发展活力、提高国民生活质量、保障国家安全等都作出了突出贡献。

但是,随着经济社会快速发展和公路网络规模结构的不断发展变化,既有的国家干线路网出现了一些不适应的情况。一是覆盖范围不足。全国还有900多个县没有国道连接,有18个新增的城镇人口在20万以上的城市和29个地级行政中心未实现与国家高速公路相连接,这与我国城镇化发展要求不相适应。二是通道能力不够。部分国家高速公路通道能力紧张、拥堵严重,不能适应交通量快速增长的需要。三是网络效率不高。干线公路网本身还不完善,一些普通国道不连续、不完整,国家干线公路与其他运输方式之间、普通国道和国家高速公路之间的衔接协调不够,网络效益和效率还有待进一步提升。

为保障公路交通可持续发展,迫切要求以更加全面、长远的发展视野谋划未来我国公路网的合理架构,加快推进国家级干线公路网的战略性布局。《国家公路网规划(2013—2030年)》是对普通国道网的调整和补充,是对《国家高速公路网规划》的完善,是一个功能完善、覆盖广泛、能力充分、衔接顺畅、运行可靠的国家干线公路网络,对于支撑全面建成小康社会和实现社会主义现代化的宏伟目标,促进区域城乡协调发展,推进综合运输体系建设,保障我国公路交通可持续发展等具有重要意义。

2015年3月28日国家发改委、外交部、商务部经国务院授权,联合发布了《推动共建丝绸之路经济带和21世纪海上丝绸之路的愿景与行动》,这份愿景与行动从时代背景、共建原则、框架思路、合作重点、合作机制等方面阐述了“一带一路”的主张与内涵,提出了共建“一带一路”的方向和任务。

(二)省道网规划方面

省域30年公路网规划,是20世纪90年代中期,在交通部的统一部署下,各省(市、区)组织相继完成省域1990—2020年公路网规划,简称30年路网规划。30年路网规划是各省第一次系统研究本地区公路网长远发展规划,对指导本地公路建设发挥了重要作用,同时也为后来编制各级各类公路网规划打下了技术基础。

(三)农村公路网规划方面

在农村公路建设规划方面,加快农村公路的发展,是解决好“三农”问题的重要前提和基础条件。在2003年,为贯彻中央农村工作会议精神,交通部组织编制了《农村公路建设规划》，并于2005年正式完成。规划提出21世纪前二十年农村公路建设总体目标是：全面完成“通达”“通畅”工程，农民群众出行更便捷、更安全、更舒适，适应全面建设小康社会的总体要求。到2020年，具备条件的乡镇和建制村通沥青（水泥）路，全国农村公路里程达到370万千米，全面提高农村公路的密度和服务水平，形成以县道为局域骨干、乡村公路为基础的干支相连、布局合理、具有较高服务水平的农村公路网，适应全面建设小康社会的要求。农村公路建设规划明确了我国农村公路发展的方向和目标，对农村公路建设具有重要指导意义。

（四）公路运输枢纽规划方面

在公路运输枢纽规划方面，主要是两个文件。一个是《全国公路主枢纽布局规划》。为解决公路运输站场设施落后、功能单一、组织化程度低、信息不灵、联运能力差、运输效率低等问题，交通部根据“三主一支持”长远规划设想，1992年完成了《全国公路主枢纽布局规划》，确定了45个公路主枢纽。从覆盖面看，公路主枢纽规划涉及全国所有省会城市和80%的100万以上人口的特大城市；从地理分布上看，东部地区占55.6%，中部地区占22.2%，西部地区占22.2%，相邻主枢纽间的平均间距，东部为200～300千米，中部为300～400千米，西部为500千米以上，符合国道网、全国公路网、国道主干线系统东密西疏的特点，也与东、中、西三个地带经济发展水平相适应；从在综合运输体系中的作用看，45个公路主枢纽均位于两种或两种以上运输方式交汇处，其中有24个位于枢纽港所在城市，有28个位于铁路枢纽所在城市，有43个位于航空港所在城市，沿海主要港口、铁路大枢纽和国际空港基本全部包含在内，有利于多种运输方式的有机衔接，有效促进综合运输系统的形成和发展。

另外一个就是《国家公路运输枢纽布局规划》。为适应新时期公路交通发展的要求，加快国家公路运输枢纽的建设，在1992年《全国公路主枢纽布局规划》的基础上，2007年交通部公布了《国家公路运输枢纽布局规划》。规划将原45个公路主枢纽全部纳入布局规划方案，共确定179个国家公路运输枢纽，其中东部地区61个、中部地区56个、西部地区62个；覆盖60%地级以上城市，遍及84%国家开放口岸，涉及所有沿海主要港口。

（五）国际公路网规划

2015年3月28日国家发改委、外交部、商务部经国务院授权，联合发布了《推动共建丝绸之路经济带和21世纪海上丝绸之路的愿景与行动》，这份愿景与行动从时代背景、共建原则、框架思路、合作重点、合作机制等方面阐述了“一带一路”的主张与内涵，提出了共建“一带一路”的方向和任务。

四、公路交通规划工作的基本经验

（一）要树立科学的规划理念

要制订科学合理的交通发展规划，首先要找准规划的定位，明确交通规划的基本任务，树立科学的规划理念。首先，要重视交通发展战略和政策研究，为交通规划的制订提供扎实的研究基础。公路水运交通发展规划要与经济社会发展和国防建设需求相适应，要与国家发展战略和重大方针政策相匹配，要与公路水运交通发展的基本规律相吻合。其次，公路水运交通发展规划要以履行交通行政职能为己任。新中国成立60多年以来，以经济体制改革为契机，我国政府经历了“全能政府”向“有限政府”转变的历史过程，逐步形成了与市场经济建设相符合的政府职能框架，即“经济协调、市场监管、社会管理和公共服务”。交通行政职能重心逐渐从由“管企业”向“管行业”倾斜，由“管微观”向“管宏观”转变，由“抓生产经营活动”向“抓好行政管理”转变。与此对应，交通规划的重心也应从基础设施建设规划向行业规划转变。交通规划要为公路水运交通行业发展服务，为社会公众服务。

（二）要注重规划的衔接与协调

要以构建综合运输体系为目标，做好公路水运交通发展规划与其他交通发展规划的衔接工作。要充分考虑公路、水运交通在国家综合运输体系中的重要作用，加强公路、水运、铁路、民航、邮政、管道等各种运输方式的衔接。此外，交通发展规划还要与国家的产业布局规划、区域发展规划、土地利用规划、城市建设规划、水利发展规划、海洋功能区划等相关规划相协调。

（三）要加强规划的实施管理

公路水运交通基础设施建设应贯彻“先规划、后建设”的原则，具体的建设项目应当与交通发展规划相符。重大建设项目决策应当以既有的交通发展规划为依据，不论是资金的来源和投资主体，还是项目的核准与审批中，都要符合既有的规划。经批准并公布的各类交通发展规划，不得随意更改。规划的修订应当建立在充分调查论证的基础上，要有充足的现实依据，并按照规定程序重新审批。

（四）要不断改进规划技术和方法

要改进规划技术和方法，不断提高交通发展规划的科学性、针对性和实用性。要不断完善基础设施建设布局规划和行业发展规划的相关理论、技术和方法。要开阔规划视野，丰富规划理念和规划内涵，不断提升交通规划的技术水平，以进一步发挥规划在引领行业发展上的积极作用。

第二节　公路网规划的目的、原则、内容和方法

一、公路网规划的定义、目的、意义

（一）公路网规划的定义

公路网一般特指某一区域内的公路网络系统，它有别于城镇市区内的道路网。区域内的城市或集镇以及某些运输集散点（大型工矿、农牧业基地、车站、港口等）被视为节点，成为运输点。这些运输点之间的连线称为公路路线。公路网是指由规划区域内的运输点，以及连接各运输点的所有公路，按一定的规律组合而成，并具有特定功能

的有机集合。合理的公路网一般应具备几个条件:具有必要的通达深度和公路里程;具有与交通量相适应的技术标准和使用质量;具有经济合理的平面网络。

公路网规划,包含了两层含义。第一层含义是指对一个国家或地区公路建设发展所作出的全面、长远的安排,亦即该国家或地区的公路网规划方案或文件;第二层含义则是指拟定公路网规划方案或文件的过程,包括其步骤、内容、方法和模型等。

公路网规划的方案或文件,应包括规划期内区域公路网发展的目标、公路网建设规模、网络布局、等级配置、环境影响分析、建设时序以及配套的政策、策略和措施等。公路网规划的过程,是将区域的公路网络作为一个整体,通过对现状公路网络的分析、评价(诊断)以及对未来区域社会经济发展、客货运交通需求和公路建设投资的预测,拟定合理可行的公路网规划建设方案,确定区域公路网规模、布局、建设时序及配套政策、措施等,以指导区域公路的建设和改造过程。

(二)公路网规划的目的和意义

1. 目的

公路网规划是公路建设管理决策的依据,是制订公路建设规划的基础,是公路建设项目前期工作的重要环节。公路网规划的目的就是要从科学、实事求是的观点出发,建设公路基础设施,以满足经济发展、产业布局、区域开发、城镇建设、社会生活等社会经济活动对公路交通运输的需求。

2. 意义

公路网规划的意义主要体现在以下几个方面:

(1)节省车辆行驶时间,降低运输成本,提高公路运输效益。

(2)保障国民经济和工农业生产健康发展。

(3)促进区域经济平衡、协调发展。

(4)促进公路运输与其他运输方式协调发展。

(5)合理投放和使用公路建设资金。

(6)节约土地资源,保护自然环境。

二、公路网规划的基本原则

公路网规划,一般应遵循的原则有以下六个方面:

1. 综合运输、协调发展

编制公路网规划应当根据国民经济和社会发展以及国防建设的需要,与城市建设发展规划和其他运输方式发展规划相协调,要注重发挥各种运输方式的优势,与其他运输方式的发展衔接协调,有利于形成各种运输方式衔接配合、优势互补的综合运输体系。

2. 资源优化、保护环境

保证规划路网达到最佳综合效益,实现社会的可持续发展,重视资源优化利用和生态环境保护与改善。

3. 系统分析、整体优化

现代公路网可视为一个系统。公路网规划必须以系统分析原理为其理论基础,从系统的相互协调关系上对公路交通系统进行分析、预测、规划及评价。这样才能使区域公路网达到其使用要求和目标,获得总体效益最佳的公路网规划布局及建设方案。

4. 结合实际、工程经济

公路网规划必须遵循从实际条件出发的原则,“一次规划,分期实现”,既要保证公路建设适应区域交通运输的需要,同时也要满足经济、切实可行的原则。公路网建设是一个长期发展的过程,一个合理的公路交通系统建设规划应包括近期项目建设计划、中期项目建设计划和远期发展战略规划三个层次,公路网建设的长期性决定了公路网规划必须具有“规划滚动”的可操作性,可结合实际需求分期修建。

在我国,混合交通是公路网规划过程中必须加以重视的重要因素之一,随着我国交通运输业的发展,公路交通组成也将发生变化,混合交通中的机动车辆数所占比例会增高,这些特点应在公路网规划中给予重视。

5. 严格执行法律法规

编制公路网规划要严格执行国家的法律、法规,严格执行公路方面的技术标准,保持规划的一致性、连续性、协调性。

6. 功能明显、层次分明

编制公路规划要体现“统筹规划,条块结合,分层负责,联合建设”的方针,注意发挥不同层次公路网的作用,力求做到功能明显、层次分明。

三、公路网规划的内容、成果形式

(一)公路网规划的内容和一般步骤

1. 公路网现状分析与评价

对公路网规划设计区域的自然地理条件和特征、社会经济发展水平、综合交通运输格局做出宏观系统分析,特别是对现状公路网的等级、交通现状、建设与管理状况,应详细调查和剖析,并做出评价。其目的在于发现公路交通存在的主要问题和找出解决问题的有效途径,从而为公路网规划提供重要依据。

2. 社会经济发展趋势预测

通过对规划区域自然资源及生产力布局、城镇及人口分布、产业结构与经济发展水平的充分调查与综合分析,运用多种方法对社会经济发展总趋势和新特点做出科学预测,指出在规划期内公路运输将面临的新形势和客、货流状况,并明确因此而可能产生的新变化和新特点。

3. 制订公路网发展战略

提出公路网发展的出发点、遵循原则以及发展战略目标,为后期的规划工作指明方向。同时,还应当依据人口、经济、行政级别、交通状况、资源状况等方面的情况,筛选路网节点,提出路网主干线构想,进而提出阶段性建设目标。

4. 公路交通量预测

在区域社会经济发展趋势分析和预测基础上，研究综合运输与社会经济发展的相互关系。依据历史资料采用多种方法建立不同的数学模型，对规划区内的综合运输量、旅客运输量和流向、大宗货物流量和流向及公路运输工具等一一作出预测，其中尤以公路运输为重点。根据未来公路客、货流量和流向分布特点，结合公路交通量的构成情况，对规划期公路交通量按不同线路进行分配，获得未来公路网上流量的预测。

5. 公路网布局优化

根据社会经济发展，紧密结合生产力布局、城镇分布及公路网现状特点，依据一定原理，对公路路线走向、重要控制点选择做出多种布局方案，通过比较，从中选优。

6. 公路网规划分期实施

在公路网布局优化的基础之上，根据规划期内建设资金、路网交通流量分布及路线地位、功能、作用等条件，对布局规划优化方案中的各条线路、路段做出建设序列安排。

7. 实施公路网规划的对策与措施

针对公路网规划实施过程中面临的资金、技术、材料及其他等重要问题，需在其前期的可行性研究工作中进行详细的研究和论证。同时，对公路网规划实施的管理体制，应提出基本对策与措施。

8. 公路网规划的综合评价

公路网规划的综合评价主要包括技术评价、经济评价、社会发展影响评价和环境影响评价等。通过公路网规划实施可能产生的各种正面或负面影响的全面分析，对公路网规划评价方案做出综合的评价。技术状况评价指标包括反映路网结构和交通状况的指标，反映路网结构性能的评价指标有公路网密度、公路网连通度、公路网等级水平、公路网路面铺装率；反映交通状况的评价指标有公路网平均车速、公路网拥挤度、公路网里程饱和率。

9. 跟踪调查

公路网规划实施周期长。在这期间，由于经济发展速度、生产力布局、投资结构或国家有关政策发生变化，导致运输结构和公路交通需求与预期情况不符。此时应区别情况，对所做规划进行全网、区域、局部或个别路线、路段的调整，以便充分利用有限资源，使运输供给最大可能地满足运输需求。

（二）公路网的布局形式

对于公路干线系统，世界上多数国家是以首都和省会所在地为中心，呈放射状布置国家干线网和省内干线网，干线与干线之间则连以环形干道，这就形成了放射加环形的主干线布置系统。除此以外，也有以网格状布置的。

我国公路网采取纵横网及放射相结合的原则，连接各省、市、自治区首府及大军区、重要港站枢纽、工农业基地及50万人口以上的大中城市。对于次一级的公路和在干线之间局部地区的公路，根据地区地形以及集散点的分布情况予以布置，一般采用树枝状式和方格状式。对于不同的区域、不同的城市,其路网布局要考虑所在地区的社会、自然、经济情况来选取。典型的公路网布局形式有放射形、三角形、并列形、树杈形四种,各种布局形式及其性能均不相同。

1. 放射形路网

放射形路网,一般用于中心城市与外围郊区、周围城镇间的交通联系,对于发挥大城市的经济、政治、科技、文化中心作用,促进中心城市政治、经济、科技、文化对周围地区的辐射和影响有重要作用(图 3-1)。

2. 三角形路网

三角形路网,一般用于规模相当的重要城镇间的直达交通联系,通达性好、运输效率高,但建设量大(图 3-2)。

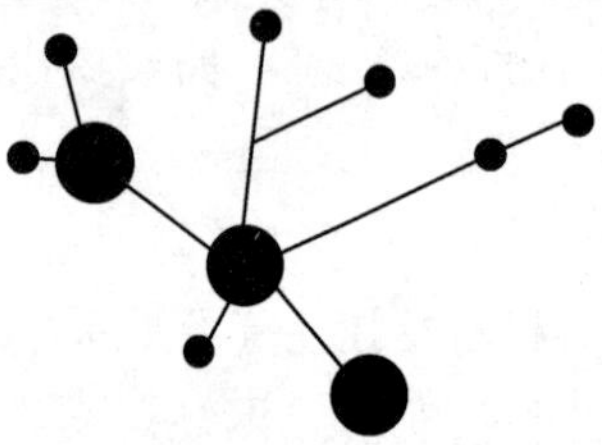

图 3-1 放射形路网

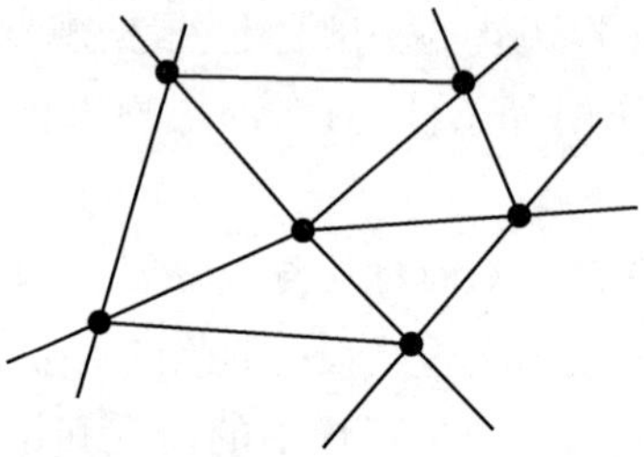

图 3-2 三角形路网

3. 并列形路网

并列形路网,平行的几条干线分别联系着一系列城镇,对某些城镇之间缺少便捷通道,是一种不完善的路网布局(图 3-3)。

4. 树杈形路网

树杈形路网,一般是公路网中的最后一级,是从干线公路上分叉出去的支线公路,连接乡镇、自然村寨与市、县政府(图 3-4)。

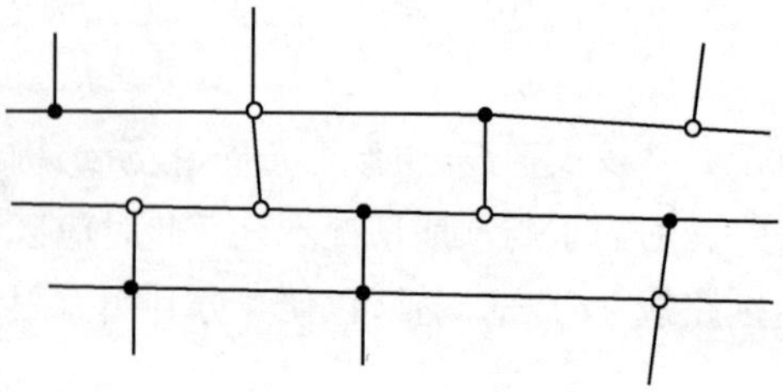

图 3-3 并列形路网

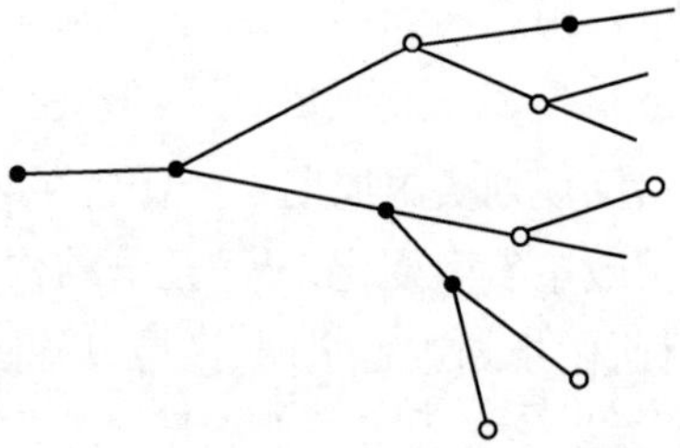

图 3-4 树杈形路网

(三)公路网分类

在公路网中,由于每条道路在国民经济中的作用不同,自然条件的复杂程度不同,车辆种类和速度以及运量不同,其技术完善程度和管理方法也不同。从规划、设计和管理的要求出发,公路网中的各条道路需要进行分类,分类详见第二章第一节。

(四)公路网规划的成果形式及要求

公路网规划的成果形式和要求,根据交通运输部2010年新颁布的《公路网规划编制办法》(交规划发〔2010〕112 号),规划成果由两部分文件组成,即公路网规划文本和研究报告。规划报告外形尺寸按 A4(规划报告一般按 A4 规格装订,相关图表视情况也可采用 A3 规格)装帧,图表和规划研究报告合并装订。上级主管部门审批的文件要求铅印,封面为深蓝色。

第三节　各级公路网规划

2010 年,交通运输部重新修订颁布的《公路网规划编制办法》中规定,国道规划由国务院交通运输主管部门会同国务院有关部门并商国道沿线省、自治区、直辖市人民政府编制,报国务院批准;省道规划由省、自治区、直辖市人民政府交通运输主管部门会同同级有关部门并商省道沿线下一级人民政府编制,报省、自治区、直辖市人民政府批准,并报国务院交通运输主管部门备案;县道规划由县级人民政府交通运输主管部门会同同级有关部门编制,经本级人民政府审定后,报上一级人民政府批准;乡道规划由县级人民政府交通运输主管部门协助乡、民族乡、镇人民政府编制,报县级人民政府批准。县道、乡道规划应当报批准机关的上一级人民政府交通运输主管部门备案;专用公路规划由专用公路的主管单位编制,经其上级主管部门审定后,报县级以上人民政府交通运输主管部门审核。专用公路规划应与其他公路规划相协调;按行政区域编制的公路网规划,由该行政区域交通运输主管部门编制,规划编就后,报该行政区域人民政府批准,并报上一级交通运输主管部门备案。跨行政区域的公路网规划可由上一级交通运输主管部门组织相关行政区域的交通运输主管部门编制。按行政区域编制的公路网规划应服从上一级公路网规划。

一、国家公路网规划

2013 年 6 月 20 日,交通运输部在国务院新闻办举行的新闻发布会上正式公布了《国家公路网规划(2013—2030 年)》(简称《规划》),这是我国改革开放以来出台的第四个国家级干线公路网规划。《规划》指出,国家公路网规划总规模约 40.1 万千米,国家公路网由普通国道和国家高速公路两个路网构成,其中国家高速公路共 36 条,由 7 条首都放射线、11 条北南纵线、18 条东西横线,以及地区环线、并行线、联络线等组成,计 11.8 万千米;普通国道共 200 条,由 12 条首都放射线、47 条北南纵线、60 条东西横线和 81 条联络线组成,计 26.5 万千米;另规划远期展望线 1.8 万千米,主要位于西部地广人稀的地区。到 2030 年将建成布局合理、功能完善、覆盖广泛、安全可靠的国家干线公路网线,实现首都辐射省会、省际多线连通、地市高速通达、县县国道覆盖。全省新增国家高速公路 5 条,新增里程约 1024 千米,总规划里程约 3738 千米;新增普通国道 9 条,延伸 2 条,新增里程约 3300 千米,普通国道总里程达到约 5000 千米。

通过《规划》的实施,我国将形成布局合理、功能完善、覆盖广泛、安全可靠的国家干线公路网络,实现首都辐射省会、省际多路连通、地市高速通达、县县国道覆盖。

1000 千米以内的省会间可当日到达,东中部地区省会到地市可当日往返、西部地区省会到地市可当日到达;区域中心城市、重要经济区、城市群内外交通联系紧密,形成多中心放射的路网格局;沿边沿海公路线路贯通,国边防建设能力显著增强;有效连接国家陆路门户城市和重要边境口岸,形成重要国际运输通道,与东北亚、中亚、南亚、东南亚的联系更加便捷。

在规划中,普通国道的里程将由 10.6 万千米增加到 26.5 万千米。对于这种明显的增加,相关政府方面表示原因在于汽车保有量的大幅度增长。据统计,当前我国民用汽车保有量已经达到了 1.1 亿辆,是 1981 年的 60 倍。预计到 2030 年,交通运输需求量、主要通道交通量或将有 3 ~4 倍的增长。国家发展改革委基础产业司司长黄民指出,面对交通需求量的增长,10.6 万千米的普通国道显然已不能支撑和适应。规划按照普遍服务的公平性要求,对国道建设进行了深入、细致的研究,提出了一个覆盖全国所有县的基础性公路网络,将会为社会提供一种更高标准的基本交通出行服务。

此外,规划在具体的层面上,十分注重与铁路、民航、水运等其他运输方式的协调和衔接。具体体现在三个方面。一是通过扩大普通国道的覆盖面,强化综合运输体系的基础网络。其他交通方式借助公路进行衔接、转运,提供更优质的基本公共服务。二是通过完善国家高速公路网,提供了主要通道能力与铁路等运输方式,共同组成综合运输体系的国家路网,形成快速高效的国家路网。三是加强了国家公路与重要机场、港口、铁路枢纽的有效衔接,进一步完善了集输运的网络,更好地发挥了综合运输体系的整体效益。国家公路网规划方案如图 3-5 所示。

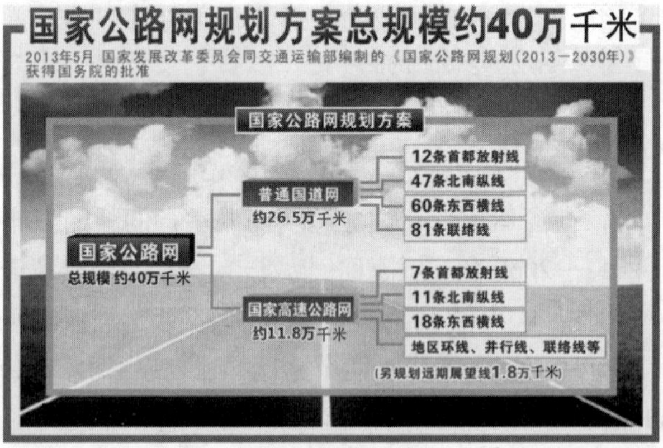

图 3-5　国家公路网规划方案

截至 2013 年,公路水路基础设施建设完成投资 1.53 万亿元,同比增长 5.56%。全年新建高速公路 8260 千米,改建 339 千米;新改建国省干线 2.86 万千米;新改建农村公路 21 万千米。建成万吨级泊位 110 个,新增及改善高等级航道 289 千米。公路建设方面,出台了《国家公路网规划(2013—2030 年)》,提出到 2030 年构建布局合理、功能完善、覆盖广泛、安全可靠的国家公路网络;国省干线建设、改造步伐加快,西部地区农村公路通畅工程、东中部地区县乡公路改造连通工程建设稳步推进,西藏墨脱公路建成通车;公路养护管理、路网结构改造、桥梁安全运行管理进一步加强。

(一)规划基础

1. 发展形势

1981 年,原国家计划委员会、国家经济委员会和交通部印发的《国家干线公路网(试行方案)》明确,国道由"12 射、28 纵、30 横"共 70 条路线组成,总规模约 11 万千米;2004 年,国家发展和改革委员会印发的《国家高速公路网规划》明确,国家高速公路网由"7 射、9 纵、18 横"等路线组成,总规模约 8.5 万千米。截至 2011 年底,全国公路总里程达到 410.6 万千米,其中普通国道 10.6 万千米,国家高速公路 6.4 万千米。

公路交通的快速发展,有效缓解了我国交通运输紧张状况,显著提升了国家的综合国力和竞争力。但随着经济社会的快速发展,现有的国家公路网规划与建设仍面临一些亟待解决的问题:一是覆盖范围不全面,全国还有 900 多个县没有国道连接,有 18 个新增的城镇人口在 20 万以上的城市和 29 个地级行政中心未实现与国家高速公路相连接;二是运输能力不足,部分国家高速公路通道运能紧张、拥堵严重,不能适应交通量快速增长的需要;三是网络效率不高,普通国道路线不连续、不完整,国家公路与其他运输方式之间、普通国道和国家高速公路之间的衔接协调不够,网络效益和效率难以发挥。

2. 发展要求

(1)适应经济社会发展的要求。未来我国新型工业化、信息化、城镇化和农业现代化加快发展,人均国民收入稳步增加,经济结构加快转型,交通运输总量将保持较快增长态势,各项事业发展要求提高国家公路网的服务能力和水平。预计到 2030 年,全社会公路客运量、旅客周转量、货运量和货物周转量将分别是当前的 2.7 倍、3.2 倍、2.2 倍和 2.4 倍,主要公路通道平均交通量将超过 10 万辆/日,达到 4 倍以上,京沪、京港澳等繁忙通道交通量将达到 20 万辆/日以上。

(2)促进城乡区域协调发展的要求。未来国家将加快实施区域发展总体战略和主体功能区战略,加快推进城镇化和城乡一体化发展,继续加大对革命老区、民族地区、边疆地区、贫困地区的扶持力度,要求发挥国家公路引导区域空间布局的作用,优化东部地区公路网络结构,加强中部地区东引西联通道建设,扩大西部地区路网覆盖,统筹城乡协调发展,提升公路交通公共服务水平。

(3)提高应急保障能力的要求。有效应对重大自然灾害、突发事件,要求从国家层面统筹考虑重要通道及其辅助路线、迂回路线的布设,提高公路网的安全性、可靠性和应急保障能力。

(4)构建综合交通运输体系的要求。加快转变交通运输发展方式,优化运输组织结构,合理配置和优化利用交通资源,发挥各种运输方式的比较优势和综合运输的组合效率,促进综合运输协调发展,要求发挥普通公路的基础作用和高速公路的骨干作用,加强与各种运输方式的衔接。

(5)实现公路可持续发展的要求。发挥公路网络的整体效率和效益,进而实现可持续发展，要求做好路网顶层设计，明确各层次路网的功能定位，促进国家公路与其他层次路网的协调发展，并为科学制定公路行业发展政策，更好地开展公路建设、管理和养护奠定规划基础。

（二）指导思想、基本原则和规划目标

1. 指导思想

全面贯彻党的十八大和十八届三中、四中、五中、六中全会精神及习近平总书记系列讲话精神，以邓小平理论、“三个代表”重要思想、科学发展观为指导，按照转变交通运输发展方式、加快构建综合交通运输体系的要求，扩大覆盖范围、增强通道能力、加强方式衔接、提高运输效率，合理布局国家公路网，加快普通国道建设，构建以非收费公路为主体、收费公路为补充的公路网络，服务经济社会发展，提升国家竞争力。

2. 基本原则

（1）布局合理。按照区域发展总体战略、主体功能区战略和生态功能区划要求，与城镇化格局、城镇体系布局、资源分布和产业布局相适应，统筹经济欠发达地区发展和国防建设需要，合理布局国家公路网。

（2）结构优化。加强公路网结构顶层设计，注重发挥普通国道的干线作用和国家高速公路的主干线作用，构建层次清晰、功能完备的国家公路网。

（3）衔接顺畅。注重与其他运输方式的衔接，加强与城市交通的融合，发挥综合运输整体效率。提高与周边国家路网的连通性，形成国际运输通道，拓展国际合作与发展空间。

（4）规模适当。构建综合交通运输体系，科学把握未来公路交通运输需求，合理确定国家公路网总体规模，实现路网供给能力与经济社会发展要求相适应。

（5）绿色发展。统筹规划通道资源，充分利用既有路线，节约集约利用土地；加强生态环境保护，贯彻低碳发展理念，避让环境敏感区和生态脆弱区，走资源节约型、环境友好型发展道路。

3. 规划目标

形成布局合理、功能完善、覆盖广泛、安全可靠的国家干线公路网络，实现首都辐射省会、省际多路连通、地市高速通达、县县国道覆盖。1000 千米以内的省会间可当日到达，东中部地区省会到地市可当日往返，西部地区省会到地市可当日到达；区域中心城市、重要经济区、城市群内外交通联系紧密，形成多中心放射的路网格局；有效连接国家陆路门户城市和重要边境口岸，形成重要国际运输通道，与东北亚、中亚、南亚、东南亚的联系更加便捷。其中，普通国道全面连接县级及以上行政区、交通枢纽、边境口岸和国防设施；国家高速公路全面连接地级行政中心，城镇人口超过 20 万的中等及以上城市，重要交通枢纽和重要边境口岸。

（三）规划方案

国家公路网规划总规模 40.1 万千米，由普通国道和国家高速公路两个路网层次构成。

1. 普通国道网

由12条首都放射线、47条北南纵线、60条东西横线和81条联络线组成，总规模约26.5万千米。按照“主体保留、局部优化，扩大覆盖、完善网络”的思路，调整拓展普通国道网：保留原国道网主体，优化路线走向，恢复被高速公路占用的普通国道路段；补充连接地级行政中心和县级节点、重要的交通枢纽、物流节点城市和边境口岸；增加可有效提高路网运行效率和应急保障能力的部分路线；增设沿边沿海路线，维持普通国道网相对独立。

(1)首都放射线(12条)。

北京—沈阳、北京—抚远、北京—滨海新区、北京—平潭、北京—澳门、北京—广州、北京—香港、北京—昆明、北京—拉萨、北京—青铜峡、北京—漠河、北京环线。

(2)北南纵线(47条)。

鹤岗—大连、黑河—大连、绥化—沈阳、烟台—上海、秦皇岛—深圳、威海—汕头、乌兰浩特—海安、二连浩特—淅川、苏尼特左旗—北海、满都拉—防城港、银川—榕江、兰州—龙邦、策克—磨憨、西宁—澜沧、马鬃山—宁洱、红山嘴—吉隆、阿勒泰—塔什库尔干、霍尔果斯—若羌、喀纳斯—东兴、东营—深圳、同江—哈尔滨、嘉荫—临江、海口—三亚(东)、海口—三亚(中)、海口—三亚(西)、张掖—孟连、丹东—东兴、饶河—盖州、通化—武汉、嫩江—双辽、牙克石—四平、克什克腾—黄山、兴隆—阳江、新沂—海丰、芜湖—汕尾、济宁—宁德、南昌—惠来、正蓝旗—阳泉、保定—台山、呼和浩特—北海、甘其毛都—钦州、开县—凭祥、乌海—江津、巴中—金平、遂宁—麻栗坡、景泰—昭通、兰州—马关。

(3)东西横线(60条)。

绥芬河—满洲里、珲春—阿尔山、集安—阿巴嘎旗、丹东—霍林郭勒、庄河—西乌珠穆沁旗、绥中—珠恩嘎达布其、黄骅—山丹、文登—石家庄、青岛—兰州、连云港—共和、连云港—栾川、上海—霍尔果斯、乌鲁木齐—红其拉甫、西宁—吐尔尕特、长乐—同仁、成都—噶尔、上海—聂拉木、高雄—成都、上海—瑞丽、广州—成都、瑞安—友谊关、瑞金—清水河、福州—昆明、广州—南宁、秀山—河口、连云港—固原、启东—老河口、舟山—鲁山、洞头—合肥、丹东—阿勒泰、萝北—额布都格、三合—莫力达瓦旗、龙井—东乌珠穆沁旗、承德—塔城、天津—神木、黄骅—榆林、海兴—天峻、滨州港—榆林、东营港—子长、胶南—海晏、日照—凤县、大丰—卢氏、东台—灵武、启东—那曲、上海—安康、南京—德令哈、武汉—大理、察雅—萨嘎、利川—炉霍、台州—小金、张家界—巧家、宁德—福贡、南昌—兴义、福州—巴马、湄洲—西昌、东山—泸水、石狮—水口、佛山—富宁、文昌—临高、陵水—昌江。

此外包括81条联络线。

2. 国家高速公路网

由7条首都放射线、11条北南纵线、18条东西横线，以及地区环线、并行线、联络线等组成，约11.8万千米，另规划远期展望线约1.8万千米。按照“实现有效连接、提升通道能力、强化区际联系、优化路网衔接”的思路，补充完善国家高速公路网：保持原国家高速公路网规划总体框架基本不变，补充连接新增20万以上城镇人口城市、地级行政中心、重要港口和重要国际运输通道；在运输繁忙的通道上布设平行路线；增设区际、省际通道和重要城际通道；适当增加有效提高路网运输效率的联络线。

(1)首都放射线(7条)。

北京—哈尔滨、北京—上海、北京—台北、北京—港澳、北京—昆明、北京—拉萨、北京—乌鲁木齐。

(2)北南纵线(11条)。

鹤岗—大连、沈阳—海口、长春—深圳、济南—广州、大庆—广州、二连浩特—广州、呼和浩特—北海、包头—茂名、银川—百色、兰州—海口、银川—昆明。

(3)东西横线(18条)。

绥芬河—满洲里、珲春—乌兰浩特、丹东—锡林浩特、荣成—乌海、青岛—银川、青岛—兰州、连云港—霍尔果斯、南京—洛阳、上海—西安、上海—成都、上海—重庆、杭州—瑞丽、上海—昆明、福州—银川、泉州—南宁、厦门—成都、汕头—昆明、广州—昆明。

此外包括6条地区性环线以及若干条并行线、联络线等。

(四)规划实施

1. 实施方案

(1)建设需求。

普通国道：规划总计26.5万千米，其中利用原国道10.4万千米、原省道12.4万千米、原县乡道2.9万千米，合计占规划里程的97%，其余3%约0.8万千米需要新建；达到二级及以上技术标准的普通国道路线约占60%，按照未来基本达到二级及以上标准测算，共约10万千米需要升级改造。

国家高速公路：规划总计11.8万千米，已建成7.1万千米，在建约2.2万千米，待建约2.5万千米，分别占60%、19%和21%。

(2)实施安排。

“十二五”期间，加快推进普通国道改造，实现通车里程约26万千米，其中二级及以上公路比重达到70%以上；有序推进对加强省际、区域和城际联系具有重要作用的国家高速公路建设，提高主要公路通道的通行能力，国家高速公路通车里程达9.5万千米。基本建成普通国道网和国家高速公路网，大约需要20年。

(3)实施要求。

统筹安排，集中力量，加快推进普通国道建设，以既有路线升级改造为主，着力提升技术等级、服务能力和水平。科学论证、量力而行，有序推进国家高速公路建设，把握好建设节奏，合理确定建设时机，因地制宜确定建设标准。慎重决策国家高速公路远期展望线，原则上到2030年左右，视区域经济社会和交通发展需求适时开展建设，灵活掌握建设标准。在满足安全和运输需求的前提下，努力降低公路建设和运营成本。

2. 实施效果

(1)扩大基本公共服务。

普通国道规模由10.6万千米调增至26.5万千米,新增连接县(市)900多个,实现全国所有县级及以上行政区都有普通国道连接,提升公路交通基本公共服务能力,改善人民群众出行条件。

(2)有效促进城镇化发展。

强化城市群内外交通联系,提升路网对中小城镇的覆盖水平,形成多中心放射的路网格局,为城镇化发展提供有效支撑。

(3)兼顾公平与效率。

实现普通国道和高速公路的协调发展,明确普通国道侧重体现基本公共服务,高速公路侧重体现高效服务,加强两个网络在功能和布局上的衔接协调。

(4)实现资源环境协调发展。

新增普通国道建设以既有公路升级改造为主,高速公路合理把握建设规模和节奏,有效降低土地占用和环境影响,促进公路建设与资源环境和谐发展。

(5)完善综合交通运输体系。

加强与其他运输方式的协调衔接,统筹主要通道运输能力配置,促进综合交通运输体系构建和现代物流业发展。

3. 保障措施

(1)修订公路法律法规。

推动修订《公路法》《收费公路管理条例》等法律法规,在法律上明确国家公路网的地位、性质及其组成结构。

(2)完善投资融资政策。

进一步完善国家投资、地方筹资、社会融资相结合的多渠道、多层次、多元化投融资模式。继续实施收费公路政策,鼓励包括民间资本在内的社会资本参与国家高速公路建设。加大各级政府财政性资金投入,提高中央代发地方债券用于普通公路建设的比重,大幅增加中央资金对普通国道建设的补助力度,逐步建立高速公路与普通公路统筹发展机制,促进普通公路持续健康发展。实施差异化的区域投融资政策,加大对革命老区、民族地区、边疆地区、贫困地区的扶持力度。加强资金监管,严格防范债务风险。

(3)节约资源和保护环境。

集约节约利用土地等资源,降低对环境的影响。跨江(河、湖、海)的路线尽可能与铁路、城市轨道交通等共用桥位;尽可能利用既有设施扩能改造,必须新建的尽可能利用既有交通走廊,多方案比选、合理布线,少占土地、占补平衡;尽可能避免对具有重要生态功能的生态系统的分割,从严控制穿越禁止开发区域和城市建成区,严禁新建公路穿越自然保护区的核心区,减少对生态脆弱区、环境敏感区的影响,加强生态保护，逐步实现从事后治理向事前规划和保护的转变。

(4)科技引领提升服务。

积极推进国家公路网的信息化、智能化建设，提高与铁路、水运、航空等多种运输方式的中转和衔接能力，推进运输方式之间的联程联运，逐步实现交通运输一体化，提高运输服务水平，促进现代物流业发展；加大科技投入力度，支持公路发展关键技术的研发应用；强化公路行业人才队伍建设，加强技能型、管理型人才培养，完善教育培训制度，提高从业人员素质。

(5)促进公路协调发展。

深化管理体制改革，落实各级政府在公路建设、运营、养护、管理中的事权和职责，提高公路养护质量和运营管理水平，增强公路的可持续发展能力。统筹安排国家公路网路线编号、线位规划、建设规划和前期工作，稳妥有序推进规划实施。研究建立国家公路网规划动态调整机制，根据经济社会发展变化，适时修订和完善规划。加强省级公路和乡村公路规划建设，合理确定规划目标和建设规模，注重与国家公路网的衔接，统筹各层次路网协调发展，提升路网整体服务能力和水平。

(五)《国家公路网规划(2013—2030年)》有关问题

1. 国家公路网如何考虑资金、土地、环保问题

在《规划》编制过程中，对国家公路网资金、土地问题进行了专题研究。按静态投资匡算，国家公路网建设资金约需4.7万亿元，其中普通国道约需2.2万亿元，国家高速公路约需2.5万亿元。考虑普通国道和国家高速公路服务属性的差异，在筹融资方式上也有所不同，普通国道建设将以政府财政性资金为主，国家高速公路建设继续实行多元化投融资政策，鼓励包括民资在内的社会资本参与建设，中央给予适当补助，按照现有资金来源和建设需求测算分析，未来的建设资金是有保障的。

土地方面，在《规划》中，普通国道由10.6万千米调增到26.5万千米，增加的约16万千米路线主要是由原省道或县乡道组成，真正需要新建的里程不到1万千米，占用土地较少；新增的3.3万千米国家高速公路待建部分大多集中在西部地区，很多位于山区、戈壁、荒漠，占用耕地较少。据测算，未来《规划》实施共需土地约400万亩，结合《全国土地利用总体规划纲要(2006—2020年)》明确的公路建设用地指标，总体而言国家公路建设用地是有保障的。同时，今后我们将采取“尽可能利用既有设施扩能改造”“多方案比选、合理布线”“少占耕地、占补平衡”等举措，节约集约利用土地资源。

环境保护方面，委托专业机构编制了《环境影响评价报告》，并通过了国家环保部的审查。实施中，将按照环评报告中的具体建议，合理论证建设方案，尽量降低环境影响。

2. 如何实现“大交通”格局

在整个综合交通运输体系中，国家公路网如何与铁路、水运、民航进行有效衔接？

构建综合交通运输体系是国家的一项重大战略，也是交通发展的必然趋势。近年

来,国家先后出台了全国沿海港口、内河航运和民航的中长期规划,对铁路网中长期发展规划也进行了调整。公路交通只有及时调整完善布局,才能更好地服务构建综合交通运输体系的目标。

《规划》编制过程中,对其他运输方式相关规划进行了认真梳理,在布局方面进行有效衔接,并通过专家咨询会、院士论证会、征求部门行业意见等方式广泛征求、采纳了铁路、民航、水运等部门及专家的意见。具体体现在以下三个方面:一是通过扩大普通国道覆盖面,强化了综合运输体系的基础网络;二是通过完善国家高速公路网,提高了主要通道能力,与铁路等运输方式共同组成综合运输体系的骨架网络;三是加强了国家公路与重要机场、港口、铁路枢纽的有效衔接,进一步完善了集疏运网络,将更好地发挥综合运输体系的整体效益。我们相信,在《规划》等一系列公路专项规划指导下,公路交通将更好地发挥自身优势,更好地服务综合交通运输体系构建与发展。

3. 如何把握国家公路网建设时序

《规划》出台后,我们将结合发展需求和投资能力,统筹安排,并通过五年规划落实具体项目,有序推进普通国道和国家高速公路建设。

一是要突出重点。在实施中要集中力量,加快推进普通国道建设,着力提升技术等级,消除瓶颈路段;国家高速公路方面,要重点推进“断头路”建设和重要通道拥挤路段扩容改造,提高路网效率。

二是要把握节奏。要充分考虑当地经济社会和交通发展需求,合理确定建设时机,避免一哄而上、过于超前。审慎决策国家高速公路远期展望线建设,灵活选用建设方案,处理好近期与远期的关系。

三是要因地制宜。充分考虑不同区域的地质地形条件、环境承载力和交通需求特点,合理确定国家公路的技术标准。普通国道以既有路线升级改造为主,切实做好新建路线的方案比选。

四是要协调发展。统筹安排国家公路以及其他层次路网建设,注重与铁路、航空、水运等运输方式的衔接,发挥综合运输网络的整体效益。加强管理,坚持建养并重,促进国家公路网协调发展。

二、省道网规划

1991 年,交通部颁布文件要求各省、自治区、直辖市编制本省市区的公路网 30 年规划,从而将公路网规划工作推向了高潮。

三、农村公路网规划

《农村公路建设规划》于 2005 年经国务院审议通过。这一规划是实践“三个代表”重要思想、解决“三农”问题的具体体现,是增加农民收入、启动国内需求和保持国民经济持续快速健康发展的有效措施,是全面建设小康社会、实现交通现代化目标的客观需要。《农村公路建设规划》不同于一般布局规划,重点突出“建设”两个字,是具体建设任务的一个集合，也就是将不同建设时期的建设任务汇集起来，在明确目标、规模和时序的前提下，量力而行地落实建设重点。2011—2020年建设目标是，到2020年，具备条件的乡（镇）和建制村通沥青（水泥）路，全国农村公路里程达370万千米，全面提高农村公路的密度和服务水平，形成以县道为局域骨干、乡村公路为基础的干支相连、布局合理、具有较高服务水平的农村公路网，适应全面建设小康社会的要求。

2012年7月，交通运输部出台了《集中连片特困地区交通建设扶贫规划纲要（2011—2020年）》，决定加快建设全国11个集中连片特困地区的交通基础设施，改善出行条件。党的十八大以来，14个集中连片特困地区公路总里程达124万千米，综合立体交通运输网络正在形成，越来越多的地区告别了不通高速公路、铁路甚至航空的历史。

第四节　“一带一路”国际公路网规划

2015年3月28日国家发改委、外交部、商务部经国务院授权，联合发布了《推动共建丝绸之路经济带和21世纪海上丝绸之路的愿景与行动》，这份愿景与行动从时代背景、共建原则、框架思路、合作重点、合作机制等方面阐述了“一带一路”的主张与内涵，提出了共建“一带一路”的方向和任务。

中国国家主席习近平说：“朋友越走越近，邻居越走越亲。”亚洲国家要想联手培育新的经济增长点和竞争优势，实现互联互通是其中一个关键环节，而“一带一路”正将亚洲国家紧密地联系起来。

中国社科院日前发布的一份报告称，“一带一路”最直接的追求目标是提升亚洲内部的一体化水平，实现亚洲经济的均衡增长，中国要以“一带一路”为契机，构建横贯东西、连接南北的欧亚海陆立体大通道。

“‘一带一路’虽然是基于中国的单边倡议，却不是自利的，它包括三个层次的需求：中国新一轮改革开放的需要；推进亚洲区域合作的需要；以及促进世界和平发展的需要。”中国社科院报告分析指出。

一、“一带一路”提出的原因

1. 区域合作

秉持开放的区域合作精神，致力于维护全球自由贸易体系和开放型世界经济，符合国际社会的根本利益，彰显人类社会共同理想和美好追求，是国际合作以及全球治理新模式的积极探索，将为世界和平发展增添新的正能量。

2. 发展战略对接

互联互通项目将推动沿线各国发展战略的对接与耦合，发掘区域内市场的潜力，促进投资和消费，创造需求和就业，增进沿线各国人民的人文交流与文明互鉴。

3. 中国深度融入世界

当前,中国经济和世界经济高度关联。中国将一如既往地坚持对外开放的基本国策,构建全方位开放新格局,深度融入世界经济体系。

二、“一带一路”的含义

1.“一带一路”合作方向

丝绸之路经济带重点畅通中国经中亚、俄罗斯至欧洲(波罗的海);中国经中亚、西亚至波斯湾、地中海;中国至东南亚、南亚、印度洋。21 世纪海上丝绸之路重点方向是从中国沿海港口过南海到印度洋,延伸至欧洲;从中国沿海港口过南海到南太平洋。

2. 共建国际大通道和经济走廊

陆上依托国际大通道,共同打造新亚欧大陆桥、中蒙俄、中国—中亚—西亚、中国—中南半岛等国际经济合作走廊;海上以重点港口为节点,共同建设通畅、安全、高效的运输大通道。中巴、孟中印缅两个经济走廊与推进“一带一路”建设关联紧密,要进一步推动合作,取得更大进展。

三、如何建设“一带一路”

中国现代国际关系研究院世界经济研究所所长陈凤英认为,“一带一路”战略的实施从互联互通起步。基础设施的互联互通是“一带一路”建设的前提,只有疏通经络、畅通血脉,打通制约经济发展的诸多瓶颈,“一带一路”才能活起来、动起来。

有关机构研究认为,亚洲互联互通建设是“基础设施、制度规章、人员交流”三位一体的,并明确提出“以交通基础设施为突破”。从具体建设方案上看,与南亚、东南亚和中亚国家之间的高铁网络建设可能最先取得成果。

除了交通基础设施的硬件联通外,专家指出,互联互通也包括规章制度、标准、政策的软件联通以及增进民间友好互信和文化交流的人文联通。

1. 政策沟通

加强政策沟通是“一带一路”建设的重要保障,沿线各国可以就经济发展战略和对策进行充分交流对接,共同制订推进区域合作的规划和措施,协商解决合作中的问题,共同为务实合作及大型项目实施提供政策支持。

2. 设施联通

基础设施互联互通是“一带一路”建设的优先领域。抓住交通基础设施的关键通道、关键节点和重点工程,优先打通缺失路段,畅通瓶颈路段,配套完善道路安全防护设施和交通管理设施设备,提升道路通达水平;能源方面,推进跨境电力与输电通道建设,积极开展区域电网升级改造合作;通信方面,共同推进跨境光缆等通信干线网络建设,畅通信息丝绸之路,规划建设洲际海底光缆项目。

3. 贸易畅通

解决投资贸易便利化问题,消除投资和贸易壁垒;加快边境口岸“单一窗口”建设，降低通关成本，提升通关能力；挖掘贸易新增长点，促进贸易平衡；加快投资便利化进程，消除投资壁垒；拓展相互投资领域，推动新兴产业合作；中国欢迎各国企业来华投资，鼓励本国企业参与沿线国家基础设施建设和产业投资。

4. 资金融通

扩大沿线国家双边本币互换、结算的范围和规模；共同推进亚洲基础设施投资银行、金砖国家开发银行筹建，有关各方就建立上海合作组织融资机构开展磋商；加快丝路基金组建运营；支持沿线国家政府和信用等级较高的企业以及金融机构在中国境内发行人民币债券；符合条件的中国境内金融机构和企业可以在境外发行人民币债券和外币债券，鼓励在沿线国家使用所筹资金。

5. 民心相通

教育文化上，中国每年向沿线国家提供 1 万个政府奖学金名额，联合申请世界文化遗产，提高沿线各国游客签证便利化水平，支持沿线国家申办重大国际体育赛事；医疗卫生上，提高合作处理突发公共卫生事件的能力，为有关国家提供医疗援助和应急医疗救助，扩大在传统医药领域的合作；科技合作上，共建联合实验室（研究中心）、国际技术转移中心、海上合作中心，合作开展重大科技攻关。

四、中国各地区的定位

1. 西北和东北地区

发挥新疆独特的区位优势和向西开放重要窗口作用，打造丝绸之路经济带核心区；打造西安内陆型改革开放新高地，加快兰州、西宁开发开放，推进宁夏内陆开放型经济试验区建设；发挥内蒙古联通俄蒙的区位优势，完善黑龙江对俄铁路通道和区域铁路网，以及黑龙江、吉林、辽宁与俄远东地区陆海联运合作，建设向北开放的重要窗口。

2. 西南地区

发挥广西与东盟国家陆海相邻的独特优势，形成 21 世纪海上丝绸之路与丝绸之路经济带有机衔接的重要门户；发挥云南区位优势，建设成为面向南亚、东南亚的辐射中心；推进西藏与尼泊尔等国家边境贸易和旅游文化合作。

3. 沿海和港澳台地区

支持福建建设 21 世纪海上丝绸之路核心区；打造粤港澳大湾区；发挥海外侨胞以及香港、澳门特别行政区独特优势作用，积极参与和助力"一带一路"建设；为台湾地区参与"一带一路"建设作出妥善安排。

4. 内陆地区

打造重庆西部开发开放重要支撑和成都、郑州、武汉、长沙、南昌、合肥等内陆开放型经济高地；打造"中欧班列"品牌，建设沟通境内外、连接东中西的运输通道。

具体各省的定位如下：

其中，新疆被定位为"丝绸之路经济带核心区"，福建则被定位为"21 世纪海上丝绸之路核心区”。

按“一带一路的愿景与行动”的表述，要发挥新疆独特的区位优势和向西开放重要窗口作用，深化与中亚、南亚、西亚等国家交流合作，形成丝绸之路经济带上重要的交通枢纽、商贸物流和文化科教中心，打造丝绸之路经济带核心区。

福建省政府发展研究中心副主任黄端告诉澎湃新闻，目前福建正在制订“海丝”核心区的实施意见，方案还在制订中。他表示，福建应通过“一个枢纽、六个平台和三个基地”建设，发挥泉州、福州、厦门、平潭“一区三点”龙头引领作用，漳州、莆田、宁德、三明、龙岩、南平“三港三地”腹地支撑作用，以陆上、海上、海外“三个福建”为载体，统筹经贸发展。

除了新疆和福建，“一带一路的愿景与行动”对其他省市的定位，也有设定。具体来说：

——广西的定位是21世纪海上丝绸之路与丝绸之路经济带有机衔接的重要门户。“一带一路的愿景与行动”提出，发挥广西与东盟国家陆海相邻的独特优势，加快北部湾经济区和珠江—西江经济带开放发展，构建面向东盟区域的国际通道，打造西南、中南地区开放发展新的战略支点。

——云南的定位是面向南亚、东南亚的辐射中心。“一带一路的愿景与行动”提出，发挥云南区位优势，推进与周边国家的国际运输通道建设，打造大湄公河次区域经济合作新高地。

——对沿海诸市的定位是“一带一路”特别是21世纪海上丝绸之路建设的排头兵和主力军。“一带一路的愿景与行动”提出，加强上海、天津、宁波—舟山、广州、深圳、湛江、汕头、青岛、烟台、大连、福州、厦门、泉州、海口、三亚等沿海城市港口建设，强化上海、广州等国际枢纽机场功能。以扩大开放倒逼深层次改革，创新开放型经济体制机制，加大科技创新力度，形成参与和引领国际合作竞争新优势。

——对陕西、甘肃、宁夏、青海四地的定位是形成面向中亚、南亚、西亚国家的通道、商贸物流枢纽、重要产业和人文交流基地。“一带一路的愿景与行动”提出，发挥陕西、甘肃综合经济文化和宁夏、青海民族人文优势，打造西安内陆型改革开放新高地，加快兰州、西宁开发开放，推进宁夏内陆开放型经济试验区建设。

——对内蒙古、黑龙江、吉林、辽宁、北京的定位是建设向北开放的重要窗口。“一带一路的愿景与行动”提出，发挥内蒙古联通俄蒙的区位优势，完善黑龙江对俄铁路通道和区域铁路网，以及黑龙江、吉林、辽宁与俄远东地区陆海联运合作，推进构建北京—莫斯科欧亚高速运输走廊。

除了上述这些定位明确的省份，“一带一路的愿景与行动”对于其他区域的功能定位亦有表述。

譬如，推进西藏与尼泊尔等国家边境贸易和旅游文化合作。加快推动长江中上游地区和俄罗斯伏尔加河沿岸联邦区的合作。充分发挥深圳前海、广州南沙、珠海横琴、福建平潭等开放合作区作用，深化与港澳台合作，打造粤港澳大湾区。推进浙江海洋经济发展示范区、福建海峡蓝色经济试验区和舟山群岛新区建设，加大海南国际旅游岛开发开放力度。

对港澳台，“一带一路的愿景与行动”也提出，发挥海外侨胞以及香港、澳门特别行政区独特优势作用，积极参与和助力“一带一路”建设。为台湾地区参与“一带一路”建设作出妥善安排。

五、“一带一路”建设取得的成果

1. 签署合作框架

中国与部分国家签署了共建“一带一路”合作备忘录，与一些毗邻国家签署了地区合作和边境合作的备忘录以及经贸合作中长期发展规划。

2. 推动项目建设

中国加强与沿线有关国家的沟通磋商，推进了一批条件成熟的重点合作项目。

3. 完善政策措施

中国政府推动亚洲基础设施投资银行筹建，发起设立丝路基金，强化中国—欧亚经济合作基金投资功能。推动银行卡清算机构开展跨境清算业务和支付机构开展跨境支付业务。

六、“一带一路”建设如何落实

1. 制订时间表路线图

中国愿与沿线国家一道，不断充实完善“一带一路”的合作内容和方式，共同制订时间表、路线图，积极对接沿线国家发展和区域合作规划。

2. 促进理解和认同

通过合作研究、论坛展会、人员培训、交流访问等多种形式，促进沿线国家对共建“一带一路”内涵、目标、任务等方面的进一步理解和认同。

3. 推进示范项目建设

中国愿与沿线国家一道，稳步推进示范项目建设，共同确定一批能够照顾双多边利益的项目，对各方认可、条件成熟的项目抓紧启动实施，争取早日开花结果。

七、“一带”与“一路”的一体化

1. 一体化产生系统效应

“一带”与“一路”衔接成一体化以后，可形成系统、体系，这样一来就会产生 $1+1>2$ 或者 $1+1+1>3$ 的系统效应。

从整体视域而言，“一带”与“一路”原本分别是两个战略平台。衔接成一体化后就将变成一个体系化的战略平台，二者亦是其子战略平台。从经济视域上来看，“一带”与“一路”这两个子系统可满足需求的分散性问题，而体系化的“一带”与“一路”则可解决供给的集中性问题，最终实现需求与供给的均衡，使资源得到有效配置。

“一带”与“一路”也是政治、军事的需求,但它收获的不但是政治、军事效应效益,还将衍生出巨大的经济效应效益。

因此,“一带”与“一路”是平台作战,“一带”与“一路”是体系作战。“一带一路”比“一带”与“一路”分别作战能发挥或形成更大的优势。

2. 一体化的方法是互联互通

互联互通涉及的不仅是“一带一路”的需求,更是将“一带”与“一路”衔接成体系化运作的需求。

互联互通是一个含义宽泛的概念,包括经贸、金融、投资、物流等领域的合作;建成铁路、公路、航空、电信(光缆)、电网、能源管道等的互联互通网;推进贸易投资便利化;提升海关、交通运输、出入境检疫、金融信息交流等。这些互联互通内容中最原生态的内容,就是综合交通通道的建设。有了它才能有效地推进贸易投资的便截化,深化经济技术合作,建立自由的贸易区,才能将“商贸路”蜕变为“经济带”。

八、“一带一路”是十三五规划重要支撑

2016 年国家十三五规划对“一带一路”建设提出了要求。规划要求,要秉持亲诚惠容,坚持共商共建共享原则,开展与有关国家和地区多领域互利共赢的务实合作,打造陆海内外联动、东西双向开放的全面开放新格局。第一,要健全“一带一路”合作机制。围绕政策沟通、设施联通、贸易畅通、资金融通、民心相通,健全“一带一路”双边和多边合作机制。推动与沿线国家发展规划、技术标准体系对接,推进沿线国家间的运输便利化安排,开展沿线大通关合作。建立以企业为主体、以项目为基础,各类基金引导、企业和机构参与的多元化融资模式。加强同国际组织和金融组织机构合作,积极推进亚洲基础设施投资银行、金砖国家新开发银行建设,发挥丝路基金作用,吸引国际资金共建开放多元共赢的金融合作平台,充分发挥广大海外侨胞和归侨侨眷的桥梁纽带作用。第二,畅通“一带一路”经济走廊。推动中蒙俄、中国—中亚—西亚、中国—中南半岛、新亚欧大陆桥、中巴、孟中印缅等国际经济合作走廊建设,推进与周边国家基础设施互联互通,共同构建连接亚洲各次区域以及亚欧非之间的基础设施网络。加强能源资源和产业链合作,提高就地加工转化率。支持中欧等国际集装箱运输和邮政班列发展。建设上合组织国际物流园和中哈物流合作基地。积极推进“21 世纪海上丝绸之路”战略支点建设,参与沿线重要港口建设与经营,推动共建临港产业集聚区,畅通海上贸易通道。推进公铁水及航空多式联运,构建国际物流大通道,加强重要通道、口岸基础设施建设。建设新疆丝绸之路经济带核心区、福建“21 世纪海上丝绸之路”核心区。打造具有国际航运影响力的海上丝绸之路指数。第三,共创开放包容的人文交流新局面。办好“一带 路”国际高峰论坛,发挥丝绸之路(敦煌)国际文化博览会等作用。广泛开展教育、科技、文化、体育、旅游、环保、卫生及中医药等领域合作。构建官民并举、多方参与的人文交流机制,互办文化年、艺术节、电影节、博览会等活动,鼓励丰富多样的民间文化交流,发挥妈祖文化等民间文化的积极作用。联

合开发特色旅游产品,提高旅游便利化。加强卫生防疫领域交流合作,提高合作处理突发公共卫生事件能力。推动建立智库联盟。

“一带一路”重大倡议提出两年来,得到国际社会特别是沿线 60 多个国家的积极响应,正在逐步收获早期成果。2016 年 3 月 5 日,李克强总理在第十二届全国人民代表大会第四次会议上作政府工作报告,再次强调要扎实推进“一带一路”建设。2016 年是十三五规划开局之年,“一带一路”将成为实现十三五规划目标的重要支撑。“一带一路”区域图如图 3-6 所示。

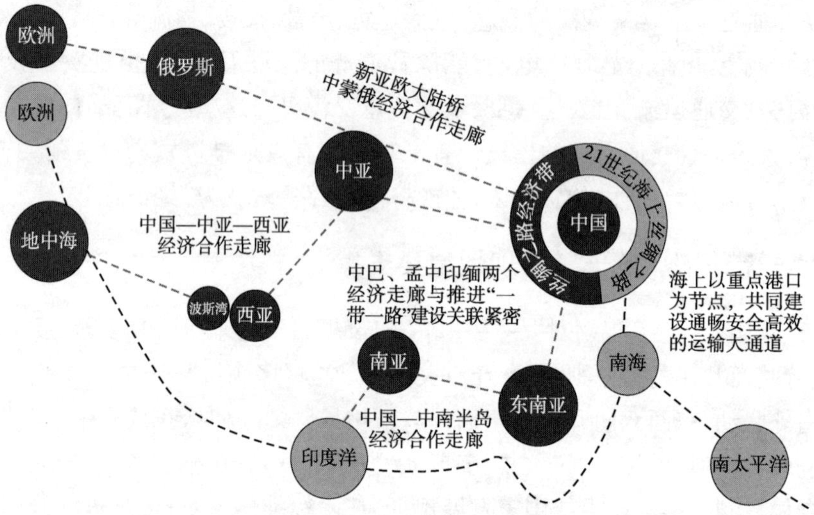

图 3-6 “一带一路”区域图

自 2013 年国家主席习近平提出“一带一路”发展战略以来,已经得到了越来越多国家的认同和响应。例如,在二级市场上,相关“一带一路”概念股在经历了 2015 年 6 月以来的长时间调整后,如今价格和估值都已经回归到相对合理状态,中长期投资机遇再次显现。2015 年,在为十三五规划进行筹备的一年中,习近平主席将“一带一路”作为重点一项。

在 2016 年 3 月 5 日李克强总理的政府工作报告中,明确提出要扎实推进“一带一路”建设。要统筹国内区域开发开放与国际经济合作,共同打造陆上经济走廊和海上合作支点,推动互联互通、经贸合作、人文交流,构建沿线大通关合作机制,建设国际物流大通道,推进边境经济合作区、跨境经济合作区、境外经贸合作区建设,坚持共商共建共享,使“一带一路”成为和平友谊纽带、共同繁荣之路。

报告还指出,要扩大国际产能合作,坚持企业为主、政府推动、市场化运作,实施一批重大示范项目,要落实和完善财税金融支持政策,设立人民币海外合作基金,用好双边产能合作基金,推动装备、技术、标准、服务走出去,打造中国制造金字品牌。

据国家发改委主任徐绍史介绍,2015 年我国与 30 多个国家签订了“一带一路”共建谅解备忘录,一些主要的“一带一路”骨架已经开始搭建,比如说中蒙俄的经济走廊、中国—中南半岛的经济走廊、新亚欧大陆桥经济走廊、中国—中亚—西亚走廊、中巴经济走廊、孟中印缅经济走廊的建设，都在商议推进，有的已经进入到建设阶段。其中，中国与哈萨克斯坦的产能合作协议总投资超过230亿美元，中巴经济走廊签订的协议项目金额也有300多亿美元。

2016年1月19日~23日，国家主席习近平对沙特阿拉伯、埃及、伊朗进行国事访问，并访问阿盟总部，提出中阿共建“一带一路”。2016年3月4日，习主席看望参加政协联组会议的民建工商联委员时也一再强调，“一带一路”建设等方面都可以做大文章，在新常态下当有新作为、新发展。此前，在地方召开的两会上，全国已有20个省份将“一带一路”写入政府报告。

第四章　公路建设

公路基本建设是指公路建筑业有关固定资产的建筑、购置、安装及其相关的其他工作，是公路交通运输业为了扩大再生产（即提高运输能力）而进行的增加固定资产的建设工作。具体来讲，即把一定的建筑材料、半成品、设备等，通过购置、建造和安装等活动，转化为固定资产的活动，如一条公路的竣工，一座桥梁的落成等。

第一节　公路建设相关政策法规

公路建设过程中涉及的法律、法规是公路建设监管机构依据法律、法规，对公路建设经济活动实施的直接或者间接的行政干预，对公路建设企业及公路建设市场行为进行约束的一系列制度安排，保证和促进公路行业的健康、有序发展。

现行公路建设法律法规制度体系的表现形式包括：法律（狭义）、行政法规、部门规章、地方性法规、自治条例和单行条例、地方规章、国际条约和国际惯例、公路建设技术标准、规范和规程等。此外，有关公路建设法规的立法解释也是公路建设法规的表现形式之一。我国与公路建设相关的主要法律法规和规范性文件列示如下：

一、国家层面制定颁布的法律

国家层面制定颁布的法律，指全国人大或全国人大常委会制定颁布的法律。如《中华人民共和国公路法》《中华人民共和国招标投标法》《中华人民共和国建筑法》《中华人民共和国土地管理法》《中华人民共和国环境保护法》《中华人民共和国环境影响评价法》《中华人民共和国水土保持法》《中华人民共和国安全生产法》《中华人民共和国行政许可法》《中华人民共和国行政处罚法》和《中华人民共和国合同法》等。

二、有关部委制定和颁布的行政法规

国务院及国务院授权的有关部委制定和颁布的行政法规。如《中华人民共和国收费公路管理条例》《公路安全保护条例》《中华人民共和国公路管理条例》《建设工程质量管理条例》《建设项目环境保护管理条例》《建设工程勘察设计管理条例》《建设工程安全生产管理条例》《中华人民共和国土地管理法实施条例》《建设工程质量管理条例》《建设工程质量管理条例》《建设工程质量管理条例》《中华人民共和国水土保持法实施条例》《地震安全性评价管理条例》等。

三、部门规章

由交通主管部门制定的规章制度。如《公路建设市场管理办法》《公路建设监督管理办法》《交通建设项目环境保护管理办法》《公路工程质量监督规定》《公路工程设计变更管理办法》《公路工程勘察设计招标投标管理办法》《公路工程施工监理招标投标管理办法》和《公路工程竣（交）工验收办法》等。

四、规范性文件

由交通主管部门颁布的规范性文件。如《公路建设项目法人资格标准(试行)》《公路建设项目评标专家库管理办法》《公路工程施工招标评标委员会工作细则》《关于实施公路建设项目施工许可工作的通知》和《公路建设项目工程决算编制办法》等。

第二节　公路基本建设程序

一、公路建设新理念

1. 基于五大发展理念的四个交通建设新理念

坚持创新、协调、绿色、开放、共享发展理念,加快推进综合交通、智慧交通、绿色交通、平安交通建设,加快完善综合交通基础设施网络,加快提升综合交通运输供给能力和服务品质,目标是建成安全便捷、畅通高效、绿色智能、群众满意的现代综合交通运输体系,推动交通运输实现更高质量、更有效率、更加公平、更可持续的发展。

2. 绿色公路建设新理念

绿色公路建设是以优化路网功能、控制资源占用、减少能源消耗、降低污染物排放、保护生态环境、推进绿色发展为核心,以理念创新、技术创新、管理创新和制度创新为驱动的新型发展理念,主要工作包括:

(1)把创新贯穿到绿色公路建设的各个环节,大力推进创新驱动,强化科技创新引领作用,为绿色公路发展注入强大动力。

(2)把协调发展理念贯穿到绿色公路建设全过程,统筹公路建设过程中经济发展、社会和谐及环境保护三者之间的平衡关系,注重公路建管养运的综合协调,为公路可持续发展提供基础保障。

(3)把以人为本的理念作为绿色公路建设的出发点和立足点,充分考虑公路使用者的多样化需求,满足全面建成小康社会对公路建设的新要求。

(4)突出绿色公路建设的典型特征,在满足公路自身基本功能的同时,在资源节约、低碳节能、生态友好、温馨服务等方面实现突破,打造具有鲜明特色的绿色公路新示范。

3. 公路钢结构桥梁建设新理念

随着钢铁产能的提高和钢结构桥梁建设技术的进步,我国已经具备推广钢结构桥梁的物质基础和技术条件。当前,钢铁产能过剩、钢材价格下降,是推进钢结构桥梁建设、提升公路桥梁建设品质的良好契机;推进公路钢结构桥梁建设,是落实绿色发展理念,实行现代工程管理人本化、专业化、标准化、信息化、精细化的重要抓手,可以有效提升公路桥梁的建设品质,提高结构安全耐久性,降低全寿命周期成本,促进公路建设的转型升级、提质增效。

二、基本建设程序的概念

基本建设程序是指基本建设项目从投资前期到投资期,从规划立项到竣工验收的整个建设过程中各项工作的先后次序,它由基本建设的客观规律决定。公路基本建设涉及面广,它受到地质、气候、水文等自然条件和资源供应、技术水平等物质技术条件的严格制约,需要内外各个环节的密切配合,并且要求按照符合既定需要和有科学根据的总体设计进行建设。

工程的建设程序是多年建设项目管理经验的积累,是客观规律的总结,在基本建设活动时,必须严格按照规定的程序进行,不可人为地忽略其中的某个阶段或改变其顺序,否则,不仅将造成宏观上的浪费,而且会导致盲目发展,甚至贻误地区经济的开发时机。

三、基本建设程序的主要内容

公路基本建设的程序是:根据国民经济长远规划及布局所确定的公路网规划,提出项目建议书;通过调查,进行可行性研究,编制可行性研究报告;经批准后进行初步测量及编制初步设计文件;经批准后,列入国家年度基本建设计划,并进行定线测量及编制施工图设计文件;经批准后组织施工;完工后,进行竣工验收,最后交付使用。

公路基本建设程序如图4-1所示。

(一)编制项目建议书

大中型项目要求预可行性研究报告。国家高速公路网项目可直接进行工程可行性研究。根据规划,编制项目建议书。

项目建议书是在经济规划、运输规划和道路规划的基础上产生的技术政策性文件,是按项目或年度列出的待建项目。它既是进行各项前期准备工作的依据,又是可行性研究的基础。项目建议书应对拟建项目的目的、要求、主要技术指标、原材料、投资估算及资金来源等提出文字说明。根据国民经济和社会发展的长期规划、产业政策、地区规划、经济建设的方针、技术经济政策和建设任务,结合资源情况、建设布局等条件和要求,经过调查、预测和分析,向有关部门提出的对某个投资建设项目需要进行可行性研究的建议书,是对投资建设项目的轮廓性设想。公路工程项目建议书如表4-1所示。

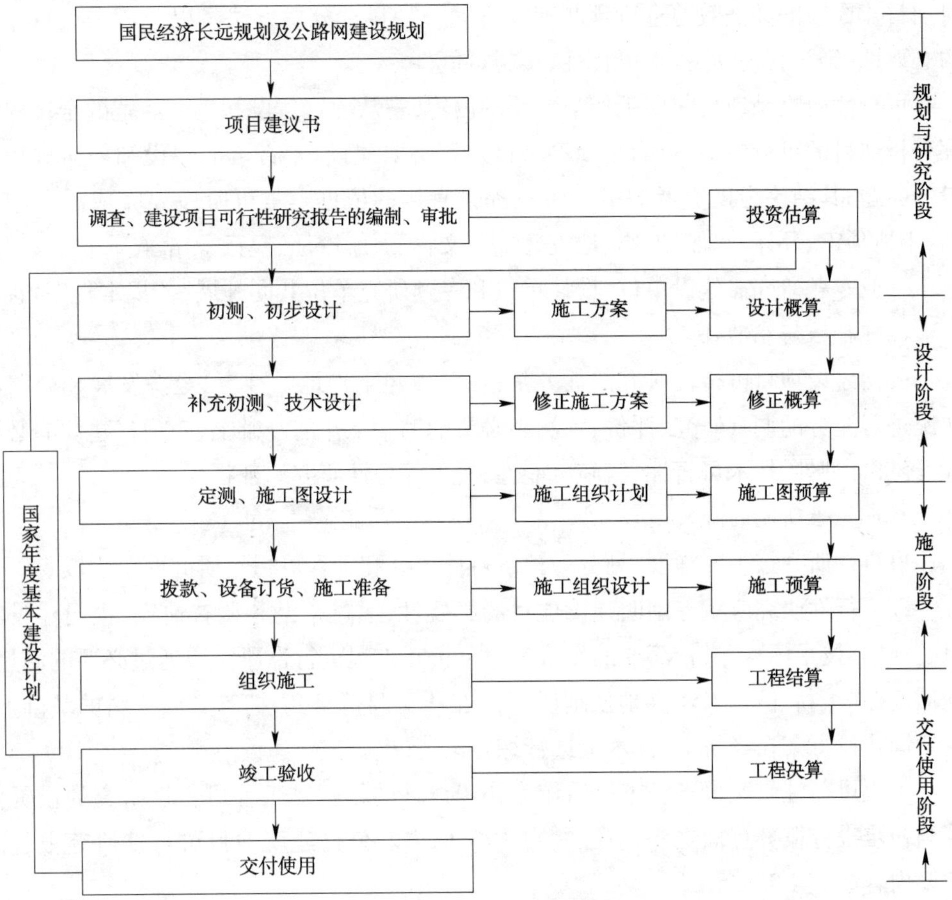

图 4-1　公路基本建设程序流程图

公路工程项目建议书　　表 4-1

项　　目	主 要 内 容
公路工程项目建议书	(1)项目提出的必要性和依据； (2)拟建规模和建设地点初步设想； (3)资源情况和建设条件； (4)投资估算和资金筹措设想； (5)项目建设需要的时间； (6)经济效果和社会效益初步估计

对列入国家高速公路网规划的项目不要求项目建议书。

(二)可行性研究

可行性研究是基本建设前期工作的重要组成部分，是建设项目立项、决策的主要依据。根据批准的项目建议书，进行工程可行性研究，编制可行性研究报告。可行性研究，是通过对项目有关的地区社会、经济发展、路网状况、工程、技术、经济等方面条件和情况进行调查、研究、分析，对各种可能的建设方案和技术方案进行比较论证，并对项目建成后的经济效益进行预测和评价的一种科学分析方法。以此考查项目建设的必要性、经济合理性、技术可行性、实施可能性。

可行性研究是项目前期工作最重要的内容，它从项目建设和生产经营的全过程考察分析项目的可行性，其目的是回答项目是否必要建设，是否可能建设和如何进行建设的问题，其结论为投资者的最终决策提供直接的依据。工可阶段要完成的专题包括：土地预审、环评、水保、地质、地震、防洪、文物、通航论证、银行承诺等。

一般专题研究需建设单位、设计单位和专题研究单位共同开展，按规定程序报批。

1. 可行性研究的任务

公路建设项目可行性研究的任务是：在对拟建工程地区社会、经济发展和公路网状况进行充分的调查研究、评价、预测和必要的勘察工作的基础上，对项目建议的必要性、经济合理性、技术可行性、实施可能性，提出综合性研究论证报告。

2. 可行性研究的阶段划分

可行性研究按工作深度，划分为预可行性研究和工程可行性研究两个阶段。

预可行性研究应重点阐明建设项目的必要性，通过踏勘和调查研究，提出建设项目的规模、技术标准，进行简要的经济效益分析。工程可行性研究应通过必要的测量、地质勘探（大桥、隧道及不良地质地段等），在认真调查研究，拥有必要资料的基础上，对不同建设方案在经济上、技术上进行综合论证，提出推荐建设方案。

工程可行性研究报告经审批后作为初步设计的依据。工程可行性研究的投资估算与初步设计概算总额之差，应控制在10%以内。公路建设项目可行性研究报告的主要内容如表4-2所示。

公路建设项目可行性研究报告的主要内容 表4-2

项　目	主 要 内 容
公路建设项目可行性研究报告	（1）项目建设依据； （2）建设地区交通运输现状和建设项目在运输网中的地位和作用； （3）原有公路技术状况及适应程度； （4）研究建设项目与地区经济发展的内在联系，预测交通量发展水平； （5）建设项目地理位置、地形、地质、气候等自然特征； （6）筑路材料来源； （7）论证不同建设方案路线起讫点和主要控制点、建设规模、标准，提出推荐方案； （8）评价建设项目对环境的影响，测算主要工程数量、征地拆迁数量、估算投资，提出资金筹措方案； （9）提出勘察设计、施工计划安排；进行经济评价、财务分析

项目建议书阶段，着重解决的是"必要性"的问题，项目建议书批复即立项。工程可行性研究阶段，着重解决的是"可行性"的问题，需要做很多专题论证。

（三）工程设计阶段

根据批准的可行性研究报告，编制设计文件。工程设计是对工程对象进行构思，并进行计算、验算,编制设计文件的过程。设计文件是安排建设项目、控制投资、编制招标文件、组织施工和竣工验收的重要依据。设计文件的编制必须坚持精心设计,认真贯彻国家有关方针政策,严格执行基本建设程序的规定。

根据基本建设项目的性质和设计内容不同,工程设计一般可分为"一阶段设计""两阶段设计"和"三阶段设计"三种类型。

公路工程基本建设一般采用两阶段设计,即初步设计和施工图设计。对于技术简单、方案明确的小型建设项目,可采用一阶段设计,即一阶段施工图设计;技术复杂而又缺乏经验的建设项目或建设中个别路段、特殊大桥、互通式立体交叉、隧道等,必要时采用三阶段设计,即初步设计、技术设计和施工图设计。如何选择工程设计类型,具体如表4-3所示。

工程设计类型选择组合表　　　　表4-3

设计特点 设计类型	适用场合	设计依据	应提交的成果
一阶段设计	技术方案明了、投资不大的道路工程项目(尤其是地方投资的项目)	批准的可行性研究(或测设合同)和定测资料	施工图设计文件和施工图预算文件
二阶段设计	一般工程项目	初步设计:批准的可行性研究(或测设合同)和初测资料 施工图设计:已批准的初步设计和定测资料	初步设计:初步设计文件和工程概算文件 施工图设计:施工图设计文件和施工图预算文件
三阶段设计	重大的工程项目或其中有技术难题的工程项目	初步设计:批准的可行性研究(或测设合同)和初测资料 技术设计:已批准的初步设计和补充初测资料 施工图设计:已批准的技术设计和定测资料	初步设计:初步设计文件和工程概算文件 技术设计:技术设计文件和修正概算文件 施工图设计:施工图设计文件和施工图预算文件

1. 初步设计

根据批准的工程可行性研究报告,拟定建设原则,选定设计方案,计算工程数量及主要材料数量,提出施工方案的意见,编制设计概算。初步设计是项目的宏观设计,即项目的总体设计、布局设计。初步设计应根据批准的可行性研究的要求和初测资料,拟订修建原则,选定设计方案,计算主要工程数量,提出施工方案的意见,编制设计概算,提供文字说明和图表资料。初步设计文件经审查批准后,是国家控制建设项目投资及编制施工图设计文件或技术设计文件(采用三阶段设计时)的依据,并且为订购或准备主要材料、机具设备,安排重大科研项目,筹划征用土地及控制项目投资的依据。

表4-4列出了初步设计的主要内容,供设计时参考。

初步设计的主要内容　　表4-4

项 目	主 要 内 容
初步设计	(1)选定路线设计方案,基本确定路线位置; (2)基本查明沿线地质、水文、气候、地震、矿产、文物等情况; (3)基本查明沿线筑路材料的质量、储量、供应量及运输条件,并进行原材料、混合料的试验; (4)基本确定路基标准横断面和高填深挖路基、特殊路基的设计方案及沿线路基取土、弃土方案; (5)基本确定排水系统与支挡、防护工程的方案、位置、长度、结构形式和尺寸; (6)基本确定路面设计方案、路面结构类型及主要尺寸; (7)基本确定特大、大、中桥桥位,设计方案、结构类型及主要尺寸; (8)基本确定小桥、涵洞等的位置、结构类型及主要尺寸; (9)基本确定隧道位置、设计方案、结构类型及主要尺寸; (10)基本确定路线交叉的位置、形式、结构类型及主要尺寸; (11)基本确定交通工程及沿线设施各项工程的位置、形式、类型及主要尺寸; (12)基本确定改(扩)建工程施工期间的交通组织方案; (13)基本确定环境保护措施与景观设计方案; (14)基本确定改路改渠等其他工程的位置、结构形式及主要尺寸; (15)基本确定占用土地、拆迁建筑物及管线等设施的数量; (16)提出需要试验、研究的项目; (17)初步拟定施工方案及工期安排; (18)论证确定分期修建的工程实施方案; (19)计算各项工程数量; (20)计算人工及主要材料、机具、设备的数量; (21)编制设计概算

2. 技术设计

技术设计应根据已批准的初步设计和补充初测,对重大、复杂的技术问题通过科学试验、专题研究,加深勘测调查及分析比较,针对表4-4中所列的各项内容,解决初步设计中未能解决的问题,进一步落实各项技术方案,计算工程数量,提出修正的施工方案,编制修正设计概算。批准后的技术设计文件将作为施工图设计的依据。技术设计文件的内容与初步设计类似,但此时的技术方案和技术细节都已基本确定。

3. 施工图设计

根据批准的初步设计进一步对审定的修建原则、设计方案、技术决定加以具体和深化,最终确定各项工程数量,编制施工图预算。经批准的施工图设计文件是项目实施的依据。

一阶段施工图设计应根据批准的可行性研究和定测资料,拟定修建原则,确定设计方案和工程数量,提出文字说明和图表资料以及施工组织计划,编制施工图预算,满足审批的要求，适应施工的需要。

两阶段（或三阶段）施工图设计应根据批准的初步设计（或技术设计）和定测（或补充初测）资料，进一步对所审定的修建原则、设计方案、技术决定加以具体和深化，最终确定工程数量，提出文字说明和适应施工需要的图表资料以及施工组织计划，编制施工图预算。施工图设计工作见表4-5。

施工图设计工作内容 表4-5

项 目	主 要 内 容
施工图设计	（1）确定路线具体位置； （2）确定路基标准横断面和高填深挖路基、特殊路基横断面，绘制路基超高、加宽设计图；计算土石方数量并进行调配；确定路基取土、弃土的位置，绘制取土坑、弃土场设计图； （3）确定路基路面排水系统和支挡、防护工程的结构类型及尺寸，绘制相应布置图和结构设计图； （4）确定高填深挖、陡坡路堤及特殊路基设计的结构形式及尺寸，并绘制设计图； （5）确定各路段的路面结构类型、路面混合料类型，并绘制路面结构图； （6）确定特大、大、中桥的位置、孔数及孔径、结构类型及各部尺寸，绘制结构设计图； （7）确定小桥、涵洞、漫水桥及过水路面等的位置、孔数及孔径、结构类型及各部尺寸，绘制布置图；特殊设计的，应绘制特殊设计详图； （8）确定隧道及其附属设施的形式及尺寸，绘制布置图和设计详图； （9）确定路线交叉形式、结构类型及各部尺寸，绘制布置图和设计详图； （10）确定交通工程及沿线设施的各项工程的位置、类型及各部尺寸，绘制布置图和设计详图； （11）确定改（扩）建工程施工期间的交通组织设计详图； （12）确定环境保护与景观工程的位置、类型及数量，绘制布置图和设计详图； （13）确定改路、改渠（河）等其他工程的位置、结构形式及尺寸，绘制相应的布置图和设计详图； （14）落实沿线筑路材料的质量、储藏量、供应量及运距，绘制筑路材料运输示意图； （15）确定征用土地、拆迁建筑物及电力、通信等的数量； （16）计算各项工程数量； （17）提出施工组织计划； （18）提出人工数量及主要材料、机具、设备的规格及数量； （19）编制施工图预算

（四）列入年度基本建设计划

当建设项目的初步设计和概算经上报批准后，才能列入国家基本建设年度计划。建设单位根据国家计委颁发的年度基本建设计划控制数字，按照批准的可行性研究报告和设计文件，编制本单位的年度基本建设计划，报经批准后，再编制物资、劳动、财务计划。这些计划分别经过主管机关审查平衡后，作为国家安排生产、宏观调控物资和财政拨款（或）贷款的依据，并通过招标或其他方式落实施工单位和监理单位。

（五）施工准备

根据国家有关规定，进行征地拆迁等施工前准备工作，申请质量监督和施工许可。为了保证施工的顺利进行，在施工准备阶段，建设单位、勘测设计单位、施工单位、监理单位和建设银行均应在自己的职责范围内,针对施工的要求充分做好各项准备工作。

建设主管部门应根据计划要求的建设进度,组建基本建设项目的专门管理机构,办理登记及拆迁,做好施工沿线有关单位和部门的协调工作,抓紧配套工程项目的落实,提供技术资料,落实材料、设备的供应。

勘测设计单位应按照技术资料供应协议,按时提供各种图纸资料,做好施工图纸的会审及移交工作。

施工招投标中中标并已签订工程承包合同的施工单位应组织机具、人员进场,进行施工测量,修筑便道及生产、生活等临时设施,建立实验室,组织材料、物资采购、加工、运输、供应、储备,做好施工图纸的接收工作,熟悉图纸的要求,编制实施性施工组织设计和施工预算,提出开工报告。

监理招投标中中标并已签订监理合同的监理单位应组织监理机构,建立监理组织体系,熟悉施工设计文件和合同文件;组织监理人员和设备进场,建立中心实验室;根据工程监理规划规定的程序和合同条款,对施工单位的各项准备工作进行检查、验收、审批,合格后,签发开工令。

建设银行应会同建设、设计、施工单位做好图纸的会审,严格按计划要求进行财政拨款或贷款,做好建设资金的调拨计划。

(六)项目实施阶段

在开工报告批准后,施工单位即可正式施工。施工过程中,施工单位应遵照合理的施工程序,按照设计要求、施工规范及进度要求,确保工程质量,安全施工。坚持施工过程组织原则,加强施工管理,大力推广应用新技术、新工艺、新方法、新设备和新材料,努力缩短工期,降低造价,做好施工记录,建立技术档案。项目实施阶段主要工作见表4-6。

项目实施阶段主要工作 表4-6

项　目	主要内容
项目实施阶段	(1)征地拆迁,土地报批; (2)监理、施工单位招标; (3)施工单位进场,施工准备; (4)申请质量监督、施工许可; (5)组织项目实施(质量、安全、进度、投资、环境,合同管理)

(七)竣工验收、交付使用

项目完工后,完善竣工图表和档案资料、工程决算和竣工财务决算,办理项目交、竣工验收和财产移交手续。

竣工验收包括两部分内容,一是工程技术验收,二是工程资金决算,是对工程质量、数量、期限、生产能力、建设规模、使用条件的审查,应对建设单位和施工单位编制的固定资产移交清单、隐蔽工程说明和竣工决算等进行细致检查。

竣工验收由政府主管部门组织,对建设项目验收应具备条件和工作内容规定

如下:

(1)竣工验收应具备条件

①通车试运营2年后。

②交工验收提出的工程质量缺陷等遗留问题已处理完毕,并经项目法人验收合格。

③工程决算已编制完成,竣工决算已经审计。

④竣工文件已编制完成。

⑤对需进行档案、环保等单项验收的项目,经有关部门验收合格。

⑥各参建单位完成各自工作报告。

⑦质监机构对工程质量检测鉴定合格,形成工程质量鉴定报告。

(2)工作内容

①成立竣工验收委员会。

②听取项目法人、设计单位、施工单位、监理单位工作报告。

③听取质量监督部门工作报告及工程质量鉴定报告。

④检查工程实体质量,审查有关资料。

⑤对工程质量进行评分,并确定工程质量等级。

⑥对参建单位进行综合评价。

⑦对建设项目进行综合评价。

⑧形成并通过竣工验收鉴定书。

(八)项目后评价

竣工验收合格后,组织项目后评价。

1.后评价阶段主要工作

后评价阶段主要工作是公路路产应按规范要求定期检查、检测,经常养护,保证路面、路肩整洁,横坡适度,边坡稳定,排水通畅,构筑物完好,沿线设施完善,绿化协调美观,保证行车舒适安全。

在公路通车运营2~3年后,用系统工程的方法,对建设项目决策、设计、施工和运营各阶段工作及其变化的成因,进行全面的跟踪、调查、分析和评价。

目的是通过全面总结,为不断提高决策、设计、施工、管理水平,合理利用资金,提高投资效益,改进管理,制定相关政策等提供科学依据。

2.项目后评价主要内容

建设项目的过程评价:依据国家法律法规,分析和评价项目前期工作、建设实施、运营管理等执行过程,找出变化原因,总结经验教训。根据实际发生的数据和后评价时国家颁布的参数进行国民经济评价和财务评价,并与前期工作阶段按预测数据进行的评价相比较,分析其差别和成因。

建设项目的影响评价:分析、评价对影响区域的经济、社会、文化以及自然环境等方面所产生的影响。

建设项目目标持续性评价：根据对建设项目的公路网状况、配套设施建设、管理体制、方针政策等外部条件和运行机制、内部管理、运营状况、公路收费、服务情况等的内部条件分析，评价项目目标的持续性，并提出相应的解决措施和建议。

第三节　公路建设投资融资

公路建设的投资逐年增长，但仍然不能满足公路建设高速发展的需求，公路建设投资不足，融资模式单一，成为困扰公路建设发展的首要问题。

为转变政府职能，推进公路建设投资决策科学化，拓宽投资渠道，吸收社会资金进入公路建设领域，加快公路发展，先后提出了一系列政策措施，如允许通过集资和贷款修建公路和桥梁，采用"贷款修路，收费还贷"的收费公路政策，积极引进 BOT（Build-Operate-Transfer）、BT（Build-Transfer）、TOT（Transfer-Operate-Transfer）、ABS（Asset-Backed-Sercuritization）、PPP（Public-Private-Partnership）等"项目融资"模式，实施公路建设"项目代建制"等，这些政策的实施推动了公路建设市场投资多元化，拓宽了融资渠道，使得国内外商业银行、投资公司、民营资本、证券市场资金大量涌入公路建设领域，公路建设实现了投资大幅增长，有力地支撑了我国公路交通跨越式的发展。2015年全国公路技术等级统计显示，全国公路网总里程达到457万千米，其中高速公路总里程达到12.36万千米，里程数位居世界第一。国省干线公路技术等级大幅提升，路况及服务水平大为改善，公路网密度显著提高。公路建设投资与融资模式创新发展有力地支撑了我国公路建设跨越式的发展。

面对新时期我国公路建设新的发展目标，现有公路建设投融资体制及模式很难满足我国公路建设未来投资的需求。其主要原因在于中央及地方政府仍然是公路投资的主体，民间资本参与程度不高，资金缺口较大；项目资金结构不尽合理，资本金比例偏低，项目抗风险能力不足；项目投资决策仍需进一步完善，部分经营性公路项目效益不高，还贷压力过大。因此，研究国际工程投融资管理成功经验，拓宽项目资金渠道，推动公路建设项目投资多元化，化解投资风险，规范公路投融资市场管理已成为当前我国公路发展的一项紧迫任务。

一、公路建设项目投资概念及特点

（一）投资

投资是指经营性事业预先垫付一定量的资本或其他实物。广义的投资概念，是指投资主体为了特定目的，将资源投放到某项计划以达到预期效果的一系列经济行为。狭义的投资是指投资主体在社会经济活动中为实现某种预定的生产、经营目标而预先垫付资金的经济行为。投资具有明确的主体性和目标性，是主体有目标的经济行为，它表示投入资源的数量，通常用货币单位来表示。

（二）公路建设项目投资

公路建设项目投资是依据公路建设基本程序，按照公路定额取费标准，所进行的公路建设项目投资活动。公路建设项目具有公共基础设施的属性，公路建设项目投资效益包括经济效益、社会效益及环境综合效益多个方面。

1. 经济效益

公路建设作为一项大规模的固定资产投资活动，在建设期间将拉动地区经济发展，推动地区 GDP 增长，带动地区产业结构调整，增加地区劳动力就业，增加居民收入，推动地区工业发展。另外，公路建成后还将改善沿线地区交通条件，提高运输效率，改善地区经济发展的基础设施，降低出行时间，节约出行费用，减少运输燃油消耗，降低整个地区产品客货运输成本，提高地区的经济实力和竞争力，促进未来经济可持续发展。改善公路运输条件的同时，还将改善公路沿线投资环境，促进土地资源开发利用，加速土地增值，带动地区经济发展。

2. 社会效益

公路项目建设，能够推动人才、资金、信息等资源的流动，推进沿线地区工商业、旅游业发展，加快人流、物流、信息流交换，提高地区人民物质文化水平，缩小城乡差别等。此外，公路运输的发展，对边远地区交通条件的改善、缩小地区间发展水平差距、促进社会发展公平、增强国防能力等多个方面都有促进作用。

3. 环境综合效益

公路建设项目需要占用大量土地、消耗大量资源，将对公路沿线自然环境及生态环境产生较大影响，具体表现为公路沿线大气环境、声环境、地表及地下水环境、土壤环境、路线沿线景观环境、野生动植物栖息环境等多个方面。这些影响在不同的阶段具有不同的表现形式。如噪声影响在施工期间表现为施工机械产生的噪声对周围居民居住环境的影响，再过了运营期间则表现为车辆行驶噪声及尾气对沿线居民生活的影响。

（三）公路建设项目投资特点

1. 大额性

公路建设项目占用资源多，投资量巨大，工程项目的费用有时多达数亿、十几亿，甚至达到数百亿。

2. 单件性

公路建设项目是一次性单项投资活动，是在具体的地点，按照公路发展规划，依据公路技术标准建设的一次性的实体工程。

3. 阶段性

公路建设项目涉及面广、规模大、建设内容多、周期长，需要将公路建设划分成不同阶段，确定不同阶段的工作重点。

4. 风险性

公路建设存在许多不确定性因素，不同建设阶段存在不同的风险。公路建设项目风险包括政治风险、融资风险、建设风险、市场风险、技术风险、运营风险、管理风险等。

二、公路建设项目投资管理体制

（一）投资管理体制的概念

投资活动内容包括投资主体、投资结构、资金筹措、项目决策、效益评估等。投资管理体制是指国家组织和管理投资的制度、政策、模式及方式的总称，它包括投资管理机构组成及设置、投资管理权限和职责划分、投资管理方式等。投资管理体制的模式与不同时期国民经济体制一致。

我国基础设施投资管理体制一直随国家经济体制的改革与创新不断发展变化，投资管理体制也经历了由计划经济到市场经济，由单一投资主体到多元化投资的变革。不同时期的社会经济制度和经济模式下，投资管理体制的模式也不相同，投资管理体制不是一成不变的，是随社会生产力的发展及经济模式的转换而调整变化的。

（二）项目投资管理体制的组成

投资管理体制由投资主体的层次和结构、资金筹集和运行方式、投资市场各类经济实体的关系等要素组成。

1. 投资主体

在投资管理体制中，投资主体是核心要素，它是指实施投资行为的法人或自然人，在投资活动中具有独立的决策权，是筹集与运用投资资金的责、权、利相结合的统一体。投资主体是独立的经济实体，具有行为独立性和自我约束性。投资主体拥有独立的财产决策权，直接参与社会生产活动，具有追求经济利益最大化的内在冲动，享受独立的民事权利和承担民事义务。行为独立性是指围绕投资活动的产权一经确立，投资主体可以在合法范围内开展经营的经营活动，承担项目风险。自我约束性是投资主体在投资活动中约束自己的行为，以使其符合法律、政策及市场经济规律。

不同的投资主体会有不同的投资动机和投资范围。政府投资是以公益性、基础性投资为目的，投资范围是社会公共领域。企业或个人投资主体是以获得投资收益为目标，其投资范围是经营性投资项目。

2. 资金筹集和运行

资金筹集和运行是投资主体筹集资金的渠道方式，资金筹集和运行与投资主体的结构密切相关。计划经济体制下投资决策权集中于国家，则资金来源主要为国家及地方财政，投资运行方式主要是财政拨款。市场经济中投资主体是多元化的，资金来源有多种渠道，投资决策表现为多层次化，投资方式也是多样化的，可以是国家财政拨款、银行贷款、债券、股票等多种方式。

3. 经济实体之间的相互关系

投资领域内各类经济实体之间的关系，主要由投资主体的层次与结构决定，并受投资方式影响。投资主体与投资方式单一，经济实体之间关系单一。计划经济体制下各经济实体之间是行政隶属关系，市场经济中投资主体表现为多元化形式，投资方式多样，投资领域内各经济实体之间是商品经济关系，更多地带有市场特征。

（三）项目投资管理模式

投资管理模式分为集权式、分散式和分权式。

集权式投资管理体制中，国家是单一的投资主体，投资方式是财政计划拨款，投资领域内各经济实体之间是行政关系，项目计划、审批和投资由政府制定，我国在改革开放前以集权式投资管理体制为主。

分散式投资管理体制是投资决策权高度分散的投资模式。该模式中多个投资主体各自拥有投资决策权，投资主体进行投资活动主要为获取投资收益。该模式有利于激发微观经济主体投资积极性，但易导致宏观投资比例失调及资源浪费。西方国家早期大多采用分散式投资管理体制。

分权式投资管理体制包括中央政府、地方政府和企业三个层次的投资主体。中央政府负责国家公共建设领域（如基础设施、基础产业和公益项目等）和关键性竞争领域投资，并负责宏观经济调控。地方政府负责地方经济发展建设领域和关键性竞争领域投资，并对地区经济结构和投资规模进行调控。企业则是市场投资主体，按照市场规律及企业目标进行投资决策。

投资领域内的调控主要是市场直接调控和政府间接调控，西方发达国家大多建立分权式投资管理体制。

分权式投资管理体制的优势表现为：一是分权式投资管理体制是以现代企业为主要投资主体的多元化和多层次市场调控投资体系，政府与市场投资范围界定明确，中央与地方政府的投资事权划分明确，地方政府在拥有投资决策权的同时也承担相应责任风险，企业拥有自主投资决策权；二是分权式投资管理体制鼓励企业自主投资、自主经营，市场对资源配置起主导作用；三是宏观经济调控主要采用财政、信贷、利率、税收等经济手段，市场经济化程度较高。改革开放以来，随着我国国民经济逐步从计划经济向市场经济过渡，在投资管理体制改革中逐步向分权式投资管理体制发展。公路建设投资管理体制建立应有利于在宏观层面实现公路建设投资总量规模和投资结构的调控，并制定出符合我国国情的公路发展规划和产业政策。在地方政府和行业投资管理中，通过制定合理的地区或行业长远投资规划，指导企业和投资者进行市场投资。

三、项目融资概念

（一）公路建设项目融资

项目融资首先出现在美国，随后被推广到欧洲，近十几年又在发展中国家被广泛采用。广义上，所有为建设一个新项目、收购一个现有项目或者对已有项目进行债务重组所进行的融资活动都可称为项目融资。狭义上，只有有限追索或无追索形式的融资活动才称为“项目融资”。

公路建设项目融资是指只依靠项目资产及项目未来收益作为项目债务资金偿还的保证的公路建设项目资金筹集的形式。项目融资结构图如图 4-2 所示。

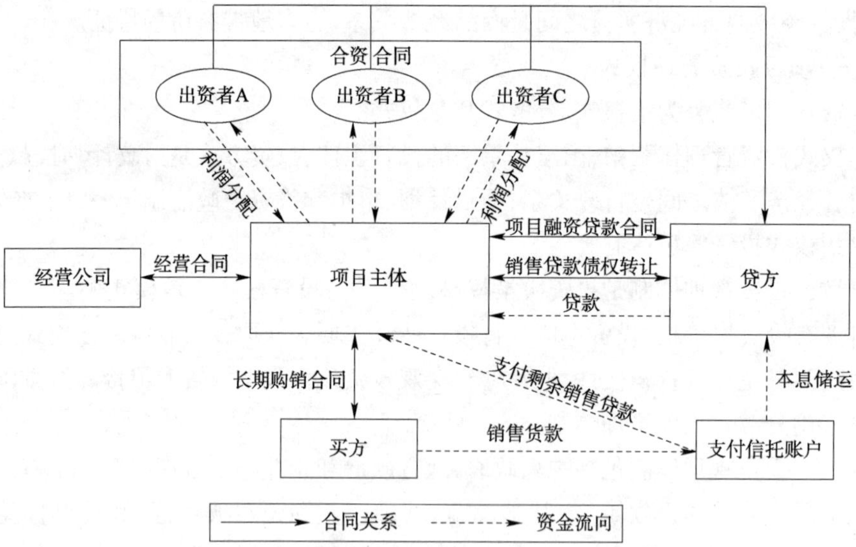

图 4-2　项目融资结构图

根据公路建设项目投资主体的类型及项目运营是否收费，公路项目可分为公益性项目和经营性项目两大类。公益性公路项目的投资主体主要是各级政府，但有时也吸引部分社会资本投入项目建设，公路建成实行免费通行，不收取任何通行费用，项目运营养护费用也主要由政府财政负担。经营性公路建设项目中政府投入少量资本金，采用债务融资或项目融资的形成筹集剩余大部分建设资金，项目建成后收取道路通行费偿还各项债务，并获取投资收益。目前，我国新建二级及以下等级公路采用公益性项目形式，高速公路及一级公路采用经营性项目形式。

(二)追索

追索是指在借款人未按期偿还债务时，贷款人要求借款人以除抵押资产之外的其他资产偿还债务的权力。追索的形式包括有限追索、无追索和完全追索。

完全追索融资不依赖项目经济强度，在贷款人对项目基本认可的条件下，项目公司为借款人，项目投资者(股东)以直接担保、间接担保或其他形式在贷款期内提供信用保证。

有限追索是指项目贷款人可以在贷款的某个特定阶段(如项目建设开发阶段和试生产阶段)对项目借款人实行追索，或者在一个规定的范围内(包括金额和形式限制)对项目借款人实行追索。有限追索权是国际项目融资的专业术语，其特点在于贷款人的追索权是有限的，也就是说项目借款人仅以投入到项目中的资产为限，贷款人对项目借款人没有完全的追索权。除了本项目的收益和资产外，贷款人会要求拥有项目实体的第三方提供担保，一旦项目失败，如果项目收益及资产仍然无法还清贷款时，贷款人有权向第三方担保人追索，但担保人承担的项目债务责任以其提供的担保金额为限。

有限追索的极端是“无追索”，即融资百分之百地依赖于项目的经济强度，在融资的任何阶段，贷款人均不能追索到除项目之外的资产。然而，在实际工作中无追索融资对于贷款人风险太高，一般均不采用这样的融资结构。

贷款人对借款人的追索形式和追索程度是区分融资是属于项目融资还是属于传统形式融资的重要标志。传统形式融资中，贷款人为项目借款人提供的是完全追索形式的贷款，贷款人更注重借款人自身的资信情况，而不是项目的经济强度；项目融资中，贷款人更多关注的是项目未来收益水平和资产结构，贷款人对项目借款人的追索只限于项目资产及项目投产后产生的现金流量。

（三）项目融资主体

项目融资主体即项目投融资参与方，包括项目发起人、贷款人、政府及其他第三方等，各参与者之间的基本关系如图4-3所示。

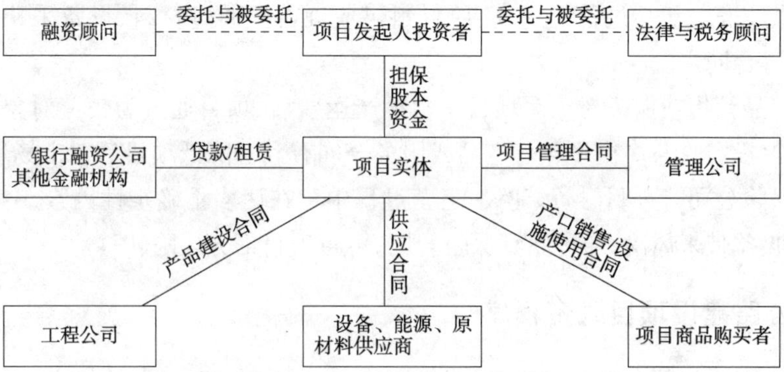

图4-3　项目投资主要参与者基本关系图

1. 项目发起人

（1）项目发起方，又称为项目主办方，直接参与项目投资和管理，负责项目前期筹备，承担项目债务责任及项目风险。项目主办方可以是单独的项目投资者，也可以是由多个投资人组成的联合体。

（2）项目公司。项目融资需要成立项目法人公司作为项目的直接主办人，称为项目公司。项目公司可以是一个实体，具体负责项目的融资、设计、生产、采购、组织、运营。项目公司也可以只是法律上拥有项目资产、实际运作委托具有丰富管理经验的项目管理公司。

（3）借款人。在大多数情况下，项目公司负责项目债务资金的筹集，就是项目借款人。但某些情况下，项目运行受到多种因素的影响，如东道国的税收制度、担保制度、法律诉讼的可行性等，项目借款人会发生变化，可能不止项目公司一家，项目承包人、经营公司、原材料供应商及产品销售对象都可能充当借款人。

2. 贷款人

（1）商业银行、非银行金融机构（如租赁公司、财务公司、某种类型的投资基金等）和一些国家的出口信贷机构，都可以为项目提供贷款。项目贷款人可以是一家商业银行，也可以是多家银行组成的银团。

（2）国际金融机构。主要指境外世界银行、地区开发银行及其他境外金融机构。

3. 各级政府

政府在项目投融资中的角色主要是监督和管理，通过政策引导、行业监管、特许经营授予等多种形式来发挥其作用；或通过代理机构投入权益资金或充当项目产品的最大买主或用户。

此外，政府还可为项目开发提供土地、基础设施、能源供应，减少项目的建设风险和经营风险；为项目提供条件优惠的出口信贷和其他类型的贷款或贷款担保，促成项目顺利完工。

4. 其他第三方

（1）承包人。负责工程项目设计与施工，通常通过招投标获得项目承包合同。

（2）供应商。包括设备供应商、原材料供应商等。通过材料、设备采购招标或询价方式获得合同。

（3）产品销售或服务对象。项目正常投产运营后，项目通过为销售对象提供产品或服务获得投资收益。提早签订产品或服务合同有利于降低项目后期市场风险。

（4）保险公司。项目融资、建设、运营过程中存在诸多不确定性因素，会给项目投产及运营收益带来风险，通过签订保险合同，可将项目部分风险转移。

四、公路建设项目融资程序

项目融资一般要经过5个阶段，即投资决策、融资决策、融资结构设计、融资谈判和项目融资执行阶段。

1. 投资决策

项目建设之初，都需要经过规范科学的投资分析，包括宏观经济形势预判、行业发展趋势，以及项目在行业中的竞争性分析、项目建设的可行性研究、项目投资估算、投资收益及投资风险分析等。通过对投资项目建设必要性、经济可行性、技术合理性、建设条件等综合对比分析，结合行业发展，确定对项目是否进行投资。

2. 融资决策

确定项目投资建设后，还需要进一步确定项目投资组成，设计项目的融资方案。在这个阶段，项目发起人需要根据项目性质、出资人背景及能力，确定项目投资人、项目资本构成、项目融资方案及融资模式、项目建设管理模式及项目公司的类型等。项目融资模式及筹资渠道主要依据项目类型、项目融资成本、融资风险、融资可获得的难易程度及可靠性等因素来确定。

3. 融资结构设计

项目融资结构设计是项目顺利筹集建设资金的重要保证。这一阶段的主要工作内容包括：确定项目资本金和债务资金的比例，项目资本金组成及资金来源，项目债务资金组成及来源，项目融资风险分析和评估，项目融资信用保证结构设计等。项目融资结构设计需要项目投资者对项目风险因素进行全面分析和判断，确定项目投资收益及债务水平、项目风险可承受能力，将项目收益与项目风险在项目参与方之间均衡、合理分配。项目融资信用结构是获得项目融资的基础。

4. 融资谈判

融资谈判是指贷款人与借款人双方就如何提供贷款资金、提供资金担保等方面进行的谈判。谈判常常涉及融资的条件、融资的成本、支付的方法、担保的范围等问题。融资谈判需要经历融资沟通与谈判的准备，现场陈述与沟通，补充完善资料和政策征询，进一步沟通并确定融资合作的意向，实质性谈判，融资协议的签订等。

5. 项目融资执行

正式签署项目融资协议后，项目融资就进入了执行阶段。在传统的融资方式中，一旦进入贷款执行阶段，借贷双方的关系就变得相对简单明了，借款人只要求按照贷款协议支取项目贷款，偿还贷款的利息和本金。在项目融资中，贷款银团通过其经理人（一般由项目融资顾问担任）将经常性地监督项目的进展，根据融资文件的规定，参与部分项目的决策和管理。

项目融资各阶段的主要工作如图 4-4 所示。

图 4-4 项目融资各阶段的主要工作

五、公路建设项目主要融资模式

公路项目的融资模式有多种，主要有政府投资、国内银行贷款、国外贷款、公路企业债券融资、股票融资和项目融资等。图 4-5 为 2014 年我国高速公路投资结构图。

1. 政府投资

公路作为国家重要的基础设施，具有公共属性和公益性质。我国政府主要通过以下 3 个途径来投资公路建设：一是各级政府预算内的资金；二是公路建设基金，主要由交通规费和车辆购置附加费等专项资金组成，费改税后形成的交通资金属性不变、资金用途不变、地方预算程序不变、地方事权不变；三是国债资金，始于 1998 年，中央实行积极财政政策，为扩大内需，通过加大基础设施和国家重点项目建设，由中央财政发行的债券(国债)募集的资金。三部分加在一起占公路建设资金的25%左右。

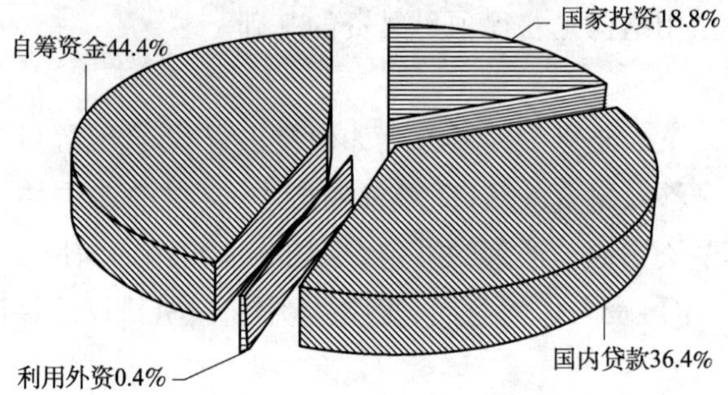

图4-5　我国高速公路投资结构图

2. 国内银行贷款

国内银行贷款是指国内商业银行借贷。采用国内商业银行贷款筹集公路建设资金具有诸多优点,如筹集资金数量大、还款期限长、融资成本低、融资风险小。但商业银行贷款需要严格的定期还本付息,并只向收益稳定的公路项目发放贷款,这些不利条件增加了项目还款压力,增大了项目融资的难度。

目前,国内商业银行贷款已成为我国公路建设资金最主要的来源,约占公路总投资的40%,并且今后相当长的一段时期内仍将是我国公路建设资金的主要来源。当前,我国公路行业的贷款负债率已达到很高水平,其中隐含的"债务偿还"危机问题已经引起业内广泛关注。

深化公路行业融资体制改革,采取多渠道方式筹集建设资金,是解决目前银行贷款占比过高,推动公路建设持续快速发展的根本途径。

3. 国外贷款

国外贷款包括国际金融组织贷款和国外政府贷款。国际金融组织贷款主要是世界银行、亚洲开发银行和国际开发协会等组织贷款,这类组织一般只承担项目建设所需的部分费用,最高为50%。外国政府贷款又称双边贷款,带有政治性因素和援助性质。国际金融组织和外国政府贷款具有融资量大、使用期限长、资金成本低等特点,特别适合贷款量大的高等级公路建设。这些贷款对项目前期准备、中期监控以及后期评价都有严格要求和程序,而且不少项目还附有技术援助赠款,有利于提高我国公路建设和管理水平。在目前我国外汇储备充足、外债结构合理的情况下,利用国外贷款是一种理想的融资方式。

4. 公路债券融资

债券融资包括发行政府债券和企业债券。政府债券是政府利用其掌握的基金或委托金融机构发行债券,发行主体是政府,债务由政府承担,融资风险一般很小,对于广大投资者而言,投资风险几乎等于零而且利息免征个人所得税。企业债券是指由参与公路项目建设的企业发行债券,在规定的期限内由政府贴息,本金和贴息期后的利息由筹资企业偿还。通过发行债券为公路项目进行融资时,投资主体不变,公路项目的建设及管理方式也不会改变,公众也比较容易接受债券融资方式。

在很多发达国家,债券融资在公路建设投资中占据较大比重,表现最为突出的是美国和韩国。这些国家公路建设债券的发行得到了政府的大力支持,通过各种扶植政策和所得税等优惠措施,债券成为保证公路建设的主要资金来源。公路项目的收费收益一般比较稳定,在当前我国经济健康、持续增长的大背景下,公路交通量的稳定、持续增长是完全有保障的,具有良好的资信度。政府主管部门通过提供一定形式的政策支持甚至直接提供担保,使公路债券完全可以达到高级别信用等级进行发行。

5. 股票融资

股票融资是通过发行股票为公路建设项目筹集资金,高速公路股票融资是指通过对高速公路资产存量重组和股份化改造,在境内外上市筹集公路建设资本金。

股票融资是项目资本金的筹集,因而不需要还本付息,可永久使用,适合公路项目融资资金量大的需求。近年来我国资本市场不断发展壮大,为高速公路股票融资创造了良好环境,股票融资在降低公路债务资金比例、优化公路资本结构、增强公路项目抗风险能力等方面有着积极的作用。目前,我国已经有20余家公路上市公司通过股票融资成功为公路项目筹集了建设资金,如深圳高速公路、华北高速公路、沪宁高速公路、海南高速公路等,公路上市公司的蓬勃发展对我国资本市场快速提供了新的投资渠道。

6. 项目融资

项目融资是近年出现的新型融资形式,具有融资规模大、融资收益高、风险分散的特点,已在我国公路建设中推广使用。目前,我国高速公路建设项目融资方式(图4-6)主要有以下几种:

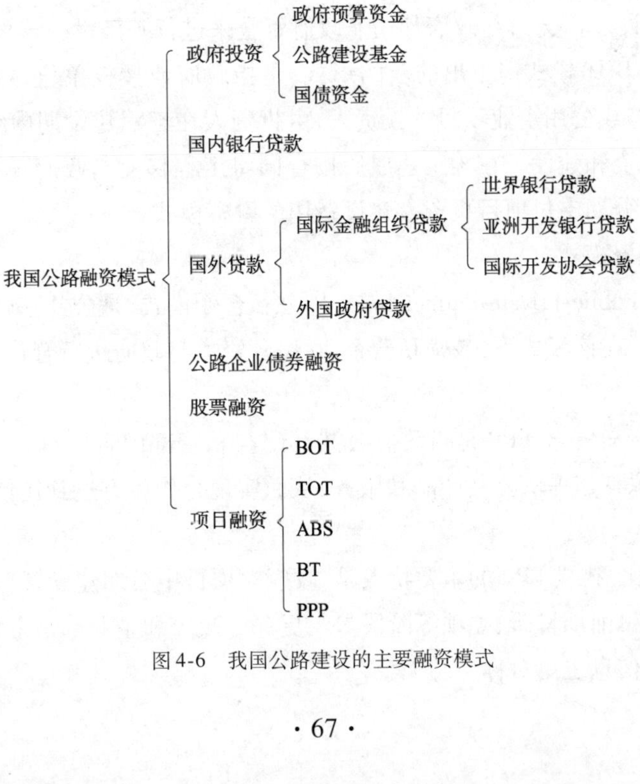

图4-6　我国公路建设的主要融资模式

(1) BOT 融资模式。

BOT,即"建设—经营—转让",其基本含义是政府与项目发起人签订特许权转让协议,项目发起人组织成立项目法人公司并负责经营性公路项目的融资、设计、建设、运营和维护工作。在规定的特许经营期内,项目公司拥有该项目的所有权并收取费用,通过公路运营收取道路通行费获得投资收益,偿还项目债务及支付维修养护费用。在特许经营期结束后,将项目无偿转交给政府。我国广深珠高速公路、成渝高速公路等项目建设中均采用了 BOT 融资模式。

(2)TOT 融资模式。

TOT,即"移交—经营—移交",是指经有关部门批准,由交通运输主管部门或授权项目公司通过合同形式,将经营性公路一定时期的全部或部分经营权(或收费权)转让给具有法人资格的经营单位经营,转让期满后,受让方再将该经营性公路无偿地、完好地交还给交通运输主管部门(转让方)。利用 TOT 进行融资在我国已经有了一些成功的实例,如成渝高速公路重庆段和陕西省西临高速公路等。

(3) ABS 融资模式。

ABS,即"资产证券化",是将缺乏流动性,但能够产生稳定、可预见现金流收入的资产,通过担保等信用增级手段,转换成在金融市场上可以出售和流动的证券的行为。具体来说,它是以项目资产可以带来的预期收益为保证,通过一套提高信用等级计划在资本市场发行债券来募集资金的一种项目融资模式。ABS 融资模式已在珠海高速公路建设筹资中获得成功。

(4)BT 融资模式。

BT,即"建设—移交",是政府利用非政府资金来进行基础设施建设的一种融资模式。BT 模式是 BOT 模式衍生出的新的形式,是指政府或授权单位经过法定程序,选定拟建基础设施或公用事业项目的投资人,由投资人在工程建设期内组建 BT 项目公司进行投资、融资和建设。在竣工建成后按合同将工程移交给政府,政府从项目运营中获取收益,并分期支付项目投资人建设费用的融资模式。

(5)PPP 融资模式。

广义 PPP(Public-Private-Partnership),即公私合作模式,是公共基础设施中的一种项目融资模式。在该模式下,鼓励私营企业、民营资本与政府进行合作,参与公共基础设施的建设。

按照这个广义概念,PPP 是指政府公共部门与私营部门合作过程中,让非公共部门所掌握的资源参与提供公共产品和服务,从而实现合作各方达到比预期单独行动更为有利的结果。

与 BOT 相比,狭义 PPP 的主要特点是,政府对项目中后期建设管理运营过程参与更深,企业对项目前期科研、立项等阶段参与更深。政府和企业都是全程参与,双方合作的时间更长,信息也更对称。

第四节　公路工程招投标

一、《公路工程建设项目招标投标管理办法》的修订

交通运输部发布了《公路工程建设项目招标投标管理办法》（简称《办法》），自2016年2月1日起施行。

《办法》修订的主要内容和创新点：

（1）明确了各级交通运输主管部门监管职责，突出事中事后监管。

简政放权，将招标备案权限下放到省级交通运输主管部门。

（2）实行"五公开"制度，广泛接受社会公众监督。

一是资格预审文件和招标文件的关键内容要公开。

二是中标候选人在投标文件中的关键信息要公示。

三是评标信息要公示。

四是交通运输主管部门的投诉处理决定要公告。

五是招标投标当事人的不良行为信息要公告。

（3）实施"三记录"，有据可循，避免人为因素干预。

根据公路工程建设项目的招标实践来看，对评标活动的人为干预因素有可能来自招标人代表、评标专家和监管部门。因此，借鉴司法改革的经验，开标评标活动实行"三记录"制度，即记录开标评标过程，记录评标专家履职情况和记录评标干预行为，并在参与评标活动的人员之间建立相互监督机制。

（4）优化资格预审方法和评标方法，增加"择优"的导向性。

公路工程建设项目实行招标投标制度是为了选择最优的参建队伍，确保工程质量和安全，降低公路建设成本，促进市场公平竞争。交通运输部在去年进行的公路建设管理体制改革调研中发现，由于各种外部因素的影响和制约，一些省份招标投标程序和制度设计出现了偏差，未充分考虑工程特点和技术要求，简单地以"抓阄"方式定标，没有将投标人的业务专长和建设能力作为重点考量因素，偏离了择优的基本价值导向，不利于公平竞争、良性竞争，没有充分发挥市场在资源配置中的作用。

《交通运输部关于深化公路建设管理体制改革的若干意见》也明确指出，坚持依法择优导向，遵循公平、公正、公开、诚信和择优原则，尊重项目建设管理法人依法选择参建单位的自主权。

《办法》在以下三个方面提高"择优"的导向性：

一是加强信用评价结果在资格审查和评标工作中的应用，鼓励和支持招标人优先选择信用等级高的从业企业。

二是公路工程施工招标评标新增技术评分最低标价法。

三是明确禁止采用抽签、摇号等博彩性方式直接确定中标候选人。

(5)加大监管和处罚力度,重拳打击围标串标、弄虚作假等违法违规行为。

《办法》拟在以下四个方面采取措施:

一是通过招标投标程序的设置削弱招标投标当事人形成利益集团的可能性。明确公路工程建设项目原则上采用资格后审方式进行招标,采用资格预审方式进行招标的,原则上采用合格制而不是有限数量制进行资格审查,采用资格后审方式进行招标的,无论采用何种评标方法,投标文件必须采用双信封形式密封,这样规定既有效避免了投标人与招标人的串通投标行为,使得招标人无法通过采用有限数量制的资格预审圈定参与投标的投标人名单,又在很大程度上防止了投标人之间的相互串通行为,使得投标人无法确定投标文件第一信封"商务文件和技术文件"的名单,无法再形成围"评标基准价"的利益团体。

二是增加评标环节,对围标串标行为进行重点评审。

三是充分利用电子化信息和社会监督手段遏制投标人的弄虚作假行为。

四是在法律责任中增加了对投标人围标串标、弄虚作假等违法行为的处罚条款。

(6)解决公路建设过程中违法分包、工程变更等突出问题。

一是规范招标文件中的分包条款;二是严格限制招标条件;三是注重主要人员的选择。针对以往项目对监理提出过多、过高要求而履约率低的实际情况,考虑在招标文件中仅对主要监理人员的数量和资格条件作出要求,投标人在投标文件中仅需填报总监理工程师。

(7)切实减轻企业负担,保护企业和公民的合法权益。

一是《办法》按照国家有关规定,规范了各类保证金的收取和退还程序,切实减轻企业负担。将规范各类保证金收取行为作为交通运输主管部门的监管内容;除法律、行政法规的规定外,招标人不得以任何名义增设或者变相增设保证金或者随意更改招标文件载明的保证金收取形式、金额以及返还时间。招标人不得在资格预审期间收取任何形式的保证金。明确了投标保证金的最高收取比例。

二是对招标人以不合理条件限制、排斥投标人的情形进行细化,招标人不得强制要求投标人的法定代表人、企业负责人、技术负责人等特定人员亲自购买资格预审文件、招标文件或者参与开标活动,不得通过设置备案、登记、注册、设立分支机构等无法律、行政法规依据的不合理条件,限制投标人进入项目所在地进行投标。

三是强调合同风险合理分担制度,招标人应当在招标文件中合理划分合同双方风险,不得设置将应由发包人承担的风险转嫁给施工、勘察设计、监理单位的不合理条款,确保合同双方主体地位平等。

(8)深入推进电子招标投标和进入统一的公共资源交易平台进场交易,提高招标投标活动透明度。

各级交通运输主管部门应当按照国家有关规定,推进公路工程建设项目电子招标投标工作。以提高效率、降低成本、扩大招标投标活动信息公开范围和深度,接受社会公众监督。

二、招投标制度设计

1. 强调招投标活动参与主体

招投标活动参与主体包括招标人、投标人、资格审查委员会和评标委员会、招标代理、行政监督部门。

2. 强制招标范围

公路工程建设项目的勘察、设计、施工、监理以及与工程建设有关的重要设备、材料等的采购，达到下列标准之一的，必须进行招标：

(1)施工单项合同估算价在 200 万元人民币以上的。

(2)重要设备、材料等货物的采购，单项合同估算价在 100 万元人民币以上的。

(3)勘察、设计、监理等服务的采购，单项合同估算价在 50 万元人民币以上的。

(4)总投资：单项合同估算价低于上述规定的标准，但项目总投资额在 3000 万元人民币以上的。

3. 可以不招标范围

《中华人民共和国招标投标法》及《中华人民共和国招标投标法实施条例》规定了 7 种可以不招标的情形，公路项目较多涉及的有：

(1)涉及国家安全、国家秘密、抢险救灾等特殊情况。

(2)已通过招标方式选定的特许经营项目投资人依法能够自行建设、生产或者提供。

比如，通过招标，某个单位中标成为某经营性公路项目的投资人，在其资质许可范围内，可以直接承担该项目有关工程任务。

4. 招标方式

招标方式分为公开招标和邀请招标两种。

(1)公开招标：指招标人以招标公告的方式邀请不特定的法人或者其他组织投标。

(2)邀请招标：指招标人以投标邀请书的方式邀请特定的法人或者其他组织投标。采用邀请招标方式的，应当向 3 家以上单位发出投标邀请书。

国有资金占控股或者主导地位的依法必须进行招标的项目，应当公开招标；但有下列情形之一的，可以邀请招标：

(1)技术复杂、有特殊要求或者受自然环境限制，只有少量潜在投标人可供选择。

(2)采用公开招标方式的费用占项目合同金额的比例过大。

5. 招标组织形式

招标组织形式分为自行招标和委托招标两种。

(1)招标人具有编制招标文件和组织评标能力的，可以自行办理招标事宜。任何单位和个人不得强制其委托招标代理机构办理招标事宜。

(2)招标人有权自行选择招标代理机构，委托其办理招标事宜。任何单位和个人不得以任何方式为招标人指定招标代理机构。

6. 招标应具备的条件

(1)已履行审批手续。

(2)招标人已经确定。

(3)有相应资金或资金来源已经落实。

(4)勘察设计招标时可行性研究报告应已批准。

(5)施工及施工监理招标时初步设计文件应已批准。

目前,一些公路项目招标存在的问题是,招标时尚不具备条件,例如,勘察设计招标时可研报告尚未批复。

7. 投标方式

投标方式分为独立投标和联合体投标两种。

(1)独立投标:顾名思义,就是一个法人或者其他组织单独投标。

(2)联合体投标:两个以上法人或者其他组织可以组成一个联合体,以一个投标人的身份共同投标。招标人不得强制投标人组成联合体共同投标,不得限制投标人之间的竞争。

8. 资格审查方式

资格审查方式分为资格预审和资格后审两种:

(1)资格预审:是指在投标前对潜在投标人进行的资格审查。

(2)资格后审:是指在开标后对投标人进行的资格审查。

9. 招标程序

这里以资格预审方式为例,介绍招标程序。招标程序如下:

(1)在履行项目审批、核准手续时,应当将招标范围、招标方式、招标组织形式报项目审批、核准部门审批、核准。依据核准的招标事项开展后续招标工作。

(2)招标人使用或参照部里制订的标准招标文本,编制项目资格预审文件和招标文件。招标文件应报交通主管部门备案。

(3)招标人指定媒体发布招标公告。

(4)招标人出售资格预审文件。

(5)潜在投标人编制资格预审申请文件。

(6)招标人接收资格预审申请文件。

(7)招标人依法组建资格审查委员会,由资格审查委员会负责资格审查。资格预审结果应报交通主管部门备案。

(8)招标人发出资格预审结果通知书,以及投标邀请书。

(9)招标人出售招标文件。

(10)招标人组织踏勘现场、召开投标预备会。这里注意,招标人不得组织单个或者部分潜在投标人踏勘项目现场。

(11)潜在投标人编制投标文件。

(12)招标人接收投标文件。

(13)开标。

(14)招标人依法组建评标委员会,由评标委员会负责评标。

(15)公示中标候选人。

(16)招标人确定中标人。中标结果应当向交通主管部门备案。

(17)招标人向中标人发出中标通知书。

(18)招标人与中标人,按照招标文件和中标人的投标文件,订立书面合同。不得再另行订立背离合同实质性内容的其他协议。

10. 法定时限要求

《中华人民共和国招标投标法》和《中华人民共和国招标投标法实施条例》,对招投标活动若干环节做了明确的时间要求。包括:

(1)资格预审文件或招标文件发售时间:不得少于5日。之前有关部门规章规定为不得少于5个工作日,《条例》实际是降低了时间要求。

(2)对资格预审文件或招标文件提出异议的时间:潜在投标人或者其他利害关系人,对资格预审文件有异议的,应当在提交申请文件截止时间2日前提出;对招标文件有异议的,应当在投标截止时间10日前提出。

(3)异议答复时间:招标人应当自收到异议之日起3日内作出答复;作出答复前,应当暂停招标投标活动。

(4)澄清、修改资格预审文件或招标文件时间:澄清或者修改的内容,可能影响资格预审申请文件或者投标文件编制的,招标人应当在提交资格预审申请文件截止时间至少3日前,或者投标截止时间至少15日前,以书面形式,通知所有获取资格预审文件或者招标文件的潜在投标人;不足3日或者15日的,招标人应当顺延提交资格预审申请文件或者投标文件的截止时间。

(5)编制资格预审申请文件时间:依法必须进行招标的项目提交资格预审申请文件的时间,自资格预审文件停止发售之日起不得少于5日。

(6)编制投标文件时间:依法必须进行招标的项目,自招标文件开始发出之日起至投标人提交投标文件截止之日止,最短不得少于20日。

(7)开标时间:开标应当在招标文件确定的提交投标文件截止时间的同一时间公开进行。

(8)中标候选人公示时间:依法必须进行招标的项目,招标人应当自收到评标报告之日起3日内公示中标候选人,公示期不得少于3日。

(9)对评标结果提出异议时间:投标人或者其他利害关系人对依法必须进行招标的项目的评标结果有异议的,应当在中标候选人公示期间提出。

(10)异议答复时间:招标人应当自收到异议之日起3日内作出答复;作出答复前,应当暂停招标投标活动。

(11)合同签订时间:招标人和中标人应当自中标通知书发出之日起30日内,按照招标文件和中标人的投标文件订立书面合同。

(12)投标保证金退还时间:招标人最迟应当在书面合同签订后5日内向中标人和未中标的投标人退还投标保证金及银行同期存款利息。

(13)提交招投标情况报告时间:依法必须进行招标的项目,招标人应当自确定中标人之日起15日内,向有关行政监督部门提交招标投标情况的书面报告。

(14)投诉时间:投标人或者其他利害关系人认为招标投标活动不符合法律、行政法规规定的,可以自知道或者应当知道之日起10日内向有关行政监督部门投诉。

(15)调查处理时间:行政监督部门应当自收到投诉之日起3个工作日内决定是否受理投诉,并自受理投诉之日起30个工作日内作出书面处理决定。

11. 标准招标文件

为规范资格预审文件和招标文件编制行为,提高编制质量,部里制定印发了勘察设计、施工、监理、投资人四类招标标准文本,要求招标时应当使用或参照使用。

(1)2009年,对2003年版公路施工招标范本进行了修订,发布了《公路工程标准施工招标资格预审文件》和《公路工程标准施工招标文件》,依法必须进行招标的二级及以上公路工程应当使用,二级以下公路项目可参照执行。

(2)2010年,对2003年版公路设计招标文件范本进行了修订,发布了《公路工程标准勘察设计招标资格预审文件》和《公路工程标准勘察设计招标文件》,依法必须招标的公路工程勘察设计项目,应当使用。

(3)2008年发布了《公路工程施工监理招标文件范本》,二级及二级以上公路、独立大桥及特大桥、独立长隧道及特长隧道的新建、改建以及养护大修工程项目,其主体工程的施工监理招标文件,应当使用,附属设施工程及其他等级的公路工程项目可参照执行。

(4)2011年发布了《经营性公路建设项目投资人招标资格预审文件示范文本》和《经营性公路建设项目投资人招标文件示范文本》,适用于经营性公路建设项目投资人招标,推荐使用。

12. 评标专家库

按照交通运输部印发的《公路建设项目评标专家库管理办法》的规定,公路行业评标专家库分为国家级和省级两级。

(1)国家级公路建设项目评标专家库,由部组建,适用于国家审批(核准)公路建设项目的勘察、设计、施工、监理以及与工程建设有关的重要设备、材料采购等依法必须招标项目。分为设计、施工、监理、货物4个类别25个专业,目前有1483名专家。为加强评标专家库管理,2010年正式运行了“公路工程评标专家管理系统”,实现网上抽取、短信提醒、互相评价、个人信息维护、过程记录、自动屏蔽等功能,抽取终端设置在各省级交通运输主管部门。正计划启动新一轮的专家申报工作。

(2)省级公路建设项目评标专家库,由省级交通运输主管部门组建,适用于其他公路招标项目。

13. 评标办法

《中华人民共和国招标投标法》规定：中标人应当符合两种条件之一，一是能够最大限度满足招标文件中规定的各项综合评价标准；或是能够满足招标文件的实质性要求，并且经评审的投标价格最低，但投标价格低于成本的除外。

依据上述原则，结合公路行业特点，部里对不同类型的招标制定了多种评标办法，供招标人选择使用。

（1）施工招标包括以下四种办法：

①合理低价法，仅是对评标价进行评分，不对投标人的施工组织设计、财务能力、技术能力、业绩及信誉等方面进行评分，按照得分由高到低的顺序推荐前3名投标人为中标候选人。公路工程施工招标评标，一般应当使用合理低价法。

②最低评标价法，是指对投标文件进行初步评审和详细评审，按照评标价由低到高的顺序推荐前3名投标人为中标候选人。适用于使用世界银行、亚洲开发银行等国际金融组织贷款的项目和工程规模较小、技术含量较低的工程。

③综合评估法，是指对投标人的评标价、财务能力、技术能力、管理水平以及业绩与信誉等进行综合评分，按综合评分由高到低排序，推荐前3名投标人为中标候选人。适用于技术特别复杂的特大桥梁和特长隧道。

④双信封评标法，实质是投标文件的一种包装方法，指投标人将投标报价和工程量清单单独密封在一个报价信封中，其他商务和技术文件密封在另外一个信封中，分两次开标的评标方法。具体的评标办法可能是综合评估法，也可能是合理低价法或最低评标价法。

（2）监理招标包括以下三种办法：

①固定标价评分法，是指由招标人按照价格管理规定确定招标标段的公开标价，对投标人的商务文件和技术建议书进行评分，并按照得分由高至低排序，确定得分最高者为中标候选人的方法。推荐使用该办法。

②技术评分合理标价法，是指对投标人的商务文件和技术建议书进行评分，并按照得分由高至低排序，确定得分前两名中的投标价较低者为中标候选人的方法。

③综合评标法，与前述综合评估法类似，其中财务建议书的评分权值应当不超过10%。

（3）勘察设计招标包括以下两种：

①综合评估法Ⅰ。与前述综合评估法类似，其中报价分一般为0～10分。

②综合评估法Ⅱ。与前述固定标价评分法类似。

（4）货物招标包括以下两种，是与多个部委联合制定的。

①经评审的最低投标价法。

②综合评估法。

14. 保障合理标价

合理标价，应该是投标人完成项目所需成本加合理利润。只有价格合理了，才能够保护业主和承包人双方的合法权益,保证工程质量、进度。目前,存在低价抢标和哄抬标价两种倾向。

(1)防止低价抢标。

低价中标会给工程后期管理及质量安全带来巨大隐患,对此,业主应有足够的认识,不是价格越低越好。招标文件应合理设置评标办法,防止投标人为中标而压低报价。对于勘察设计、监理招标,因勘察设计、监理收费实行政府指导价,基准价按照有关收费标准计算,浮动幅度为上下20%,鼓励使用固定标价评分法。

《中华人民共和国招标投标法实施条例》规定:投标报价低于成本的,应当否决其投标。但如何认定其报价低于成本价,是个难点。

(2)防止哄抬标价。

防止哄抬标价比较容易解决,《中华人民共和国招标投标法实施条例》规定:招标人可以设立最高投标限价;投标报价高于招标文件设定的最高投标限价的,应当否决其投标。所以,在招标时可以设置最高限价,防止哄抬标价。

15. 投诉处理

(1)明确投诉主体。

只有投标人和其他利害关系人可以投诉。其他利害关系人是指投标人以外的,与招标项目或者招标活动有直接和间接利益关系的法人、其他组织和个人。

(2)不予受理情形。

①投诉人不是所投诉招标投标活动的参与者,或者与投诉项目无任何利害关系。

②投诉事项不具体,且未提供有效线索,难以查证的。

③投诉书未署具投诉人真实姓名、签字和有效联系方式的;以法人名义投诉的,投诉书未经法定代表人签字并加盖公章的。

④超过投诉时效的。

⑤已经作出处理决定,并且投诉人没有提出新的证据的。

⑥投诉事项已进入行政复议或者行政诉讼程序的。

16. 交通主管部门的法定职责

《中华人民共和国招标投标法》和《中华人民共和国招标投标法实施条例》,以及“三定”方案,赋予了交通主管部门在招投标活动中的有关职责:

(1)依法对招标投标活动实施监督,查处招标投标活动中的违法行为。

(2)组建综合评标专家库;对评标委员会成员的确定方式、评标专家的抽取和评标活动进行监督。

(3)受理投诉。

(4)对违法违规行为进行处罚并公告。

(5)联合有关部委制定招标规模标准、标准文本以及评标专家管理制度。

17. 关于公共资源交易中心

(1)推进工程建设项目进入公共资源交易中心集中交易,是中央的精神,工程建设领域专项治理以来,中央领导小组一直在力推这项工作。

(2)根据中央工程治理工作部署,交通运输部于2012年5月印发了《关于交通运输工程建设项目进入公共资源交易市场集中交易的通知》,按照积极稳妥有序的原则推进,公路项目原则上进入公共资源交易市场招投标,但具体进场时间和方式,以地方人民政府的要求为准。

在对公路项目进场交易情况的调研过程中,各地向我们反映了交易中心存在的一些问题,比如收费高、定位不准、专业局限性强等方面的问题。所以,在推进这项工作的过程中,我们一直强调,应该切实规范现有的交易中心,不能操之过急,所以是稳妥有序推进。

(3)据了解,目前,全国有6个省级交通主管部门自建了交易中心,12个省份的公路项目按照地方政府要求进入了统一的交易中心,5个省份的部分在建项目进入了交易中心。

18. 电子招标

电子招标应该是招投标的一种发展方向,可以节约资源,提高效率,《中华人民共和国招标投标法实施条例》规定"国家鼓励利用信息网络进行电子招标投标"。目前,国务院有关部委正在联合制定电子招投标办法及技术规范。

第五节 公路建设市场管理

一、推进公路建设市场化进程

当前,公路建设鼓励社会资本参与,努力拓宽交通基础设施建设筹融资渠道。"一体化管理,多元化投资"思路,加快推进公路建设市场化进程,通过BOT、股权转让等方式,筹集公路建设资金,为新时期公路事业科学发展起重要的助推作用。

二、加强市场监督

加大市场监管力度和信用体系建设。把主要精力从跑项目、上规模,转移到加强工程管理、提高建设水平上来,抓住国家宏观调控的契机,坚定不移地以高速公路施工标准化活动为载体,全面推行现代工程管理,实现人本化、专业化、标准化、信息化、精细化的"五化"管理要求。

(一)公路建设市场信用体系建设的必要性

1. 国家层面体现

十六大报告指出"整顿和规范市场秩序,健全现代市场经济的社会信用体系,打破行业垄断和地区封锁,促进商品和生产要素在全国市场自由流动。增强全社会的信用意识,形成以道德为支撑、产权为基础、法律为保障的社会信用制度。"要健全社会信用体系,加快形成统一开放竞争有序的现代市场体系。深入开展道德领域突出问题专项教育和治理，加强政务诚信、商务诚信、社会诚信和司法公信建设。

2. 行业层面体现

行业层面体现如图 4-7 所示。

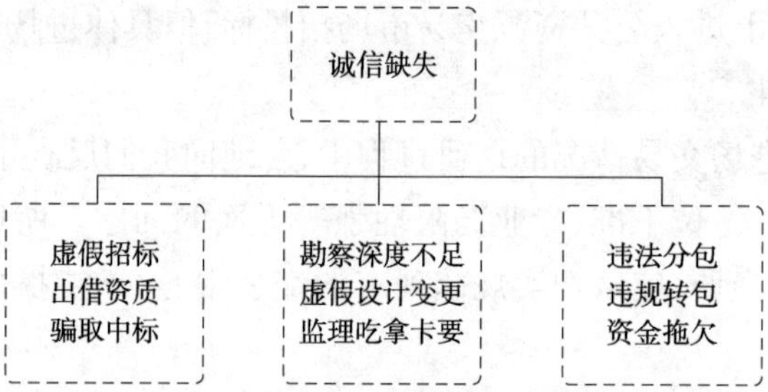

图 4-7　行业层面体现

（二）法规建设

1. 部级层面主要法规

（1）《关于建立公路建设市场信用体系的指导意见》。

（2）《公路建设市场信用信息管理办法》。

（3）《公路施工企业信用评价规则》。

（4）《公路水运工程监理信用评价办法》。

（5）《公路水运工程试验检测单位信用评价办法》。

2. 省级层面主要法规

各省市均制定信用体系建设的规章制度。

（三）公路建设市场信用体系建设两个重要法规的介绍

1. 关于建立公路建设市场信用体系的指导意见

按照党中央、国务院关于加快社会信用体系的总体要求，结合公路建设行业实际和特点，以信用管理为手段，以规范从业单位和从业人员行为为目的，通过加强行政监管、行业自律和社会监督，加快建立与社会主义市场经济相适应的公路建设市场信用体系、公路建设市场信用体系建设目标，建立比较完善的公路建设市场信用体系能够实现规范管理、信息共享及信用活动。

2. 公路建设市场信用信息管理办法

《公路建设市场信用信息管理办法》是规范信用信息管理工作的总体性文件，核心是建立信息管理机制，建设运行全国联网共享的信用信息管理平台，构筑全国公路建设市场信用信息管理体系。

三、加大从业人员管理力度

公路建设从业人员人力资源管理是指对项目组织中的人员进行招聘、培训、组织和调配，同时对组织成员的思想、心理和行为进行恰当诱导控制和协调，充分发挥其主观能动性的过程。具体内容包括：组织规划、人员招聘和团队建设。公路建设人力资源管理就是根据项目目标,采用科学的方法,对项目组织成员进行合理的选拔、培训、考核、激励,使其融合到组织中发挥其潜能,从而保证高效实现项目目标的过程。工程项目人力资源涉及项目的作业人员和管理人员。

公路建设从业人员人力资源管理包括两个方面:一是人力资源的外在因素及量的方面的管理;另一方面是对人力资源内在因素及心理和行为等质的方面的管理。现代项目管理把人力资源看作企业生存与发展的一种可以再生的重要战略资源。人力资源具有能动性、实效性、再生性、消耗性和社会性等特点。

公路建设从业人员管理是工程总承包中一项特殊的任务,具有很强的完整性,同时也有很强的时间性,是贯穿整个项目周期的一项管理过程。工程项目管理中需要利用人、设备、技术、资料等各种资源,进行合理、有效地配置,以期达到最佳的管理效率,为工程总承包项目实现最大利润。实践证明工程项目管理中人是最重要的资源因子,因此,工程项目管理中的人力资源管理工作就显得更为重要。

公路建设项目管理中的人力资源管理,主要是从人员任命和选拔开始,通过与进入项目组成员的沟通、管理,明确各自工作职责、项目工作目标和任务,并且在执行过程中不断进行人员协调、激励,使项目组成员能够始终保持高度的工作激情和责任心,为实现整个工程项目目标而不懈努力。同时,实践证明在工程项目管理的人力资源管理中,项目经理起到了至关重要、不可替代的作用,作为项目经理必须具备一些基本能力,主要有:

(1)领导能力。项目经理是项目团队的领舵手,因此项目经理必须具备一定的领导能力,能够从整个项目的需要出发,带领团队执行项目的所有任务。因此,对项目经理的要求不单纯要具备项目的组织、参与能力,还必须具有领导整个团队的卓越领导力。

(2)组织能力。项目经理必须具备能够组织项目计划、合理安排进度和有效配置资源等的能力。

(3)协调能力。项目经理在工程项目管理中的主要工作是对项目团队成员进行协调,协调各成员及各单位使之明确任务,明确执行方法,明确与其他成员及单位的团结协作。

(4)决策能力。工程项目管理过程存在很多不确定因素,需要项目团队在突发的事故面前,果断决策,从而避免项目出现更大的偏差。进行决策主要依靠项目经理,因此要求项目经理能够根据科学分析和已有经验,做出正确决策。

另外,项目经理还必须具备合格的技术能力、沟通能力、把握重点的能力等。

一个项目开始启动,企业任命项目经理后,项目经理首先面对的任务就是进行人员选拔,组建项目团队。在进行人员选拔前,项目经理必须首先对项目进行分析,并与客户沟通,获取客户对项目的愿景和期望,然后分析项目实施对团队成员的技能需求、责任需求、习惯需求等,根据这些需求有目的地从企业中选择项目团队成员。如果企业有足够的人力资源供项目经理选择,项目经理可以比较顺利地按照自己的需求选拔合适的项目团队成员。但现实情况中,企业往往不能提供足够的人力资源供项目经理挑选,在有限的资源中,项目经理需要审视每个供选择的人员,不但要考虑每个人员的技术能力,还需要考虑这个人的工作习惯、协作精神、责任心,甚至是个人脾性。因为项目是需要集体参与、共同协作完成的,任何项目成员的知识技能、习惯和个性都会影响项目的完成情况。慎重选择项目团队成员,组建项目团队,能够减小项目实施过程中人员管理偏差。

组建项目团队以后,制订项目计划,进行工作分解和分配是工程项目管理的一个重要环节。这个过程是使项目团队成员不断达成共识的过程,因此在这个过程,有效的人员沟通最为重要。

项目经理在人员沟通过程中要充分利用个人的知识技能和经验,起到项目目标的宣传者,使项目目标深入每个项目成员对项目的理解中。在统一项目目标的指导下,组织项目团队成员参与工作分解过程,制订项目计划,可以使项目团队成员能够从更宏观的角度了解整个项目内容,了解各工作任务之间的相互关系。这个过程是项目经理与项目团队成员之间的沟通过程。在不断的沟通过程中,项目经理可以更深入了解每个项目团队成员的知识技能水平,从而更加有针对性地进行工作分配。在实践过程中,经常发现项目成员在执行工作任务时,往往与项目整体目标的要求偏差很大,或者项目成员不能胜任其工作任务等情况,这些情况的发生除了项目组成员对项目目标的理解不统一,对工作难度估计不足等原因以外,更多的是因为项目经理在制订工作分解和任务分配时,单凭项目经理的主观臆断,没有让项目成员过多参与引起的。如果项目经理能够在这一过程加强沟通,组织和调动项目组成员共同参与,这些问题就能够有效减少。

公路建设项目管理中的人力资源管理区别于企业其他的人力资源管理,工程项目管理中的人力源管理具有很明显的周期性,项目结束该人力资源管理也随之结束,因此工程项目管理中的人力资源管理是非系统化的。项目经理对工程项目管理中的人力资源负责,项目经理只需要组织协调好项目团队成员按照计划完成工作任务,但项目经理对人力资源的管理同样也需要管理策略,讲究管理的方式方法。项目团队大多是临时性的组织,在组成项目团队前,各项目成员都有各自的工作习惯和工作方式,项目经理在管理项目成员时应尊重每个人的习惯,利用这些习惯,避免采用强权,需要采用人性化的管理方式,加强成员间的情感培养和交流。在项目实施过程中可以采取团队活动,加强成员间的交流,为各成员提供有张有弛的工作氛围,尤其不能够采取简单、粗放的工作方式,不能让所有成员成为工作机器。另外项目经理应关心项目成员,利用各种资源,多为项目成员专心工作提供保障。

因此,项目组的团队建设是项目经理进行人力资源管理的重要工作,它的好坏直接关系到工程项目的成功与失败。作为项目经理需从以下几方面做好工作:

(1)工程总承包项目的成败关键是要有一个优秀的项目团队。项目部团队特点是成员结构比较复杂,针对这些特点,应采取合理分工,明确职责的方法,创造一个和谐的团队环境;通过团队成员间的相互帮助,团队活动,形成一个团结和有战斗力的集体。

(2)人员是管理的主体,团队建设是关键。管理过程中应以“四个一切”精神,即:“事业高于一切,责任重于一切,严细融入一切,进取成就一切”作为团队精神。加强对“精心设计,锐意创新,持续改进,提供优质产品,确保优质服务,创造企业品牌”等项目质量方针的宣传贯彻。

(3)通过开展增强项目部的凝聚力活动,关心单身员工的生活问题,解决员工家庭的实际困难,尽可能减少项目部成员的后顾之忧,使项目成员能全身心关注项目的管理工作。项目部可以通过组织旅游、聚会、联谊等各种活动来丰富团队的业余生活,增加成员集体感、荣誉感和凝聚力。

(4)结合工程项目部的具体特点,引进成熟、科学而有效的管理流程、方法和管理模式,更好地激发干部、员工的潜力,创造有利于人才实现价值和脱颖而出的良好环境,努力做到事业留人、待遇留人、感情留人,让人才安心项目,献身项目。

另外,人员激励也是工程项目管理中人力资源管理的重要内容。对人员的激励可以采用精神激励和物质激励。人员激励是对项目成员工作成果的认可,可以让项目成员认识到自己工作的价值,从而激发项目成员的工作积极性和主动性。精神激励通常可以采用口头表扬、书面表扬、增加信任感、委以重任等方式实现。物质奖励可以采用发放奖金、增加福利等方式实现。当然项目经理在实施这些激励时,在一定层面上,需要取得企业领导层的支持。

人员考核也是工程项目管理中人力资源管理的内容。人员的考核首先要求的就是公平。对项目中成员的考核主要从纪律考核、业绩考核等方面进行。纪律考核在项目中主要体现在项目成员是否遵守工程项目管理制度、工作流程。好的工程项目管理依靠好的管理制度,尤其在大型工程项目管理中,工程项目管理制度的作用也越大。工程项目管理制度通常有工作例会制度、资源使用制度、人员管理制度等。业绩考核是人员考核最为重要的考核。

作为项目经理,经常需要定期对项目成员业绩进行考核。对于复杂项目,各工作任务难易程度差异会很大,需要的工时也会根据个人能力的差异或长或短。项目贡献度考核的主要思想就是将任务难易度和工时投入作为业绩考核的主要参数。首先在制订业绩考核办法时,可根据工作分解,与项目组成员共同确定每个任务的难度系数,需要的技能越多,设计越复杂的任务,难度系数越高;相反,工作内容越单一,对技能要求不高的任务的难度系数就越低。然后,用难度系数乘以任务所需工时,得到的结果就作为每个任务的贡献系数。统计每个项目成员完成任务的贡献系数除以项目总任务贡献系数之和,得到个人贡献度。即:

$$\text{任务贡献系数}=\text{任务难度系数}\times\text{所需工时}$$

$$\text{个人贡献度}=\sum(\text{单个项目成员各项任务贡献系数})/\text{项目总任务贡献系数}$$

将这个模型应用到多个项目业绩考核中,因为有所有项目成员共同参与,共同确定难度系数和工时，因此能够得到项目成员的认同，该模型可以较真实地反映项目成员在项目中的贡献度。根据这个模型得到的个人贡献度，可作为项目成员业绩考核、奖金分配的依据，使考核和奖金分配更有依据，更合理。避免了在考核中过多的主观因素，增加了考核的公平性和透明度。

工程项目管理中的人力资源管理是工程项目管理中最重要的管理内容，涉及人员选拔、人员沟通、人员协调及团队建设、人员激励和人员考核等多个方面，成功的人力资源管理可以保证项目任务的顺利完成，促使工程项目得到更有效管理。

第六节 安保工程

交通运输部在全国国道、省道干线公路和重要县道公路上开展了以“消除隐患，珍视生命”为主题的“安全保障工程”。针对影响行车安全路段的缺陷类型，结合事故数量和形态进行综合整治，实现提高公路行车安全水平，降低交通事故率和重大事故发生率，贯彻“以人为本，以车为本”的道路交通服务理念。公路安全保障工程是对影响行车安全的急弯、陡坡、连续下坡、路侧险要、桥头（宽路窄桥、弯路直桥等）、隧道、平交叉口、路面抗滑能力不足、路面标志标线等影响行车安全路段采用交通工程及交通标志等措施进行综合整治，以起到公路行车被动安全防护和主动引导警示目的的专项工程。

一、安全保障工程实施路段判定

（一）判定原则

判定公路安全保障工程实施路段时，应坚持“经济上可能、技术上可行、方案上有效”的原则，将公路技术指标与交通事故情况紧密结合，通过分析影响行车安全的主要因素，将公路本身存在隐患的路段纳入公路安全保障工程实施路段。

（二）判定标准

根据对大量干线公路交通事故统计资料的分析，对事故分布特征的研究和事故成因的剖析，发现急弯、陡坡、连续下坡、视距不良路段、集镇段和交叉口六种道路情况下，交通事故隐患多。应用适合的鉴别方法，对全线交通事故多发点进行鉴别，同时结合相应的道路技术指标判定要求，作为公路安全保障工程实施路段的判定标准。

在进行干线公路交通事故多发点鉴别时，采用累计频率曲线法，根据不同地区的技术、经济情况和不同等级的干线公路情况，确定各地区、各条干线公路的“突出点”数值，判定事故多发位置。

对于交通事故历史资料欠缺或是新建道路，可以从道路技术指标上来判定，对急弯、陡坡、连续下坡、视距不良路段采用以下技术指标进行判别：

1. 急弯路段

急弯路段是指圆曲线半径（R）小于下列数值的路段：

(1)单个急弯

二级公路(设计速度40千米/小时)$R<125$米。

三级公路(设计速度30千米/小时)$R<60$米。

四级公路(设计速度20千米/小时)$R<30$米。

(2)连续急弯路段

连续有三个或三个以上小于下列半径(R)的圆曲线,且各圆曲线间的距离(L)小于下列长度的路段。

二级公路(设计速度40千米/小时)$R<125$m,$L<50$米。

三级公路(设计速度30千米/小时)$R<60$m,$L<35$米。

四级公路(设计速度20千米/小时)$R<30$m,$L<25$米。

受公路周边环境等因素影响,有些连续急弯路段危险性要高于单个急弯路段,在选取实施路段时,可结合事故情况将连续急弯的R取值适当放宽。

2. 陡坡路段

陡坡路段是指纵坡(I%)大于下列数值的路段:

二级公路(设计速度40千米/小时)$I>6$。

三级公路(设计速度30千米/小时)$I>7$。

四级公路(设计速度20千米/小时)$I>8$。

3. 连续下坡路段

连续下坡路段是指连续里程大于3千米,多个连续下坡且平均纵坡(I%)大于下列数值的路段:

二级公路(设计速度40千米/小时)$I>4.5$。

三级公路(设计速度30千米/小时)$I>5$。

四级公路(设计速度20千米/小时)$I>5.5$。

连续下坡路段的长度越长,危险性越大。在具体选取路段时,可以结合事故情况,将平均纵坡适当降低。

4. 视距不良路段

视距不良路段是指会车视距(L)不满足设计速度要求的路段。

二级公路(设计速度40千米/小时)$L<150$米。

三级公路(设计速度30千米/小时)$L<80$米。

四级公路(设计速度20千米/小时)$L<60$米。

(三)实施步骤

1. 收集基础数据

通过走访有关部门及现场调查,收集相关交通事故、路况和气象等基础资料。

2. 确定实施路段

通过对沿线交通事故的调查,应用交通事故多发点鉴别方法,确定事故多发点、段,其中应剔除明显与公路技术状况无关的事故数据,如:酒后驾车、扒车等。然后结合实施路段判定标准中的公路技术指标，最终确定具体实施路段，确定事故多发点、段，并按路段分析造成交通事故的主要原因。

对属事故多发点、段，但道路技术指标较高、符合要求的具体实施路段，应加强这些路段的交通管理工作，并进一步论证交通事故的成因，研究安全保障工程实施方案。

3. 确定设计方案

对实施路段存在的技术隐患和交通事故原因进行深入分析，制订实施方案，并进行经济和技术分析，最终确定实施安全保障工程的设计方案，通过增设交通标志、标线、防护设施、减速设施或视线诱导设施等措施来预防和减少交通事故。确定设计方案时，可根据事故原因采取单一或综合处治措施，针对影响交通安全的主要原因制订设计方案。设计中坚持“以人为本”原则，即要避免防护不足，也要避免过度设防。

4. 效果评价

应适时收集工程实施后该路段的交通事故数据变化情况，并且结合实地调查走访，对工程实施效果做出客观评价，为改进和完善公路安全保障工程设计方案提供依据。

二、安全保障工程设计内容

（一）设计内容

对干线公路实施安全保障工程设计时，应在全面分析交通安全隐患的基础上，合理确定技术方案，同时注重环境保护和综合处治措施。具体考虑以下五方面内容：

（1）交通标志：应根据公路、交通和环境条件选用适当的交通标志，并符合标准规范，兼顾美观、经济等的要求。同时考虑驾驶员心理因素，避免警告、禁令和相关提示性标志的频繁使用，从而使驾驶员产生麻痹心理。

在设置指路标志时，应认真研究指路标志的内容。使驾驶员，特别是不熟悉当地地理情况的驾驶员也能一目了然地清楚目前的位置及前往的路径。相关标志的公路编号和命名应严格按相关国家标准进行标识。同时，应按交通运输部相关规定完善里程碑（桩）系统。重视事故多发路段的提示性标志设置工作，并结合相关警告和禁令标志等，以提醒驾驶员谨慎驾驶。

交通标志的设置应与交通标线配合使用，协调一致。两块以上标志牌设置在一根立柱上时，应按警告、禁令、指示的顺序，先上后下、先左后右排列。

（2）交通标线：应根据路面宽度、交通量和视距等主要因素划设交通标线，并做到标准规范、线形流畅和衔接科学合理，充分发挥其引导交通流的功能。在不满足会车视距的路段，如急弯、平包纵等视距不良路段，应划设中心实线，禁止车辆的不安全超车，从而预防会车事故的发生。在易发生会车事故的路段，还可同步设置突起路标和中央隔离设施等。尽量细化平交路口的标线设计。根据交叉口的形式和交通流的特点予以合理渠化，明确通行优先权，尽可能消除交通冲突点，引导车辆有序通过交叉路口。

(3)护栏:应根据路侧危险程度、事故概率、行车速度和交通流组成等主要因素设置护栏及其防撞等级,并与周边景观相协调,避免盲目设防、过度设防,最大限度减少工程对环境和景观的破坏。

考虑当地的养护条件、环境和气候因素,选择适当的护栏形式。如在北方积雪地区宜采用波形梁或缆索护栏,便于清除积雪;选用连续混凝土护栏的路段,还要考虑清扫、排水等因素。

(4)减速设施:可在超速极易导致交通事故的路段设置减速设施。减速设施形式的选择应考虑行车的舒适性、路面排水和日常养护等因素。注意对坎式等强制性减速设施需慎用。

(5)视线诱导设施:应根据公路线形、路侧危险程度和其他设施的应用情况选择合理的设施形式。对于事故概率低、路侧危险程度不大、线形指标较好等路段,可选用示警桩、示警墩和轮廓标等视线诱导设施;对于线形指标较差的路段,可选用线形诱导标。

(二)处治措施

主要针对以上急弯、陡坡、连续下坡、视距不良路段、集镇段和交叉口六大安全隐患路段,提出适用于此的设计方案。这些设计方案可以单独使用,也可根据实际情况综合采用。

1.急弯路段

根据事故资料分析,急弯路段致死事故率高达25%。急弯主要包括单个急弯、Z字形急弯和连续急弯。急弯路段存在的主要安全隐患一般是视距不良或车速过快,易造成两车相撞、单车碰撞山体或车辆驶出路外。由于在急弯处视距不良,交通安全设施不完善,驾驶员对道路弯道变化没有做好准备,从而导致由于车速过快而产生侧向滑移,或驶向路外,如果中央分隔带没有设置相应的隔离设施,还有可能进入对向车道,造成对撞事故。

主要处治措施包括以下几个方面内容:

(1)交通标志。

在急弯路段起点设置"急弯限速"警告标志,如果是连续急弯路段,可设置"连续急弯,超速危险"的警告标志,可加设辅助标志说明弯道长度;在该路段起、终点道路左侧分别设置"禁止超车"和"解除禁止超车"标志,必要时可增加禁止超车路段长度辅助标志;设置"卡车易翻"警告标志。

(2)交通标线。

由于二级公路一般在中央分隔带处,没有设置物理隔离措施,因此二级公路设中央双黄线,禁止车辆到对向车道行驶;划禁止变换车道线,禁止车辆在同向车道间变换车道;可在弯道处设置"鱼肚皮"导向标线,其上设置黄色反光突起路标,以提醒车辆勿越向行驶。

(3)减速设施。

可在弯道起点前设置六道减速标线;如果超速严重,并且是该段主要的事故原因,可在进入弯道前设置20~30米比利时路面。

(4)护栏等设施。

在有条件的路段中央设置物理隔离设施;路侧设置相应防撞等级的护栏。

(5)视线诱导设施。

在拐弯处设"线形诱导标"警告标志,给驾驶员以良好的视觉诱导;如果弯道处视距严重不良,且道路中央没有硬隔离设施,容易造成对向车流发生碰撞时,可在转弯处设置"球面反光镜";在急弯起、终点范围内设置反光突起路标,对于夜间行车的驾驶员起到视线诱导作用。

(6)其他措施。

修建弯道内侧影响视距的树木和杂草;内侧边沟应修建成浅边沟或暗埋式,以防车辆冲入造成更严重事故。驾驶员一时的疏忽不应以生命为代价,进行宽容的路侧设计。

2.陡坡路段

下坡路段存在的主要安全隐患一般是车速过快或连续刹车导致车辆制动失效,易造成追尾或对撞事故。由于陡坡坡度较大,或者坡长较长,容易使驾驶员疲劳,或是连续上、下坡时,视距不良,造成驾驶员对线形的判断失误,引发事故。

上坡路段存在的主要安全隐患一般是占道行驶或违章超车造成与下坡车辆发生对撞事故,重点在于解决对向车辆相撞事故。下坡路段存在的主要安全隐患一般是车速过快或连续制动导致车辆制动失灵,造成追尾或对撞事故。急弯陡坡路段除具有单个急弯的安全隐患外,同时也具有陡坡路段的缺点,事故产生的原因主要是车速过快、视距不良,事故类型多为车辆侧翻、对撞或冲出路外。可采取急弯、陡坡路段的措施综合处治。

主要处治措施包括以下几个方面内容:

(1)交通标志。

设置"陡坡"警告标志,分为"上陡坡"警告标志和"下陡坡"警告标志,在陡坡长度过长时,可增设说明长度的辅助标志;设置"限速"警告标志;如果该路段存在明显的快、慢速交通流,可设置"慢车靠右行驶"标志,以疏导和分配快、慢交通流;在陡坡起、终点分别设置禁止"超车"和"解除禁止超车"标志;如果陡坡较大或较长,且路段交通组成中,重型车所占比例较大,并且路侧场地条件允许的情况下,设置"检查刹车"标志,设置于检查制动场地前500~600米处和检查制动场地起点处。

(2)交通标线。

划禁止变换车道线,禁止车辆在同向车道间变换车道;由于二级公路一般在中央分隔带处,没有设置物理隔离设施,因此二级公路设中心黄色虚实线,下坡一侧为实线,禁止超车。

(3)减速设施。

当车速对该段交通事故影响较大,或陡坡路段终点接小半径曲线,或路侧有学校、医院等情况时,在下坡段起点前设置三道或六道减速标线。

(4)护栏等设施。

道路宽度条件满足的情况下,道路中央设置物理隔离设施;路侧设置相应防撞等级的护栏,特别是在高路堤和桥梁段等,为防车辆侧翻造成更严重后果,护栏设置必须满足规范要求防撞等级,可设置加固波形梁护栏。

(5)其他措施。

在下坡长度过长,或因制动失灵,交通事故频发路段,可根据地形条件,设置避险车道。在坡道起点处设置避险车道的告示牌,在避险车道前至少设置两处预告标志。

3. 连续下坡路段

连续下坡路段由于下坡的长度较长,交通事故发生率较高且事故较严重,主要事故形态为追尾或对撞。主要是因为在连续下坡路段,如果车速过快,发生紧急情况时,驾驶员来不及做出反应,引发交通事故。连续下坡路段的主要安全隐患与陡坡路段相似,但是由于下坡段长度较长,因此一旦发生事故,后果更严重。主要处治措施包括设置连续下坡告示牌标志,根据情况可以辅助标志标明连续下坡长度,或使用告示牌,说明“前方连续下坡××米,超速危险”;其余交通标志、交通标线、减速设施、护栏等设施,基本与陡坡路段相同。

4. 视距不良路段

视距不良路段主要安全隐患一般为车辆占用对向车道时易造成对撞事故。可从以下几方面进行处治:

(1)交通标志。

由于视线受阻挡,在不通视的情况下,应鸣号以提醒来车,因此设置“鸣喇叭”标志;视距不良路段起、终点设置“限速”和“解除限速”标志;视距不良路段起、终点分别设置禁止“超车”和“解除禁止超车”标志。

(2)交通标线。

由于二级公路一般在中央分隔带处,没有设置物理隔离设施,因此二级公路设中央黄实线,禁止车辆到对向车道行驶;划禁止变换车道线。禁止车辆在同向车道间变换车道。

(3)护栏。

路侧设置相应防撞等级的护栏,在高路堤和桥梁段等,可设置加固波形梁护栏。

(4)减速设施。

对由于车速过快引发交通事故频发的路段,可在路段前设置三道或六道减速标线。

(5)视线诱导设施。

视线不良路段范围内设置轮廓标或“线形诱导标”,弯道处可设置“球面反光镜”;在该范围内设置反光突起路标,对于夜间行车的驾驶员起到视线诱导作用。

(6)其他措施。

修剪弯道内侧树木、杂草,使弯道内侧通视;平交口前后有中分带绿化的,修剪防眩树,以免遮挡行人和车辆通视。

5. 集镇段

集镇段的安全隐患主要表现在混合交通对干线公路交通的干扰,包括安全性和通畅性两方面。另外,集镇段包括学校、医院、集市区和居民集中区等人流、非机动车流密集的地区,行人和非机动车与机动车之间的交通事故率高,且事故后果也较为严重。

主要处治措施包括以下几个方面内容:

(1)交通标志。

进入集镇前设置集镇区警告标志;如果干线公路穿越的集镇区包含学校,应设置学校警告标志,小学和幼儿园前设"注意儿童"警告标志;如果该集镇区包括医院,应设置医院指路标志和行人警告标志;如果该集镇区包括集市区和居民集中区,应设置行人警告标志。在进入集镇范围前后设置"限速"和"解除限速"标志。

(2)护栏。

集镇段干线公路两侧,可根据需要,设置物理隔离设施;可归并小的交叉出入口,以减少混合交通干扰。

(3)行人过街措施。

集镇段人行横道一般在交叉口处设置,尽量避免在路段设置,以免过多干扰干线公路通;在学校、医院的大门口,一般应设置人行横道,在上学、放学等高峰期,根据实际情况可设置行人过街信号灯;在交通混乱、交通流复杂的节点,可采用人行天桥或地下通道。

(4)交叉口。

集镇段交叉口应综合考虑行人和非机动车,在此基础上进行交叉口渠化;横向道路交通量较大的情况下,可设置信号灯。

6. 平面交叉口

根据干线公路交通事故资料分析结果,约有20%的交通事故是发生在道路交叉口,但是从致死事故率来看,发生在交叉口的交通事故致死率约为20%,与路段交通事故致死率大致相当。由此看出干线公路交叉口交通安全隐患大,适当的安全保障处治措施,可以降低车辆、行人、非机动车与道路设施之间潜在冲突的严重性,同时保证方便、快捷地穿越交叉口。从交叉口布局来看,不适当的交叉形式和交叉口过密都是交叉口交通事故高发的原因之一。处治措施包括有改造交叉形式,选择冲突点少、冲突区小、冲突区分散的交叉形式,尽量避免畸形交叉形式;归并次要道路交叉口,排除纵向、横向干扰等。

根据干线公路交通事故的交通控制方式分布特征分析,无控制路段无论是交通事故率还是致死事故率都较大,因此交叉口必须在明确"路权分配"的原则下,根据公路功能、等级、交通量等分别采用主路优先交叉、无优先交叉和信号交叉的交通管理方式。信号灯控制的交叉口,交通流冲突由信号灯控制;主路优先交叉口,给予主路优先通行的权利,在通过交叉口时,主路交通不需停车或减速,直接通过,而支路交通需停车让行;无优先交叉,在交通量大时,设置信号灯控制,在交通量小时,对所有路口设置"停"控制措施。

交叉口的安全保障处治措施还包括以下内容:

(1)交通标志。

在交叉口驶入路段设置指路标志,应使驾驶员特别是不熟悉当地地理情况的驾驶员也能一目了然地清楚目前的位置及前往的路径;在视线不良的平面交叉口驶入路段,设置交叉口警告标志,包括十字交叉、T形交叉,Y形交叉和环形交叉警告标志。

(2)交通标线。

对于四车道及以上的多车道公路的平面交叉口,必须进行交叉口渠化设计。具体内容有:在交叉口处尽量设置左转、右转专用车道;左转专用车道可采用鱼肚皮式;右转专用车道宽度不宜过小,一般机动车道宽度取5米;设置三角形安全岛;保证直行道的顺畅和车道数平衡;结合安全岛设置,设计交叉口人行横道。

(3)减速设施。

平面交叉口位于陡坡段或位于连续下坡段终点附近,应在交叉口驶入路段设置减速标线。

第五章 公路养护管理

第一节 全国公路养护与管理基本情况

随着中国公路事业突飞猛进发展,高等级公路里程大幅度增加,有效缓解了公路交通运输的紧张状况,但也随之产生了一系列问题:高速公路建成后受交通量迅速增长、重型交通、严重超载、行驶渠道化及水损坏等影响,路面发生了不同程度的早期破坏,导致养护任务艰巨;高速公路里程的增加和使用时间的延长必然带来路面的不断损坏,导致养护工程量越来越大。预计今后一个时期内,中国的高速公路将由以建设为主转变为建设与养护并重,并逐步过渡到以养护为主。

一、十三五公路养护管理发展纲要

(一)全国路网总体状况

1. 公路网总规模

经过“十二五”期的努力,全国公路养护水平大幅提升。

一是路网结构显著优化。截至2015年底,全国公路总里程达到457.73万千米,其中高速公路12.4万千米,二级及以上公路57.5万千米,国省道二级及以上公路比例达到77%;全国公路养护里程达到446.6万千米,养护比例达到98%;高速公路、普通国道、普通省道、农村公路优良路率分别达到99.6%、89%、86%、60%。

全国等级公路里程390.08万千米,比上年末增加14.53万千米。等级公路占公路总里程87.4%,提高1.2个百分点。其中,二级及以上公路里程54.56万千米,增加2.13万千米,占公路总里程12.2%,提高0.2个百分点。

二是养护管理、安全保障能力显著提升。五年改造干线公路26.4万千米,实施公路安全防护工程32.8万千米,改造危桥1.7万座/151万延米,国省道新增危桥处治率达到100%,四、五类桥梁总数和比重逐年下降,普通公路交通事故起数、死亡人数和特大道路交通事故起数分别比“十一五”末下降18.42%、14.12%和68%,公路安全水平、通行能力显著提高,公路设施和服务软环境得到较大改善。低碳、循环、环保技术在公路养护工程中得到推广应用,养护管理信息化技术逐年提升。

三是应急保障能力显著增强。路网监测与应急机构及处臵体系基本建立,实现对国家公路网40%的重点路段、特大桥梁、特长隧道运行状况和运行环境的动态监测。五年累计完成路面检测18万千米,长大桥隧监测211座。全面启动13个国家区域性公路交通应急物资储备中心建设，初步建立以武警交通部队为专业力量、养护路政队伍为主体力量、施工企业为后备力量的应急抢险保通队伍，应急保障体系基本形成。

四是依法行政能力显著提高。颁布实施《公路安全保护条例》，出台《关于加强公路路政执法规范化建设的若干意见》等规章，形成较为完善的法规体系。持续开展全国性治超工作，严重违法超限超载运输现象得到有效遏制。

五是行业服务和文明建设成效显著。全国基本实现高速公路电子不停车联网收费(ETC)，有序取消22个省(区、市)13.4万千米政府还贷二级公路收费，公路通行效率明显提升；利用高速公路广播、移动终端等新媒体平台为公众提供及时、准确的公路出行信息；选出100对全国百家示范服务区、400对优秀服务区，带动高速公路服务水平提升。开展了弘扬"两路"精神、"寻找最美养路工""最美乡村路"等系列文明创建活动，行业凝聚力、号召力、影响力进一步提升，行业管理水平、服务形象显著提升，队伍建设得到加强。

2."十二五"期间养护存在短板及问题

一是公路出行服务水平有待提升，养护工程市场机制尚不健全；二是公路事权主体责任不清晰、管理主体分散多元等体制性问题有待破解；三是普通国省道、农村公路养护管理资金保障机制尚不健全，资金供需矛盾突出；四是养护精细化程度不高，公路管理信息化、智能化水平偏低，高素质技术型、复合型人才缺乏；等等。这些矛盾和问题，有的是历史遗留的，有的是发展过程中新形成的，制约和影响了公路可持续发展，亟需通过改革创新、转型发展来解决。

3.公路养护与管理的内容

公路养护由20世纪80年代主要进行单一路面桥梁养护，到20世纪90年代以路面养护为中心的全面养护，到现在全面、及时养护和预防性、周期性养护，以及路网结构改造、安保工程实施、绿色通道(绿化)建设、服务设施建设、灾害应急处置、公路管理信息化和公众信息服务建设等。

4.公路养护与管理标准和要求

公路养护与管理由公路保通到向安全、畅通、舒适、和谐和服务人性化的发展，养护方式由人工、粗放养护为主到向机械化养护、精细化养护、集约化养护、快速化养护的发展；养护生产由内部养护到向合同管理、市场化、社会化养护的发展；养护与管理由简单统计到向管理系统化、网络化、信息化的发展，还有养护检测的自动化、决策的科学化等。

(二)形势要求

随着国家行政体制改革、财税体制改革进一步深化，"十三五"期间公路交通将面临新的发展形势和环境，对公路养护管埋工作提出新的更高要求。

(1)适应经济发展新常态，需要加强公路养护管理有效供给。

经济发展新常态下，我国经济将保持6.5%以上的中高速增长，经济结构向中高端迈进。预计到2020年，全社会客货运量将达到2010年的1.5~2倍，交通运输总体需求旺盛,公路交通作为经济社会发展先行官的作用凸显,提高公共服务供给水平的要求更加紧迫。高效畅通、安全便捷、服务周到成为新时期社会公众的新期待,亟待加快推进公路结构性调整和优化重构,增强对公路运输结构变化和公众出行需求的适应性和灵活性,提高出行服务供给品质,更加适应经济社会发展的实际需要。

(2)适应全面深化改革新形势,需要完善公路养护管理顶层设计。

"十三五"是全面深化改革的攻坚期,围绕推进国家治理体系和治理能力现代化的总体发展目标,经济体制、行政管理体制等改革全面展开。公路养护管理应按照全面深化改革的部署和要求,抢抓改革机遇,深化体制机制改革,完善顶层架构,破除管理体制不顺、机制不活、权责不清、资金难保障等障碍,建立事权清晰、权责匹配、运行高效的养护管理体制机制。

(3)适应依法治国新要求,需要提高公路养护管理治理能力和水平。

全面推进依法治国,要求深化行政执法体制改革,深入推进依法行政,健全依法决策体制。适应依法行政和法治管理要求,应将法治思维和法治方法贯穿到公路养护管理各环节,加快制度体系建设立改废工作,完善法律法规、规章、制度及标准规范体系,厘清政府和市场的边界,深化公路行政执法改革,提高行业治理能力,推进依法治国。

(4)适应践行"五大发展"新理念,需要转变公路养护管理发展方式。

公路养护管理必须以"五大发展理念"为引领,推动养护管理从传统模式向现代模式转变。应强化创新驱动,增强发展后劲和动力,提高软实力;推进协调发展,形成不同区域、不同领域协调共进局面;推进绿色养护,实现公路养护与生态环境和谐共促;实施开放包容型管理,形成行业内外开放、交互联动;强化公共服务供给,使公路养护管理发展成果普惠共享。

(5)适应公路发展新趋势,需要突出公路养护管理。

随着布局合理、功能完善的公路网基本形成,公路发展重点应逐步转向加强养护、规范管理、提升服务、完善路网支撑系统等方面。随着经济社会快速发展,我国公路发展的主要矛盾由基础设施供给不足的供需矛盾,转向公共服务能力与社会要求不适应的新矛盾。适应公路发展新趋势,必须由过去以基础设施建设为主向建设、养护、管理、服务并重转变,更加突出养护、管理、服务工作。

(三)发展思路

1. 指导思想

深入贯彻落实党的十八大和十八届三中、四中、五中全会精神以及习近平总书记对交通运输工作的重要指示批示要求,坚持"五大发展理念",按照"四个交通"发展要求,以构建现代养护管理体系为引领,以专业化、市场化、绿色化养护和人本化、规范化、智能化管理服务为重点,着力改革攻坚、推进养护转型、强化管理升级、促进服务提质,努力构建更加畅通、安全、智慧、绿色的公路交通网络,为全面建成小康社会当好先行。

2. 发展理念

“十三五”期间，公路养护管理必须遵循发展规律，顺应时代要求，把准阶段特征，把牢服务属性，以创新、协调、绿色、开放、共享的发展理念为指引，努力推动公路养护管理工作健康协调发展。

一是创新发展激发养护管理新动力。坚持“理念创新、制度创新、技术创新”，优化要素配路、破除发展障碍，实现关键领域环节的突破性进展，特别要推动“互联网 +”与养护管理融合发展，激发公路养护发展的内生动力。

二是协调发展构建养护管理新格局。坚持建管养服并重，促进不同类型、不同区域公路养护管理工作的整体均衡与协调；促进东、中、西部地区养护管理工作的协调性和基本公共服务均等普惠，构建公路养护管理全要素、多领域、高效益的平衡协调发展新格局，全面缩小区域间公路发展差距。

三是绿色发展探索养护管理新模式。厚植资源节约、集约高效、节能减排、生态环保、自然和谐的绿色发展理念，推动公路养护管理实现高效低碳发展，大胆探索养护管理新模式，推动公路养护向资源节约型、环境友好型转变。

四是开放发展拓展养护管理新空间。解放思想，坚持开门办交通，推进公路行业内外和国内外双向开放，着力增进行业管理、养护市场及出行服务信息公开程度，增强养护管理服务供给侧与出行需求侧的互动性和依存度，以开放发展拓宽养护管理新空间。

五是共享发展提升公共服务新水平。认真践行以人为本、让人民满意的公路发展宗旨，提供普惠性、保基本公共服务，让更多群众共享公路发展成果。通过增强服务主动性，创新服务供给模式，拓展服务内涵，延伸服务链条，提高服务品质，努力实现公路养护管理中公共服务均等化。

3. 发展目标

围绕“改革攻坚、养护转型、管理升级、服务提质”四个方面精准发力，争取到2020年，实现公路养护管理“1 +2”总体目标，即“一张网络”：安全畅通的公路网络；“两个体系”：公众满意的服务体系和高效可靠的保障体系。主要发展目标体现在四个方面：

(1)改革攻坚。

①逐步理顺不同层级公路事权和支出责任，基本建立事权清晰、支出责任明确、运转协调的养护管理体制。建立公路养护管理资金可持续保障机制。形成权责明确、收费合理、运营规范、公开透明的收费公路管理体制和运行机制。

②探索建立职能科学、权责清晰、透明高效、保障有力的公路执法体制和运行机制，稳步推进公路综合执法改革。

③基本建立政府与市场合理分工的公路养护运行机制，初步形成公开透明、开放有序的养护市场。

(2)养护转型。

①推行养护科学决策。国省道养护科学决策体系基本建立，技术状况检测和路面自动化采集覆盖率达100%，科学决策技术运用普及率达80%。

②实行绿色养护生产。高速公路、普通国省道废旧路面材料回收率分别达到100%、98%，循环利用率分别达到95%、80%以上。

③科学实施养护工程。高速公路预防性养护（单车道里程）平均每年实施里程比重不少于8%，普通国省道不少于5%；普通国省道当年新发现次差路次年实施养护工程比例东部达到95%以上，中部达到85%以上，西部不低于80%。

④推进养护规范化。养护技术标准体系及养护管理制度体系逐步完善，养护作业标准化水平及养护监管水平进一步提升。

⑤保持良好路况。高速公路总体技术状况（MQI）大于92。MQI优等路率达到90%以上；平均路面使用性能指数（PQI）大于92。普通国省道总体技术状况（MQI）达到80以上，其中东、中、西部分别达到85、80、75以上；MQI优良路率达到80%以上，其中东、中、西部分别达到90%、80%、70%以上；PQI达到80以上，其中东、中、西部分别达到82、80、78以上。农村公路优、良、中等路率不低于75%。

⑥保障桥隧良好技术状况。国省道一、二类桥梁比例90%以上，现有四、五类桥梁（隧道）改造加固率100%，新发现四、五类桥梁（隧道）当年处治率100%。

（3）管理升级。

①高速公路运行实时监测覆盖率东、中部达到100%，西部地区重点路段达到100%；普通国省道重要节点运行实时监测覆盖率东、中、西部分别达到85%、75%和60%以上；高速公路视频监控部省联网覆盖率东、中、西部分别达到80%、50%和20%以上。

②公路交通应急救援体系基本形成，完成13个国家区域性公路交通应急装备物资储备中心建设，国家、省、市三级应急储备体系基本形成。

③全面落实执法规范化，路政案件结案率不低于95%。路损案件追偿率不低于90%；高速公路超限车辆不超过0.5%。普通国省道不超过2%。

（4）服务提质。

①普通国道中二级及以上公路比重达到75%以上，其中，东、中、西部地区分别达到92%、90%、65%以上；普通国道水泥、沥青路面铺装率达到97%以上，其中东、中、西部分别达到100%、98%、95%；具备条件的乡镇和建制村通硬化路率达到100%。

②高速公路收费站ETC覆盖率达到95%以上，出行信息服务覆盖率达到100%，达标服务区比例达到100%，普通国省道服务区（站）布局进一步完善。公路出行信息发布及时准确、服务手段多样。

（四）着力改革攻坚，健全公路养护管理治理体系

1.稳步推进公路体制改革

一是理顺公路养护管理事权关系。按照国家财税体制改革要求，科学划分国道、省道、农村公路的事权和支出责任，研究明确养护管理职责并承担相应的财政支出责任。二是开展公路管理体制改革。按照“政事分开、事企分开”原则，研究推动出台地方公路管理体制改革的指导意见，整合归并原有分散设路的公路管理机构，不断强化省级公路管理机构对国省道的统筹管理力度。优化公路沿线基层养护道班和工区布局，合并组建大道班或养护中心，加强区域性公路应急养护保畅队伍建设，发挥基本公共服务保障作用。

2. 逐步健全收费公路政策

修订《收费公路管理条例》，严格控制高速公路以外的收费公路，合理确定收费标准和期限；鼓励和吸引社会资本，采取政府和社会资本合作模式（PPP）参与收费公路建设经营；规范公路权益转让，完善收费公路特许经营、统借统还、合理回报、信息公开等配套规章制度；建立健全收费公路运营工作机制和行业监管制度；建立收费公路债务风险评估制度，确保政府性债务风险可控。

3. 有序推进公路综合执法改革

一是开展公路综合执法改革。深化行政执法体制改革，以解决多头执法、趋利执法、选择性执法为核心，以整合执法队伍、创新体制机制为重点，建立权责清晰、透明高效、保障有力的公路综合执法体制和运行机制。二是加强执法规范化建设。建立公路行政执法权力清单制度，形成“制度健全、行为规范、监督严密”公路综合执法体系。科学核定执法人员定员标准，落实执法人员资格考试制度和考核奖惩制度；实施上路执法派遣或核准管理，细化处罚行政裁量权基准；建立健全省、市、县分级执法管理制度，细化和完善执法考评内容和指标，建立健全公路执法督导检查制度，全面接受社会监督。

4. 分类推动公路养护市场化改革

引入市场机制，将公路养护领域适合的事项从“直接提供”转由向社会“购买服务”，实现资源配路最优化。一是积极引导和培育养护市场。研究出台培育和规范养护市场的指导意见，制定养护市场准入和退出条件，养护市场相对完善的地区要积极研究规范养护市场的政策和政府购买服务规则，养护市场有待完善的地区要采取有效措施培育市场，逐步构建多层次、多方式的养护市场供给体系。鼓励通过健全养老保险、身份转换、就业保障等配套政策，采取内部市场化、模拟市场化等过渡方法，引导基层养护作业单位逐步向独立核算、自主经营的企业化方向转企改制；鼓励和引导专业化公路养护企业跨区域参与养护市场竞争，支持大型养护企业参与国际市场竞争。二是建立政府与市场分工合理的养护生产模式。根据各地实际情况，国省道中具备市场提供服务条件的交由市场承担，市场难以承担的小修保养、灾毁抢修、应急保通等基本公共服务，可以由基层养护道班、工区、区域性公路应急养护保通队伍承担；农村公路专业性养护工程，可交由市场承担，日常保养鼓励由沿线村民承包，采取优胜劣汰的办法逐步建立相对稳定的群众性养护队伍。探索建管养一体化、周期性养护总承包等生产组织模式。三是加快养护市场信用体系建设。加强市场培育监管，推进信用记录和从业人员信用档案建设，逐步提高信用评价体系应用深度和广度，引导和培育养护市场健康持续发展。

(五)推进养护转型,加快构建现代公路养护体系

1. 推行养护决策科学化

研究出台公路养护科学决策指导意见,加快建立公路养护科学决策机制和技术要求,基本建成国省道养护科学决策体系,全面建立以技术状况为依据的国省道养护预算申请和决策机制,并逐步向农村公路推广。推动自动化快速检测技术应用,探索建立以公路病害为导向的回溯机制,分析性能衰减规律和病害成因,逐步完善行业监管制度和技术措施。推进养护决策支撑信息系统建设,推广普及科学决策技术,科学制订养护投资计划,合理选用养护技术方案。加强公路养护统计工作,开展养护成效分析。

2. 推进养护管理制度化

一是健全养护工程管理制度体系。修订《公路养护工程管理办法》,根据养护工程的特点,合理划分养护工程分类,规范管理程序,简化审批环节。二是完善养护预算管理制度。抓紧修订《公路工程养护预算编制导则》,指导各地根据实际情况出台编制办法、指标、定额等。三是建立养护监管与考核制度。制定收费公路服务质量评价标准、服务等级评定制度,对收费经营管理单位进行严格考核;研究出台收费公路运行支出定额,通过严格控制运行成本降本增效;探索收费公路养护质量保证制度,通过定期质量评定,督促经营主体保证养护投入和养护质量;制定《农村公路养护管理考核办法》,落实农村公路养护责任。

3. 实行养护作业标准化

一是加强统筹研究,进一步匹配公路建设标准与养护标准。二是强化顶层设计,构建养护作业标准化框架体系,围绕养护质量、路网运行服务,建立健全涵盖检测评定、各专项养护工程、施工作业、信息化建设、质量验收等类别的养护技术标准、规程和技术指南。三是推进养护工程标准化建设,构建以技术标准和规范要求为约束的养护检测、实施、评价一体化标准流程和固定行为模式。四是加强交流与合作,推动标准规范与国际接轨。五是做好示范引导,创建以提升高速公路服务品质为目标的"高速公路养护管理示范路"、以构建畅安舒美交通环境为目标的"普通国省道养护改造示范工程"、以推进农村公路建管养运协调发展为目标的"四好农村公路",通过开展养护工程示范创建活动,推进养护作业标准化。

4. 促进养护工程精准化

一是加大普通国省道改造力度。制定《国省干线公路改造技术指南》,加快低等级路段、车流量饱和路段升级改造,提高普通干线公路二级及以上公路比重,实现普通国道网基本贯通,干线公路服务功能进一步拓展。二是全面开展预防性养护。加快制定预防性养护政策和技术标准,明确预防性养护决策依据、技术要求和质量标准,推行桥隧预防性养护,加大桥隧检测投入;安排预防性养护专项资金并纳入公路养护年度支出计划。三是强化干线公路综合养护。定期开展养护巡查,及时修复公路设施病害，保持良好技术状况；科学安排养护工程，建立普通国省道养护工程省级统筹安排制度。四是开展公路安全提升工程。继续实施公路安全生命防护工程、危桥（隧）改造工程和灾害防治工程，加强农村公路临水临崖、坡陡弯急等重点路段整治，基本完成乡道及以上行政等级公路高风险路段治理。五是加强农村公路养护管理。健全"县为主体、行业指导、部门协作、社会参与"的农村公路养护机制；加快推进乡镇和建制村通硬化路建设，逐步推进撤并建制村通硬化路改造；突出交通运输扶贫路建设，重点建设好"幸福小康路""康庄大道路""特色致富路""对外开放路"，推进农村旅游路、资源路、产业路、新型村镇出口路等改造，重点实施影响通客运班车安全的3.5米及以下窄路面公路、"油返砂"等老旧油路改造。

5. 倡导养护生产绿色化

大力提高养护生产效率，合理配备养护机械设备，积极应用快速养护及修复技术，缩短养护作业时间。积极推广废旧路面材料循环利用、公路和桥隧隐蔽工程无损检测、全寿命周期成本养护设计技术和施工工艺，加快淘汰落后工艺。不断加强农村公路低成本养护技术研发，打造适合农村公路发展特点的养护材料和技术。

6. 强化桥隧养护规范化

强化桥梁隧道养护责任落实和运行监管，合理配路桥隧养护管理专业技术人员，提高桥梁隧道养护管理水平；制订加强隧道养护管理意见，完善隧道运行技术、管理和监管保障措施，推广应用隧道养护自动化巡检装备，推进公路隧道运行管理的制度化、规范化与常态化；加强长大桥隧健康监测和动态运行监管，完善桥梁隧道运行监管制度；积极协调有关部门做好公铁立交、水利等桥梁移交及管理工作。

7. 实现人才队伍专业化

弘扬"两路"精神，培养既具有顽强拼搏、甘当路石传统，又具有开拓创新、工匠精神的新型专业化公路人才队伍。倡导崇尚技能、精益求精的职业精神，加强优秀拔尖人才、急需紧缺人才、科技创新人才吸收引进；以桥隧养护、运营管理、收费服务、监控、路况信息采集、路政管理等领域为重点，抓好人才培养、交流和使用；建立行业、企事业单位、有关院校协同培养机制，为基层和一线职工创造更多学习、交流和培训机会；改善基层养护工人生产生活条件，保障一线养护职工作业安全和生活稳定。

（六）强化管理升级，促进路网运行优质高效

1. 完善路网运行监测体系

建立全行业纵向贯通、横向衔接、责权清晰的路网运行管理体制，不断加强跨区域、跨部门的路网协调联动机制；加快公路网监测体系建设，充分利用行业内外监测资源，实现部对省级、省级对市县各类路网监测数据的统一接入和按需调用；加快路网运行态势研判与辅助决策能力建设，为交通运输经济运行分析、路网规划、养护管理、应急管理、公共服务等业务提供数据支撑；全面推进部省两级公路网监测管理与服务平台建设，并实现全国联网。

2. 加强应急保障体系建设

修订《公路交通突发事件应急预案》,形成更为完善的国家、省、市、县四级公路交通应急预案体系;加快国家区域性公路交通应急物资储备中心建设,建立健全运行管理制度体系;各地依托高速公路、公路养护单位或物资储备单位,建设省市两级公路交通应急装备物资储备点,形成国家、省、市三级公路交通应急装备物资储备体系,到“十三五”末力争建成部省联网、资源共享的应急指挥平台;依托基层养护道班、工区建设,建立公路养护与应急中心,作为地方专业公路应急抢险保通队伍;利用武警交通部队作为国家级公路应急抢险保通专业力量,建立警地联合应急机制;深化交通部门与气象、地震、国土、卫生、消防、广播电视等部门间及区域间的应急联动协作,提高公路应急救援效率。

3. 推进“互联网+”路网管理

推进“互联网+”便捷交通行动计划,加快云计算、大数据等现代信息技术的集成创新与应用,有效提升路网管理智能化水平;基于现代通信信息技术建立实时路网运行监测体系,全面实现路网资产、承载对象、管理资源等要素数字化,建立健全跨区域、跨部门的信息共享与交换机制;围绕公路养护决策、日常养护管理、路网运行监测、应急调度指挥、公路综合执法管理、出行信息服务为重点,加强路网管理各项核心业务系统建设和应用,实现部省间应用系统的互联互通、多级联动与共享服务。

4. 严格公路超载超限治理

按照“政府主导、部门联动、属地管理、社会参与”治理原则,加强源头治超、科技治超,完善路面监控网络,建立健全路政和公安交警的路面治超执法协作机制,推动交通与相关部门治超信息交换与共享。统一货车超限超载认定标准,研究推动严重超限超载违法行为入刑,积极推广重点货运源头执法人员巡查和派驻制度,建立相邻省份治超联动机制,坚决遏制货车超限超载违法运输。积极推进跨省大件运输许可网上办理,并联审批,提高大件运输服务水平。

(七)促进服务提质,满足公众出行更高需求

1. 完善公路配套服务设施

一是完善普通国省道出行服务设施。结合基层道班建设,为驾乘人员提供停车、短暂休息等基本服务;逐步增加和完善普通国省道沿线休息区、停车区或便民服务点等基础设施,使广大群众顺畅出行、舒心出行。二是规范高速公路服务区运营管理。按照“布局合理、经济实用、标识清晰、服务规范、安全有序、生态环保”标准,加大服务区改造力度,推进服务区专业化、连锁化经营管理;完善服务区服务考评和监管机制,健全公路服务区的服务标准和服务质量评价体系。三是提升 ETC 服务品质。继续加快 ETC 基础设施和服务网络建设,提高 ETC 收费车道、服务网点覆盖率;制定完善全国统一的 ETC 安全运营与服务标准、规范和标识;研究推进标准箱式货车使用 ETC 系统;充分利用市场机制,降低 ETC 用户安装使用成本和 ETC 系统运行维护成本,拓展 ETC 应用领域。四是完善公路交通标志设路。完善国家公路网的命名编号系统,制定国家公路网里程桩号传递方案和标志调整工作技术指南，修订公路路线标识规则和国道编号；完成国家公路网公路交通标志的更换完善工作，同步推进省级路网交通标志的规范和完善，实现指路标志指向更清晰、设置更合理。

2. 推进公众出行信息服务体系建设

构建政府和社会互动的信息采集、共享和应用机制；利用短信平台、门户网站以及微信、微博等新媒体手段，建设多渠道、全方位的公路出行信息服务体系；发挥政府、市场优势，构建普遍性公益服务与个性化定制服务相结合的公路出行信息服务体系；推进高速公路交通广播建设，科学合理设置公路沿线信息发布设施，强化沿途连续式诱导信息发布。

3. 加强沿线线路域环境综合治理

按照“八无”（交通标志前后500米基本无广告，无违法建筑物和地面构筑物，无违法搭接道口和占用挖掘公路，无违法跨越和穿越公路的设施，无违法非公路标志，路基路肩边坡无非法种植物，无摆摊设点和打谷晒场，公路用地范围内无堆积物）要求，以普通国省道城镇过境段、平交道口为整治重点，在地方政府统一领导下，联合有关部门有计划、有步骤地开展路域环境综合治理；按照“栽、管、护”相结合原则，以“恢复自然生态”为主，促使公路与周围环境景观相协调；在人文、自然资源丰富区域，结合沿线资源美化路域环境，展示区域特色和文化特色；加快推进农村公路路域环境整治，按照国家《全国城乡环境卫生整洁行动方案（2015—2020年）》（全爱卫发〔2015〕1号）要求，力争到2020年，具备条件的农村公路实现路田分家、路宅分家。

4. 完善高速公路惠民政策

将高速公路车辆救援服务纳入高速公路管理体系，建立健全高速公路车辆救援服务指挥和调度系统，完善救援服务标准和规程，提高救援能力和服务水平。继续落实好国家关于鲜活农产品运输“绿色通道”的惠民政策，完善惠民通行保障制度，规范通行管理，做好通行保障，提高通行效率和服务水平。

（八）保障措施

1. 落实政府责任

各级政府和交通运输主管部门要结合本地实际，编制“十三五”期公路养护管理发展规划，并明确权责，抓好重点任务落实。要全面落实县级人民政府农村公路养护管理主体责任，充分发挥乡镇人民政府、村委会和村民作用，落实好资金、机构和人员，实现农村公路养护“三落实”。

2. 明确部门职责

“十三五”期，是深化公路养护管理体制机制改革的重要时期，公路养护管理工作涉及发展改革、财政、人力社保等多个部门，各级交通运输主管部门应发挥主观能动性，积极向地方政府汇报，明确有关部门职责与分工，主动做好与各部门的协调沟通，争取更多的关心与支持，切实凝聚公路养护发展合力，营造良好的发展氛围。

3. 强化资金保障

分类完善公路养护管理资金筹措机制,非收费公路养护管理资金主要从成品油税费改革新增收入中列支解决,以财政保障为主;收费公路养护管理资金主要从车辆通行费中解决,以市场机制为主。加快建立以公共财政分级投入为主,多渠道筹措为辅的农村公路发展资金筹措机制。严格规范成品油税费改革新增收入转移支付资金使用,新增收入基数返还中替代公路养路费支出部分和增量资金中相当于养路费占原基数比例的部分,原则上金额用于普通公路的养护管理。积极争取加大成品油税费改革新增收入增量资金对普通公路养护管理的转移支付力度,切实建立统筹考虑物价、里程和财力增加等因素的养护管理资金投入增长机制。鼓励以公路沿线设施收益分成、沿线资源开发收益共享、养护企业税费返还等方式筹措养护资金。

4. 加强绩效考核

各地要建立普通公路养护管理成效与地方政府考核相结合的机制,将公路养护质量、路网服务和运行安全纳入各级地方政府经济社会发展考核指标体系。健全完善考评问责机制,充分运用“两随机、一公开”(随机抽取检查对象,随机选派检查人员,及时公布查处结果)、第三方评估等手段,定期开展规划实施的跟踪督办和评估,及时准确掌握目标推进情况和出现的新情况、新问题,适时调整政策措施,切实提高重点任务完成时效和质量,保障公路养护事业健康稳步发展。

二、高速公路养护管理现状

随着高速公路通车里程的急剧增加和使用范围的迅速扩大,交通流量的持续增长,道路病害日益增加,高速公路面临集中大修和改造的压力,高速公路养护管理任务越来越艰巨、资金需求越来越大。在养护高峰期到来之际,如何管好、养好高速公路,充分发挥高速公路的经济效益和社会效益,保持和提升高速公路的使用品质,成为社会各界和有关部门越来越关心的问题。

交通运输部提出“公路建设是发展,公路养护也是发展,而且是重要发展”的观点,把公路的养护管理提到了一个新的高度来认识。可以预计,今后一个时期,我国高速公路建设的重点将从由新建为主逐步转为建设与养护并举进,从而过渡到以养护为主。然而,我国高速公路养护管理工作还存在投入不足,长期稳定的资金来源渠道有待建立;养护管理体制各异,高速公路养护的责权需进一步明晰;养护市场正在培育,新型机制尚未形成;预防性养护尚未普及,整体技术水平还需提升等问题。

三、农村公路养护管理现状

农村公路养护管理以县级政府为养护责任主体,包括对县道、乡村道路的养护。但由于交管部门和公路养护管理单位负责具体的养护工作,所以部分县级政府将农村公路养护归责于交通部门,致使农村公路养护责任主体缺失,部分道路缺养、失养,农村公路好路率低。而且,由于养护资金紧缺或资金到位率,使公路不能得到及时的养护,直接影响着养护的正常开展。

(一)县道养护现状

县道是县域交通网络的主要组成部分,不仅最大程度地体现了本区域内的交通形象,更是带动县域经济的关键基础设施。可以说,在农村公路中,只有县道才能得到比较正常的养护。近几年来,在竞争上岗、招投标监理制等政策的实施下,县道养护在养护人员积极性和成本控制工作上都取得了一定的成绩,提高了养护效率。

但县道养护仍存在许多问题。一是,机械化程度不高。虽然很多地区加大了养护机械的投资,但从与路面技术等级所对应的机械要求相比,往往还缺少一些更为先进的小型养护机具和设备,使部分县道发生病害后不能得到有效养护,养护质量差。二是,县道配套设施的不健全以及防护工程设施的薄弱给县级道路养护带来了极大的困难,对养护资金数量提出了更高的要求。两者形成的最根本的原因是缺少充足的县道养护资金。

(二)乡村道路养护现状

乡村道路里程一般占全国公路里程的70%以上,所以乡村道路比较分散,具有量多、面广的特点,这无疑加大了对乡村道路的养护难度。乡村道路养护现状表现为两点。一是部分农村公路建设时由于没有办理土地征用手续,使当地有关部门根本无法执行关于公路用地的规定,造成公路界限不清,对占用边沟、路肩的管理执法缺乏依据,导致沿线群众随意破坏路肩,利用路肩种植农作物的现象普遍存在,并且对道路的日常养护取土也造成了影响。二是按照规定,我国各地区对农村公路的养护需实行“三自”政策。但实际养护中,只有那些经济能力较强的乡镇才有能力对乡道进行自行养护,且养护数量很少。很多地区由于对乡道养护的重视程度不够,且受到乡镇财政资金的限制,使乡道无法得到正常的养护。

(三)路政管理薄弱

为保证路产路权的完好性,各地区采取各种方法,加强路政管理工作,并取得一定成效。以贵州省为例:从2009年至2010年,贵州省相关部门共处理违章建筑2050平方米,清理堆积物12300立方米,查处违章超限车辆16000车次。但是在实践中,路政管理力量薄弱。农村公路建设由争取项目到工程竣工,在人力、物力、财力等各方面付出了巨大的代价,由于重建轻管的观念,对农村公路的保护没有从思想上引起重视,缺少科学合理的路政管理机制,导致路政管理工作举步维艰。一是受办公经费的影响,人员培训、设施配备等工作滞后;二是超限超载运输现象仍存在。虽然各地区通过设置过路石墩、加强检查的措施已人量减少了超限超载的发生,但此现象仍然存在。超限超载运输治理工作,既不能影响经济发展,又要保护路产路权,十分困难。

从农村公路养护现状反映出的问题可以看出,养护资金不足是形成养护难或缺养的最重要的原因。

第二节　公路养护相关政策法规

公路管理机构(以下称公路部门)承担公路建设、养护、管理职能,其中公路养护是公路部门最基本的职能。《中华人民共和国公路法》(以下简称公路法)和《公路安全保护条例》(以下简称条例):公路部门应当加强公路养护,保证公路经常处于良好的技术状态;同时规定,从事公路养护作业的单位要具备一定的资质条件。在现行的法律框架和国家标准要求下,分析探讨公路养护运行机制,提高养护资金使用效益,具有十分重要的现实意义和经济意义。

一、公路养护管理法规职责

一是规定了公路养护工作的责任主体。公路法和条例规定公路部门负有做好公路养护工作的责任,保证公路自身状态符合有关技术标准,经常处于良好技术状态。

二是明确了公路部门的养护职责。条例关于公路部门对公路的巡查、检测、评定、养护、抢修、维修等作了明确规定。特别是针对目前群众反映比较强烈的有关单位不及时修复损毁的公路,出现事故后又互相推诿的问题进行了规定。

三是完善了公路突发事件的应急处置规定。条例依照突发事件应对法,并总结今年全国等级公路里程 390.08 万千米,比上年末增加 14.53 万千米。等级公路占公路总里程 87.4%,提高 1.2 个百分点。其中,二级及以上公路里程 54.56 万千米,增加 2.13 万千米,占公路总里程 12.2%,提高 0.2 个百分点。

四是规定了公路养护作业单位的资质条件。条例规定有一定数量的符合要求的技术人员,有与公路养护作业相适应的技术设备,有与公路养护作业相适应的作业经历及国务院交通运输主管部门规定的其他条件方可从事公路养护作业。

国家行业标准《公路养护技术规范》对养护工程技术管理作出规定:养护工程应推行招投标制度、工程监理制度和合同管理制度。大中修工程应由相应资质单位进行施工和监理。改建工程应按工程建设管理规定对设计、施工和监理实行招投标制度。大修和改建项目应由相应资质设计单位进行勘测设计。

二、公路养护管理法规现状

为了促进我国公路养护事业的健康发展,国务院和交通运输部先后出台了一系列规章制度,如《收费公路管理条例》《公路养护工程管理办法》《公路养护市场准入暂行规定》《公路养护工程招投标管理暂行规定》《公路养护技术规范》《公路水泥混凝土路面养护技术规范》《公路沥青路面养护技术规范》《公路桥涵养护规范》《公路隧道养护技术规范》《公路技术状况评定标准》《公路桥梁技术状况评定标准》《公路养护安全作业规程》《公路养护工程预算编制导则》《公路养护安全作业规程》等,加强了科学规范化的养护管理方法,但是仍存在缺乏完整性、系统性、科学性等问题。因此为加强我国公路养护的规范化管理,应研究制定公路养护作业单位市场准入、招投标、公路技术状况监督、长大桥梁安全运营管理和监测等方面的管理制度,制修订公路养护工程管理办法、养护定额和标准规范,规范路况检测、养护施工作业流程,形成一套公路养护科学决策机制、规范化管理标准及技术指南。

三、全国公路养护大检查

全国干线公路养护管理检查俗称"国检",是交通运输部组织的最高规格的全国性公路养护管理检查活动,是对全国干线公路养护质量、管理水平的一次大检阅,每五年一次。交通运输部为了准确掌握国家干线公路网的路况水平,切实加强公路和桥梁的安全监管能力,为燃油税增量资金分配测算提供数据支持,以加强公路养护和促进长大桥梁安全隐患治理工作。从"十二五"开始,国检方式做出了局部调整,由集中检查改为分散检查,即五年一查改为一年一小查和五年一查相结合的方式进行,每年进行一次外业检查,平时检查成绩占60%,最后综合检查占40%,要求各省公路管理部门积极配合并协调交通运输部检查组研究确定具体检测路段,结合实际制订详细的安全保障和现场交通组织方案,有效保证检测工作的顺利进行和受检路段交通的安全畅通。

第三节　公路养护资金

公路建设发展以高速度、高要求的形态呈现,"公共需求发生深刻变化,公路养护管理事业面临前所未有的挑战。"养护质量标准、技术质量标准全面提高,养护所需投入人力物力大幅增长,解决这些问题与公路养护费用征收来源密切相关。公路养护事业涉及面广,逐步得到各级交通主管部门的重视。宏观方面,交通运输部制定了《"十二五"公路养护管理事业发展纲要》,不少省级公路管理部门也制定了"十二五"公路养护事业发展规划,做到了宏观指导、规划先行;微观方面,交通运输部出台了相关养护预算、定额的编制办法,各省交通主管部门或者公路管理单位都配套出台了相关管理办法和定额标准,逐步开始实施养护工程定额化管理。然而,由于受到资金不足的限制,导致不少公路(桥梁)长期处于超期服役甚至失养的状况。而且,由于缺乏一个有说服力的养护资金需求标准和一个养护投资水平的评价标准,因此也很难保证养护资金使用的整体优化、统筹协调。

一、公路养护资金构成

公路养护费用是指公路投入使用之后,为维持或恢复其路面使用性能、保证行驶质量而进行的一切作业活动所支出的费用总和。

公路养护费用构成如图5-1所示。

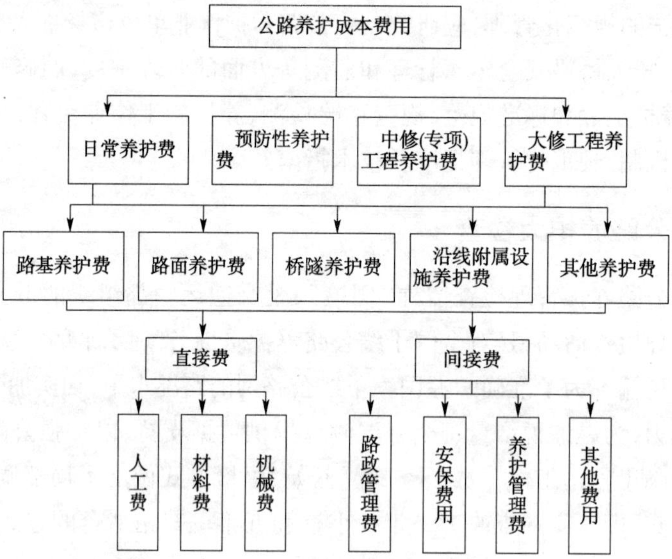

图 5-1　公路养护费用构成

二、全国公路养护与管理资金来源

公路养护与管理资金主要来源渠道有：燃油税、通行费、车购税返还、交通运输部专项工程费、中央和地方财政投入及银行贷款等。

（一）公路养护资金来源

1. 燃油税

费改税的产物，是为取代养路费而开征的，其实质是将原来的养路费转换成税，实行捆绑收费。由于原来的养路费一般是按吨位和运营收入两种计费方法收取，实际上是一种定额费，而对于用油大户尤其是汽车来说，燃油税通过将养路费捆绑进油价，将每辆汽车要交的养路费转换成税费，在道路等公共设施日益成为一种稀缺资源的大背景下，更多地体现了"多用多缴，少用少缴"的公平原则。

2. 通行费

近年来，全国收费公路通行费持续快速增长，为公路养护与管理提供了比较稳定的资金保障。2015 年发布的《收费公路管理条例》修订稿中提出了使用车辆通行费养护收费公路，财政部及国家税务总局在 2016 年 8 月发布了《关于收费公路通行费增值税抵扣有关问题的通知》，对收费公路通行费增值税抵扣政策进行了明确，从而保证营业税改征增值税试点的平稳运行。

3. 中央转移支付及地方财政投入

（1）车购税返还。

交通运输部每年从车购税中拿出一定比例返还地方，用于农村公路改扩建。该部分资金在农村公路建设总投资中所占比例不高，但随着国家对农村公路重视程度的不断提高，近年来该渠道资金有逐渐增加的趋势。

(2)交通运输部专项工程费。

交通运输部每年从车购税中列支一定资金,专项补助全国各省(市、区)GBM 工程、文明样板路工程、危桥改造工程、安保工程、灾害防治工程等。

(3)中央财政投入。

目前,中央财政投入主要包括以工代赈和国家专项扶贫资金等渠道。这些资金渠道都是在一定时期内对于特定地区(农村贫困地区)的特殊政策,尽管对于贫困地区农村公路的发展起到了重要作用,但并不是公路发展的持续、稳定的资金渠道。

(4)地方财政投入。

地方财政投入是指省、市、县、乡各级政府从其地方财政收入中拨出,用于公路管养的资金,目前主要是用于农村公路养护。

4.其他资金渠道

(1)银行贷款。

为了促进普通公路事业的快速发展,许多地区在组织公路改扩建工程时,除依靠财政投入等渠道外,还普遍安排了相当规模的商业银行贷款,每年养护资金计划中不足部分也通过银行贷款补充。

(2)一事一议。

“一事一议”是农村税费改革后,农村地区发展公益事业所采取的筹资方式,用来替代税费改革前的“民工建勤”以及村提留等农村原有的筹资方式。“一事一议”是一个新事物,相关的配套制度还不完善,有些地方的积极性也不高,而且“一事一议”的筹资额度有限。因此,“一事一议”作为农村税费改革后农村公路发展的主要筹资方式,具有一定的局限性。

(3)其他渠道。

除以上几种较为主要的资金渠道外,还存在其他一些资金筹资方式,如社会捐赠、企业投资、拍卖冠名权等。

(二)高速公路养护资金主要筹集方式

高速公路养护技术难度大,质量要求高,弥补养护资金的巨大缺口,主要依靠国家向银行机构贷款及政府资金投入,另外向公路使用主体征收燃油税等方式取得。

(三)农村公路养护资金主要筹集方式

在国内,养护资金明确规定以“政府投入为主、多渠道筹资”为农村公路养护资金筹集原则,确定了政府投入在农村公路养护资金中的主导地位。这是因为,农村公路是公共基础设施,具有非经营性和受益的非排他性。在实现过程中,政府是核心,起着决策和主导地位。而投资机制的构建是关键,直接决定了公路交通最终能否实现有效功能。因此,不管是农村公路还是高速公路的建养工作都属于政府的经济职责。农村公路作为带动农村经济发展的主导力量,其养护也应由政府进行投资。同时,由于大部分农村公路的等级尚未达到收费公路的标准,外界资金供给存在不确定性,因而其养护资金主要来自国家政府专项拨款等资金。在政府投入中,中央政府是最高层次的投资者和管理者，负责发展规划的制订、实施、协调和管理，对农村公路养护进行投资。地方各级政府对本地区公路的建设和养护进行投资。

三、全国公路养护与管理资金使用及监管

（一）高速公路养护资金使用及监管制度

高速公路的养护费用主要由以下六部分养护所需费用以及相应的管理费组成：

（1）路面的保养及修复。

（2）路基的保养及修复。

（3）桥涵构造物的保养及修复。

（4）绿化草坪、树木的养护及病虫害防治。

（5）设施的保养及修复。

（6）灾害预防费。

高速公路养护资金的使用要完善监管规章制度，着力从体制机制上加强监管。具体通过部门预算、国库集中收付、支出两条线、政府采购、行政事业单位资产管理五项改革加强财政资金使用监管。按照“公共财政体系”建设的要求，不断深化财政改革，以改革促监管，以创新谋发展，努力探索建立与市场经济发展相适应的财政预算管理机制。

（二）农村公路养护资金使用及监管制度

农村公路养护资金分为日常养护费用和大中修工程费用。日常养护费用根据上报批准的养护计划按季度发放。大中修工程费用根据工程进度实行计量支付。成品油税费改革后，专项资金实行报账管理，使农村公路养护专项资金的拨款途径发生了变化，由原来的交通主管部门拨款变为财政部门统一拨款，集中对养护资金实行管理。各级财政部门必须设立“农村公路养护资金专户”。同时，除农村公路养护管理部门要对公路养护资金进行财务管理外，各乡镇财政所和村委会会计账簿，要设立“农村公路养护科目”，对乡村两级配套支付的农村公路养护资金，进行专项核算，做到专款专用。

为了了解农村公路管养现状、农村公路（乡级）养护资金的投入和使用等情况，确保资金专款专用，农村公路养护资金的使用应当接受当地审计、财政部门和上级交通主管部门的审计和监督检查，一般为年度事后审计。审计内容一般包括：各地市农村公路管理养护体制机制、养护资金的管理使用情况、养护资金拨付程序和资金来源渠道等情况、养护资金在管理使用过程中存在的问题及好的做法和经验，对完善农村公路养护管理方面的意见和建议。

四、公路养护与管理资金存在的问题

（1）路网发展“两头”快，结果不平衡。

（2）管养资金来源较单一，筹资渠道不畅。

(3)管养资金使用不合理,与规范有差距。

(4)管养资金供需矛盾日益突出,资金缺口不断加大。

(5)养护管理体制、运行机制障碍依然突出。

五、公路养护资金相关对策与建议

(1)保证稳定充足资金来源。

(2)广开养护资金渠道。

(3)健全标准规范体系。

(4)完善养护运行机制。

(5)全面推行预防性养护。

(6)提高管养科技含量。

第四节 公路养护管理体制

近年来,随着公路事业迅速发展和公路路网类型养护结构的明显改善,公路养护管理越来越重要。传统的养护管理模式已经严重制约公路事业的健康发展,公路养护管理面临着更大的挑战,维修资金的需求进一步扩大,社会对公路使用功能的要求不断提高,公路安全应急保障也将面临巨大的挑战。要实现“十二五”时期公路养护管理的跨越发展,就必须加强养护创新管理,推进“两型”和“低碳”发展,建立科学规范的公路养护运行体制。

一、国内外公路养护管理体制对比

(一)国外公路养护管理体制

经过半个多世纪的发展,国外公路养护工作经历了由政府直接组建养护队伍和养护队伍市场化两个阶段,逐步由“建设为主”过渡到“以养为主”的阶段,美国、英国、法国等发达国家已经形成了完善的养护管理体制,及时收回了公路建设资金,创造了巨大的社会效益、经济效益。例如:日本好路率位居世界前列,为全国道路畅通奠定了坚实的基础;美国公路平均养护成本已降到最低,在市场合理的定额内;法国公路养护质量不断提高,基层公路养护管理部门的职能转变为监督、指导、服务等功能。国外公路在管理和服务形式上,一般可分为事业型和公司型等管理类型,也可划分为收费高速公路和免费高速公路,如表5-1所示。

国外公路养护管理体制特点 表5-1

类型		特点	应用案例
事业型	中央集权	国家统一计划、建设、运营管理	英国、法国免费高速
	地方分权	中央地方建设、由地方政府管理	美国、德国免费高速

续上表

类型		特点	应用案例
公司型	单一公司	由道路公团统一筹资、建设、经营管理	日本高速
	多家公司	由不同的公路公司管理,各条公路独立运作	法国、意大利收费高速
其他	统一管理	高等级公路与一般公路统一管理	美国、英国、法国免费高速
	独立管理	高等级公路与一般公路分开管理	美国高速

免费高速公路一般由中央或地方政府投资建设,然后交给地方公路部门管理,如美国、加拿大、德国。另外还可采取民间资金的方法建设高速公路,以特许收费的方式进行管理。如:日本具有半官方性质的道路公团,法国和意大利则以国有民营的方式组织公路养护,英国则通过私人咨询或养护管理公司来进行养护作业。各国具体养护工作特点如下:

1. 美国养护体制健全,全面实施机械化养护

美国的公路由美国联邦政府统一进行宏观管理,具体养护工作根据行政区域进行划分,以州及地方政府为主,由专业化施工队伍进行施工。在联邦运输部内设有公路管理局,公路管理局的机构由资源中心、华盛顿总部、州际联邦资助公路及汽车运输管区办公室和联邦属地公路管理处区域性办公室等组成,具体职能见表5-2。

美国公路养护管理机构职能 表5-2

部门	职能
公路管理局	负责公路规划、建设、养护、运营等工作
管区办公室	负责计划、技术、建设、养护、绿化等管理工作
公路管理处	落实联邦属地公路计划

2. 法制化、机械化的法国公路养护

将高速公路特许经营权授予混合经济型公司,在国家规划和控制下负责高速公路的养护工作。成立了专门道路养护公司,管理按照《道路、机械、维修及航空基地章程》进行,以合同方式与养护管理部门建立联系。

3. 市场化、专业化的西班牙和瑞典公路养护

西班牙实行市场化公路养护,75%以上公路养护通过市场招投标的方式来完成,由专业化的养护公司进行施工。瑞典公路养护采取专业化运作,其养护市场主要有四大公司,其养护工程质量保证主要依靠承包人的质保体系和社会举报制度,并配合以地区公路局抽查。

总之,发达国家建立的公路养护管理体系更加完善,由国家公路机构的统一调度养护工作,通过养护市场选择专业化公司。因此养护作业的社会化、专业化、市场化程度高,同时注重养护施工工艺与养护材料的研究与开发工作。根据公路养护工作的特点和市场发展的要求,这也是我国建立现代化公路养护体制的目标。

(二)国内公路养护管理体制

我国养护管理制度,是随着我国经济的发展和公路建设规模的扩大而不断完善

的。总体上,我国养护管理体制健全,既有自身的施工队伍,也有养护管理机构;既有综合管理机构,也有专业管理机构。例如山东省公路养护管理体系按照“分级管理”和“事权统一”的原则,划分为省、市、县三级公路管理组织结构,如图5-2所示。实行“条块结合、以块为主”的管理体制,省级部门管理技术业务、计划、资金,人事关系归地方管理;全省公路养护管理工作由省级公路管理机构负责,市公路管理机构负责专项、大中修养护工程,县公路管理局负责公路的日常养护管理和小修保养工作。

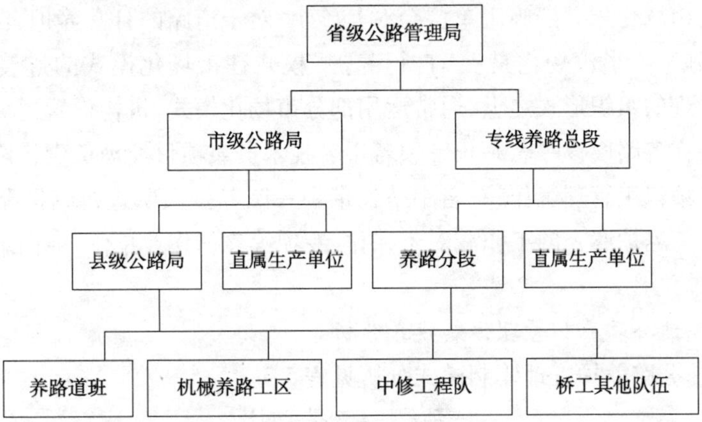

图5-2　我国公路养护管理组织机构

二、高速公路养护管理体制

(一)我国高速公路养护管理体制模式

1. 我国高速公路养护管理体制模式分类

目前全国公路养护运行机制有以下三种模式:

(1)自行养护管理模式

传统养护管理模式采取的是自行养护化模式,即养护管理部门和养护施工部门隶属同一个单位。而养护作业的队伍则由养护管理机构实施直接管理和领导的方式。

自行养护管理模式的组织结构是指:养护管理组织采用自给自足的模式,设置垂直式管理机构。在公司机关内设立工程技术部门,专门负责公路全线的工程养护及道路清扫排障等工作;并于沿线的管理处设立工程技术科及养护中心,分开职责,具体的养护工作由养护中心来完成,而工程技术科负责养护的监测及路面清障的管理工作。从而形成三级养护管理体系,对公路养护工作实施从上至下逐级管理。

(2)完全市场化管理模式

它的原理是将高速公路养护的管理职能和养护工作分离开,从而建立市场化制度。采用市场化管理模式,是实现养护管理部门朝业主职能转变,并通过招投标方式,寻求专业化的养护公司来完成公路的养护任务。市场化管理模式是一种扁平式管理的机构设置,由公司机关设立的工程技术部,全权负责公路全线的养护计划,及管理资金和专项组织;将沿线的三个分理处,分别设置养护工区,将辖区内的所有工作,包括日常巡查、质检及对施工单位的考评等管理工作交由养护工区来负责。从而促成日常及非日常养护工作、专项工程等工作，分散开交由中标的施工单位来负责，从而形成公司内平行负责的养护管理体系。

(3)半市场化管理模式

采用半市场化的管理模式，进行部分市场化模式的采用，指的是在养护管理部门之中，具有某些职能的养护施工工作者，还存在进行市场化招聘施工单位。对于绿化与专项工程，市场化招聘的施工单位会对其施工；对于道路的日常养护，自己养护队伍会对其进行施工。半市场化是在“自行养护”模式往市场化模式的过渡期下而提出的，在养护管理的组织形式之上，通常运用部分市场化模式，机构设置通常属于垂直管理，公司机关在各路段设一名站长带领若干名技术员兼项目经理负责各段工程养护计划、资金及专项组织管理工作；一名副站长带领一队养护大队进行辖区路段的施工工作，还进行日常养护巡查的工作。对于绿化、专项等养护作业单位，他们隶属于市场化招投标中标单位。

2. 我国高速公路养护管理体制模式分析

我国高速公路养护管理体制模式分析见表5-3。

三种养护管理模式对比　　表5-3

模式	自行养护化	半市场化	完全市场化
优点	(1)对建设队伍和相关设备的去留问题很容易得到解决； (2)对公路沿线各种情况很熟悉，在养护过程中更具有针对性，减少了熟悉时间； (3)管理上具有便利性，减少管理中间环节； (4)相对于成立公司而言，可以减少税收支出，降低成本	(1)减少管理养护人员、机械设备的费用开支；业主只需配备少且精的专业人员做技术上的管理、监督和检查，减轻了业主的事务性工作； (2)符合市场化发展趋势，能充分调动专业承包公司的生产积极性，提高工作效率； (3)按项目专业分类，分别由专业单位负责对应工程的养护，能确保各养护项目按技术规范进行施工，保证了工程质量，减少返修	(1)减少管理养护人员、机械设备的费用开支； (2)引入竞争机制，提高工作效率； (3)养护成本相对较低
缺点	(1)容易造成机构臃肿，全部由上级单位安排人手，成本上升； (2)不符合市场化的发展趋势，缺乏市场竞争，吃大锅饭，容易滋生惰性，造成养护技术难以提升	通过合同约束双方之间的权责，完全按合同进行管理，在面对突发事件、大工程量事件且需要及时完成情况时，可能双方在协调方面出现一定的问题，特别是双方存在分歧的时候，很容易影响工期	(1)养护信息沟通不畅通； (2)监管较难得到有效控制； (3)应急能力较差

续上表

模式	自行养护化	半市场化	完全市场化
适用性比较	自己管理，自己养护，规模不会很大，不容易形成专业化养护队伍，不能满足现阶段高速公路养护工程发展的需要，一般高速公路经营机构不采用这种模式，个别管理机构会采用这种模式	有自己的专业化养护队伍，控制能力较好，对外的依赖程度有所降低，在对外招标时减弱对方讨价还价的议价能力，应急能力较强，可以充分发挥高速公路的公益性	要求公司配置大量的养护人员和机械设备，没有现场控制能力，管理和养护时独立的经济组织，导致博弈双方很难协调，反应迟缓。但该模式优点也很突出，国内很多高速公路管理机构在推行该种模式

（二）我国高速公路养护管理体制存在的问题

目前，我国已基本上在各管理形式中建立了与运营管理体制相对应的养护管理体制以及专门从事高速公路养护的机构或队伍，形成了多种体制并存的养护管理模式。同时，由于高速公路各管理组织的政策规定、计划拟定、财务核算及机构、管理方式的差异性，相应的养护决策、计划及养护管理的方式和内容等差异较大，主要存在以下问题：

（1）管养不分、责任不清。在现行体制下，高速公路公路机构既是养护的管理单位，又是养护生产者。管理者责任不清，经常就养护经营计划发生矛盾，一旦发生养护质量问题，就很难追究责任了。同时由于职责交叉，经常出现面对问题、责任，互相推诿扯皮的情况。

（2）人员设备严重超编。因为高速公路养护项目繁多，涉及方方面面，对养护队伍和设备要求高，所以设置了庞大的养护队伍，配备了大量的机械设备，同时，既要负担整个工区日常消耗和闲置人员工资、设备保养、折旧和养护机构的全部费用（包括医疗、养老、工伤等），还要负担过去购置的养护设备的维修保养，导致养护费用的增加。

（3）检测及养护机械设备利用率低。由于现行养护管理机制的制约，各高速公路均配置了相应的检测及养护机具设备。但因各条高速公路使用期不等，导致一些大型机具设备闲置，使这些资源不能在更大的区域范围共享，设备的利用率低，从而加大了养护管理成本。

（4）养护机构效益不高。尽管养护机构的人员数量不断增长，但人员素质总体呈下降趋势，普遍存在人才（特别是养护一线需求的技术管理人才）匮乏；养护队伍总体技术落后，由此导致人头费（包括工资、各种福利、补贴）居高不下，挤占了大量的养护资金；许多养护机构内部运行机制不活，养护作业效率低、成本高，限制了养护机构或队伍参与市场竞争的能力。

（5）地域化管理阻碍了养护工程的市场化。目前各省（市、区）的养护作业及管理基本上是按地域由本省（市、区）养护机构进行的，由于许多养护机构并没有真正从事业单位中剥离出来，这样一方面不利于养护工程市场化，另一方面不利于养护工程的监督与质量控制。

(6)养护维修工程缺乏科学的规划和决策。许多管理机构往往是在高速公路出现一些病害或某些使用功能不足时才开始考虑制订养护维修计划。科学的养护管理是建立在长期的跟踪检测和评价系统基础上的，根据科学的评价，决定养护维修的计划和内容。有些管理机构虽然定期或不定期地开展道路检测与评价工作，但由于数量不足或数据可靠性差，或者道路使用性能评价预估系统不健全，尚不足以制订科学的、寿命周期内养护费用最小的养护计划。

(三)我国高速公路养护管理改革措施

1. 加快培育和发展公路养护工程市场

将公路管理部门所属的适宜于企业化运作的工程队、运输队、生产厂站和服务机构等与公路管理机构相分离，使其成为自主经营、自负盈亏、自我发展的法人实体，参与市场竞争。对原有的道班、工区进行合并、重组，扩大规模，并配备一定数量的机械设备，将其培育成规模适度、技术先进且具有一定竞争实力的养护生产企业，并逐步推向市场。积极争取必要的税费政策，对公路养护企业进行扶持，为养护运行机制的改革创造良好的外部环境。同时要积极鼓励发展股份合作等多种所有制形式的公路养护企业、养护机械租赁中心等，以便进入养护市场，并逐步建立养护生产企业的资质评价和认证制度。

2. 改革公路养护投资方式，全面推行定额养护和计量支付

公路管理机构要采取公开招标或内部竞标的方式，选择养护生产企业。新建成的公路原则上要采用市场机制，充分利用现有的养护力量进行养护，公路管理机构对养护单位的管理要逐步实现合同管理。

3. 改革人事用工制度

公路养护生产企业不再套用事业行政级别，企业可根据生产岗位的不同特点自主决定用工数量、形式和条件，并以合同方式进行管理，形成职工能进能出的择业机制和经营者择优录用的竞争上岗机制。各级公路管理机构要实行定岗定员，全面推行干部聘任制。要强化社会保障体系，积极做好对落聘下岗人员的安置工作，确保社会的稳定。

4. 完善各项管理制度

要建立起一整套公路养护工程管理、评价办法和检查制度，如公路养护工程市场管理办法、公路养护工程招投标办法、养护定额编制办法、养护质量检查制度、评价标准等，使公路管理机构在进行工程管理和行业管理时能够有章可循、有法可依，减少管理中的人为因素，提高管理和决策水平。

5. 建立科学决策机制，全面实现预防性养护

在养护质量监督管理工作中，要使用先进的检测技术设备手段，对养护情况进行及时而科学的检测，以全面准确地掌握养护质量状况，并科学地分析预测公路性能变

化规律，为养护管理、养护决策提供可靠的技术依据，要采用先进的公路管理系统及专家评审咨询机制等，实现养护时机合理、养护决策科学、投资效益最优等目的。

6. 编制公路养护中、长期规划

借鉴国外已有的成熟技术和成功经验，利用先进的公路管理系统，根据公路等级、路面等级、建设时间、交通量预测、养护水平、养护质量要求、公路性能变化规律、新建路网规划以及养护投资等综合情况，编制公路养护中、长期规划，实现公路的全面预防性养护，使养护投资总体效益得到全面提高。

7. 充分发挥养护资金投入效能

要强化养护资金管理，实行养护投资定额管理，提高资金投入效益。通过养护费用定额包干的使用，结合养护质量目标的考核，解决目前养护费用管理中的养护成本高、个别地方平调和无偿借用养路资金，以及养护费用会计监督弱化等问题。

8. 建立激励约束机制和长效机制

公路养护应建立激励约束机制和长效机制，避免短期行为要将小修、中修和大修结合起来，明确养护年限目标，完善合同管理，鼓励采用新技术、新设备、新工艺，以产生长期效益，形成养护的良性循环。

9. 制定科学的公路养护质量检评方法

要以现行规范为依据，以结合省情、突出重点、便于操作为原则制定公路养护质量检查评定标准，突出影响路面行车质量、行车安全及使用寿命的重要指标，以保证公路的服务水平。

10. 引进公路养护质量咨询机制

要引进公路养护质量咨询机制，委托有相应资质的中介咨询机构对公路的养护质量进行检测评估。养护管理部门要依据公路养护质量检测评价报告，加强对公路养护质量的管理力度。

（四）我国高速公路养护管理体制发展趋势

无论采取哪种方式养护和管理，管理的目标是相同的，这就是保证高速公路能及时回收巨额建设资金的有效运作，不断创造更大的经济和社会效益。特别值得注意的是，自1960年以来，很多国家适应技术和关键技术的研究和开发已逐渐由建设转向养护，养护管理所投入的已经远远超过了建设投入的比例。因此，国外高速公路养护管理可以说是以法律、社会、专业、市场以及机械化为基础。中国的高速公路起步较晚，截止到现在，只有十几年，整整比发达国家落后了半个世纪。但自20世纪80年代末，中国的高速公路在运营和养护方面借鉴先进国家经验快速发展，正逐步形成适合中国的管理模式，可能会出现这样的发展格局：

1. 管理体制相对统一

国家高速公路由于地区的经济发展不一，管理体制还未统一，高速公路建设的进程不一，发展水平参差不齐，管理体制不能实现统一。相信在很短的时间内，国内高速公路的数量达到某个饱和程度，高速公路管理体制将由差异趋于统一，区域高速公路养护管理将逐步制度化、规范化,逐渐达到地区同步。

2. 企业模式管理

当高速公路管理转型成企业模式时,养护管理将成为第一个转型的对象,改变现有的管理模式。养护队伍管理模式由事业转为企业管理模式是必然的结果。同时,根据企业模式的运营,管理将大大减少中间环节,降低养护成本,提高养护效率。

3. 以市场为导向的经营方式

未来高速公路养护管理将打破垄断,充分引入竞争机制,按照竞争、公平的原则,高速公路养护工程将面向市场,促进养护企业不断地提升和内部整合,优化养护机器设备和人力资源,实行优质高效的养护方式,为社会提供更好的服务和更好的驾驶条件。

三、农村公路养护管理体制

(一)农村公路养护管理体制模式

早期,我国公路发展中并没有将农村公路与干线公路重点区分开来,而是将两者统一管理。新中国成立以来,我国公路养护事业作为公益事业,多年来一直在计划经济体制下实行国路国养。

随着社会经济的不断发展,公路交通发展的滞后性逐渐凸显,基于公路交通发展的需要,公路养护管理体制也得到不断改进,1987 年 10 月国务院所发布的《中华人民共和国公路管理条例》规定:“公路管理工作实行统一领导、分级管理原则;国道、省道由省、自治区、直辖市公路主管部门负责修建、养护和管理,县乡道路分别由县乡人民政府负责修建、养护和管理”。依据《条例》规定,全国各省、市、区都在根据自身的实际情况调整公路养护管理体制,逐渐形成了“统一领导,分级管理,管养一体”的公路养护体制,具体来讲又可分为以下两种情况:

1.“统一领导,分级管理;以条为主,条块结合”的管理模式

该模式对国省道干线公路实行垂直管理(又称条条管理),公路养护及管理工作直接在省交通厅和省公路局的领导下进行;对县乡公路实行块块管理,县乡公路的养护工作由各地县自行管理,条块结合,有张有弛。在“条条”管理模式下,整个公路养护部门的人、财、物由交通厅实行统一管理,因此该模式可以保证公路养护资金的稳定性、养护队伍的专业性,从而保证公路养护质量得到提高。但在这种模式下,县乡公路仅靠省公路养护计划的部分拨付和各自的小机费来支撑,这就存在养护资金不足的问题,就有可能影响公路养护质量。

2.“统一领导,分级管理;以块为主,条块结合”的管理模式

在该模式下政府交通主管部门对公路养护进行行业管理和业务指导,县、乡级政府以及村级社区分级负责具体实施。在实际操作中,“以块为主”的养护管理体制主要有两种形式,一种是公路养护单位直属于地市交通部门,另一种是公路养护单位分别隶属于地市、县交通部门管理。这种管理模式充分结合农村公路的公共属性以及路

网特点，采取公路的养护和管理由地方公路管理部门负责、行业管理及业务指导由省交通厅负责的方式，这有利于调动各级政府的积极性和主动性。但在实际工作中往往会出现由于管理主体不明、职责不清产生的扯皮现象，这使得养护资金得不到保障，进而影响公路养护质量。

3.“县道县养、乡道乡养、村道村养”模式

随着社会经济的发展，不少省（市）专门根据发展需要制定了农村公路建设、养护政策，但总体来看，我国公路养护管理体制发展进程中一直存在“重建设、轻养护，重干线、轻农村”的问题，将干线公路作为养护的重点，而对农村公路养护重视不够。随着农村公路建设的不断发展，这些问题暴露得越来越突出，原有的养护体制越来越不能适应农村公路养护的需要。这种背景下，20 世纪 90 年代后期不少省市开始探索农村公路养护管理的新模式，并在全国范围内逐渐形成了“县道县养、乡道乡养、村道村养”的农村公路养护模式。其中，作为干线公路组成部分的重要县道有省公路局或其下设的分局直接负责养护管理；一般县道及部分重要乡道由省公路局下属市、县交通局直接负责养护管理；乡镇政府或公路管理站负责乡道及部分重要村道的养护管理；村委会直接负责村道养护管理，见图 5-3。

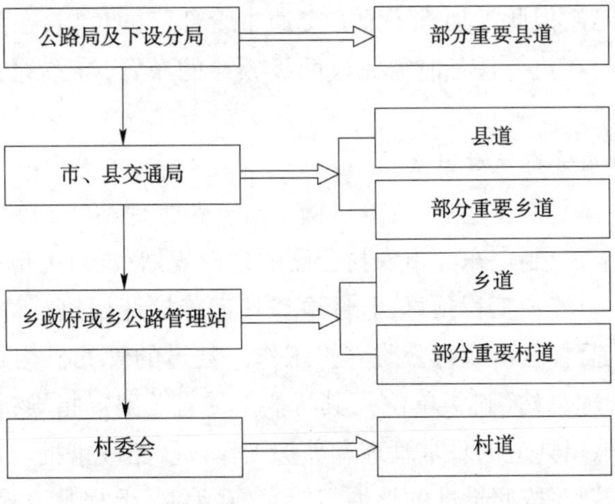

图 5-3　“县道县养、乡道乡养、村道村养”模式示意图

（二）我国农村公路养护管理体制存在的问题

1. 公路管理机构条块管理，归属不明确

省政府、省交通主管部门、省公路管理机构、市政府、市交通主管部门、市公共管理机构、县政府、县交通主管部门和县公路管理机构管理模式混乱，全国无统一规范，导致中央政策是一套标准，到地方执行是另一套标准，无法统一规范全国的执行效果，长此以往易造成国家出台的法令缺乏权威性和实效性，是政府内部机构设置管理问题，需规范地方政府的机构设置，明确地方政府的管理方式，在制定时能根据明确的客体情况进行规范和指导，确保中央政策的高效性。

其中机构设置中的首要问题就是条块管理，归属不明确。全国共有三种条块管理

模式:一是条条管理,地市公路管理机构属省公路管理局的派出机构,省公路局对地市公路管理机构实行人、财、物垂直管理;二是块块管理,省公路局只对地市公路管理局进行业务管理,地市公路管理局或管理处受同级交通局领导;三是条块结合,省级公路管理机构垂直管理地市级公路管理机构的计划和资金,人事归地方交通局领导。

2. 市级人民政府与市级交通主管部门传达方式不统一

对市级政府而言,其政府与交通主管部门的关系分为三种,有政府主导型、交通主管部门主导型和混合型。政府主导型以市级政府为中心,公共事务管理途径主要通过政府之间进行传达,再分配到各交通主管部门,人事财政主要由同级政府负责。此前提是上级交通主管部门只对市县级交通主管部门进行业务指导,此举有利于人民政府集中权利、规范流程,但不利于职能机构的任务下达效率。交通主管部门主导型,该类型的前提是职权范围仅限于交通管理,各市县交通主管部门作为其下层机构,省交通主管部门只需对省政府负责,直接对市县交通主管部门下发效力性文件,无需通过市政府的途径。此举有利用专业性政策快速下达、执行,但不利于地方政府对业务的统一约束力。政府和职能部门混合作用型,市县交通主管部门既听从于同级政府又听从上级主管交通部门。一方面保障了地方人民政府的管理权利,另一方面保障了职能部门的业务交流和指导;但此举加重了地方交通主管部门的负担,在具体工作计划时需同时请示两级领导,在执行任务时需完成两级领导的布置,导致地方交通主管部门的负担重、效率降低。

3. 县级人民政府实际主体缺失

县道的养护主体是市交通局,管养机构是市公路管理站。如东莞市交通局是县道的责任主体,负责审核、制定东莞市农村公路的建设规划;汇总上报和下达县道的养护计划,审核、批准县道养护工程预算,监督检查县道养护计划执行情况、资金使用情况和养护质量;指导、监督全市农村公路养护工作。县道的管养机构是市交通局下属的东莞市地方公路管理总站(科级单位),其行业上受省公路局指导,行政上受市交通局管理和监督,具体承担县道的日常管理和养护工作以及路政审批。负责拟定县道年度和月度养护建议计划并按照批准的计划组织实施,编制、上报县道养护工程预算,组织养护工程的招投标和发包工作,对养护质量进行检查验收,指导和监督各镇、村做好乡、村公路的管理和养护工作。

县级交通主管部门和乡镇成为实际养护主体。虽中央规定的县级政府主体明确,但若无实际性的保障措施,易导致一纸空文现象。在《农村公路管理养护体制改革方案》中明确规定,县级人民政府是本地农村公路管理养护的责任主体,其交通主管部门具体负责管理养护工作,所属公路管理机构具体承担农村公路的日常管理和养护工作。但仍有些地方农村公路养护责任主体不明确。在县、乡、村道的养护主体划分中,有的县(市、区)将县道养护责任主体归属县(市、区)交通局,乡道、村道养护责任主体归属乡镇;有的县(市、区)将县道和部分乡道的养护责任主体归属县(市、区)交通局,部分乡道、村道养护责任主体归属乡镇;有的将全部县道和乡道的养护责任主体归属县(市、区)交通局,村道养护责任主体归属乡镇。

4. 乡镇公路管理机构缺失

农村公路养护中有部分道路由交通主管部门进行养护,属于专业化养护,有一部分归属于乡镇村进行养护,乡镇村的养护由于经费缺乏和省事的考虑,并未对道路实行养护。在实际缺失主体的道路中,主要集中于部分乡道和多数村道,尤其是村道严重缺乏养护主体,因为《公路法》对县道、乡道公路的养护管理主体作了规定,但对村道养护管理的责任主体没有明确规定。由于村道公路至今未有明确定义、管理主体不明确,养护管理严重“缺位”。基层政府职责不清,导致部分乡镇认为乡、村道路建好以后,养管工作就是交通部门的事,没有把乡村公路的管养工作纳入正常的政府行政管理和公共服务的范畴,个别地方还出现损坏或破坏乡、村道路的现象。而且地方基层政府重建轻养现象也较为突出。没有正规的养护机构,缺少专业队伍从事农村公路管护工作。加上资金不足问题,很多乡镇“缺管”现象严重。

5. 机构设置名称不统一

现在农村公路养护管理体制形式多样化。县一级农村公路管理机构,有的县(市、区)设置在交通局,有的设置在县(市、区)公路段。乡(镇)级管理机构的设置各地不尽相同,甚至在同省、同市的机构设置也不一样,有的乡(镇)设置公路管理站,有的设置交通协管员,有的则无人专管。有些县级市,下辖的区域为乡镇,无县城,则市政府、市交通管理局为责任主体和实施主体。有些市县,专门设立农村养护办公室来负责农村养护工作的日常事务,而公路处主要负责路政管理。管养机构名称不统一。县一级的有设乡村公路管理办公室、农村道路及民间桥梁管理办公室、县乡道路养护科等。乡镇一级的有设交通管理站、镇村道路交通安全管理领导小组、村镇建设管理办公室等。乡镇公路管理机构人员编制多的有 4 ~ 6 人,少的 1 ~ 2 人,机构的设置与否,人员数量多少,主要取决于县、乡(镇)党委和政府的重视程度、地区经济条件的好坏及公路的使用状况。总之,从整体来看,有农村公路养护机构重叠、名称混乱等问题。相对于地方政府条块管理问题,县道、乡道和村道的管理机构归属问题,更直接相关于农村公路养护。当然地方政府的公路管理机构的条块问题,也在一定程度上导致县乡公路管理的机构混乱。

(三)我国农村公路养护管理体制改革

1. 我国农村公路养护管理体制改革总体目标

原有的农村公路养护管理体制导致了养护主体不明确、责任不落实,养护资金缺少稳定渠道、投入严重不足,养护机制缺乏活力、养护质量不高、养护效率较差等问题的出现,严重阻碍了农村公路的可持续发展。根据农村公路经济特性和我国公路交通发展实际,结合《农村公路管理养护体制改革方案》(国发办〔2005〕149 号),编者认为应建立“统一领导,分级管理,以县为主,管养分离,市场化养护”的农村公路养护体制。

确立以县级政府部门作为农村公路养护责任主体,交通运输主管部门负责农村公路养护管理工作,而养护生产交由市场完成。建议采用“以县为主、市场化养护”的农村公路养护管理体制,基于如下考虑:农村公路规模大、分布广,主要为农村经济和农民生活服务,其养护必须充分利用地方各级的人力、物力、财力和资源;“以县为主”的管理模式与农村公路网分布特性相适应,有利于调动各方力量共同管理养护农村公路。当然“以县为主”的养护体制也有其缺点,主要体现为纵向和横向的各级政府和管理机构管理职责难以划清,通过法律来明确各级政府、各级管理机构的职责,可以弥补。目标具体如下:

(1)确立养护责任主体。责任主体明确、各级政府部门职能清晰是农村公路养护得以落实的制度保障,本书提出的农村公路养护管理体制确立了以县为主的农村公路养护主体。为了与农村公路网分布特性相适应,各县(市)应根据实际情况,在乡(镇)级设立交通协管员,负责乡道、村道的养护质量监督、路面状况检查,使得乡道、村道有专人负责,以落实责任。

(2)稳定养护资金。在养护资金上,建立以政府投入为主的养护资金渠道,稳定农村公路养护资金投入,加强资金使用管理。不同地区,农村公路养护资金来源应有所差别,对于东部经济发达地区,农村公路养护资金渠道来源主要包括燃油税返还、省级政府财政安排、县(市)政府财政安排、乡(镇)政府财政安排、村财政安排等。对于中西部地区,由于经济落后,地方政府财政困难,除了燃油税返还、省级财政安排之外,应加大中央转移支付的力度,将中央转移支付作为养护资金的重要渠道之一。

(3)管养分离,养护市场化。提高养护质量、养护效率是农村公路养护体制改革的最终目的,这就要求事企分开、管养分离,推进养护市场化,培育和建立养护市场,通过市场机制实现人、财、物等养护资源的优化配置。

2. 我国农村公路养护管理体制改革指导原则

农村公路养护体制改革的最终目标是实现市场化养护,通过市场机制提高农村公路养护质量和养护效益。为了这样一个目标,在养护体制改革中应该遵循“建养并重、管养分离、监管到位、依法保障”的指导原则。

(1)建养并重。农村公路养护的滞后性很大程度上归咎于政府相关部门“重建设、轻养护”的错误思想,一些部门领导为了要政绩,大力发展公路建设而忽视公路的养护,甚至把养护费用也用于公路建设,导致了农村公路普遍严重失养现象的发生。要顺利推进农村公路养护体制改革,政府主管部门首先要消除认识上的误区,牢固树立“建设是发展,养护管理也是发展”的指导思想,充分认识养护工作的重要性,切实做到建养并重,保证农村公路养护工作的持续健康发展。

(2)管养分离。养护市场化是农村公路养护体制改革的方向,市场化养护就是要通过将市场经济中的竞争机制、激励机制、价格机制等引入养护工作中,达到提高养护质量、降低养护成本的目的。为此,必须逐步实现管养分离,将农村公路管理机构所属的适宜于市场化的养护作业单位(养护工区、养护段等)与管理机构相分离,并通过合并、重组等形式将其培育成为具有市场竞争力的“自我发展、自我经营、自我约束、自负盈亏、独立产权”的养护企业。

(3)监管到位。养护市场化实施过程中,政府交通主管部门不再负责农村公路的养护工作的具体实施,转而专门负责公路养护的行业管理、路政管理。为了维护养护市场的健康发展,其必须对养护市场准入、招投标、养护质量等方面进行监管,做到政府监管到位,保障农村公路养护市场的有序竞争、健康发展。

(4)依法保障。市场经济本质是法制经济,在农村公路养护市场化进程中,政府部门应该重视和加强有关法律法规、政策办法的制定,建立适合农村公路养护市场化的养护市场准入制度、招投标制度、公路养护工程管理办法、养护质量评价办法及检查制度,使农村公路市场化能够有章可循,有法可依,从而减少改革风险,保证改革目标的顺利实现。

3. 我国农村公路养护管理体制改革措施

(1)构建完整县级公路管理机构。

县道的管养主体应该是县级人民政府,由县交通主管部门执行。对于由市统管的情况,已经责令其下放到县级,市级根据省里计划对县级进行工作督察。财政有限和贫困的县,组织专项资金拨付给市级交通主管部门,责令其帮助县级交通主管部门组建完备的机构。并由市级进行考核,检查其县级机构的完善度,对市级交通主管部门领导追究领导责任。

(2)确保乡镇公路管理机构稳定性。

乡道的养护归属于乡镇政府更合理。在2005年印发的《农村公路管理养护体制改革方案》中进行相应的修改,明确乡道的责任主体是乡镇政府,以免出现和《公路法》相冲突、互相推诿情况。在政策确定乡道的管养主体后,需确保各乡镇机构至少有一个分管农村事务的乡镇领导和一名以上干事,可由农机管理站站长兼任官员,有条件的乡镇政府直接建立由乡镇政府领导的公路养护站,组织开展乡镇农村公路工作。在乡镇政府对农村公路的养护实施中以包干为主,实行路、林、桥涵包干管理,日常养护承包给沿线居民,养护工程实施小型招标,对职责进行上墙公示,通过建章立制,使管理有章可循。

第五节 公路养护技术

公路养护的一个主要目标就是为社会提供一个安全、舒适、快速和经济的运输通道。当一条新的公路建成之后,随着交通量的增加,道路表面在车辆轮胎的碾压下和自然因素的作用下(如温度、湿度的变化以及风化等),路表面的平整度、抗滑力等特性都在逐渐降低,出现辙槽、裂缝、剥落、搓板、拥包、坑洞以及泛油等路面损坏。这些都大大影响了道路使用的安全性、舒适性、经济性和通行能力,因此路面养护有着十分重要的现实意义。我们要根据不同的损坏原因、破坏程度及地质情况采用不同的技术方法。

一、预防性养护

随着中国公路事业突飞猛进发展,公路里程大幅度增加,有效缓解了公路交通运输的紧张状况,但也随之产生了一系列问题:高速公路建成后受交通量迅速增长、重型交通、严重超载、行驶渠道化及水损坏等影响,路面发生了不同程度的早期破坏,导致养护任务艰巨;高速公路里程的增加和使用时间的延长必然带来路面的不断损坏,导致养护工程量越来越大。预计今后一个时期内,中国的高速公路将由以建设为主转变为建设与养护并重,并逐步过渡到以养护为主。预防性养护作为最大限度地延长公路使用寿命,以路面为中心的综合处理体系,将使养护程序向前推进一步。探索高速公路预防性养护战略体系,全面开展实施路面预防性养护是中国高速公路可持续发展的迫切需要。

(一)水泥混凝土路面预防性养护

水泥混凝土路面具有强度高、耐久性好、日常养护工作量小等优点。然而,随着目前高速公路车辆超载现象日益严重,超载车辆给水泥混凝土路面造成了十分严重的破坏,水泥混凝土路面一旦损坏,修复非常困难,这必然会加大路面改造的难度和养护管理工作的繁重程度。因此,加强预防性养护将成为高速公路水泥混凝土路面养护管理的一项重要工作。

1. 养护基本要求

水泥路面养护,必须做好预防性、经常性养护,通过经常的巡视观察,及早发现缺陷、查清原因,不失时机地采取措施,以保持路面状况的完好。水泥路面在使用中,必须对其使用质量进行定期的调查评价,有计划地进行修理和改善,选用良好的养护材料。水泥应具有强度高、收缩性小、耐磨性强、抗冻性好等性能,以采用硅酸盐道路水泥和普通硅酸盐水泥为宜,其强度等级不应低于32.5MPa。接缝材料应选用黏结力强、回弹性能好、不渗水、抗嵌入能力强、高温时不流淌、低温时不脆裂、耐用且施工方便、价格低廉的材料。

2. 裂缝填封

裂缝填封就是将掺有聚酯或聚丙烯纤维的结合料或改性结合料灌入路面裂缝的一种措施。填缝通过阻止水和不可压缩材料进入路面结构,减少了水的侵蚀,减缓了裂缝扩展速率,降低了水对基层材料的浸透,从而达到了延缓路面破坏速率和延长路面寿命的目的。

3. 金刚石研磨

金刚石研磨是指用金刚砂刮刀刮掉路面的一层薄的混凝土。金刚石研磨主要用于恢复混凝土路面表层纵断面和改善行驶质量。通过金刚石研磨,可以改善路面行驶质量,消除接缝与裂缝断层以及由带钉轮胎造成的路面凹槽,恢复横向排水,改善路面的抗滑性能。

4. 传荷恢复

传荷能力的修复是指使用切割机在垂直接缝或裂缝处割出一条深至1/2板厚处的缝，然后将传力杆放入切好的缝中，最后将缝回填后再对路面进行金刚砂打磨。其目的是为了维修横向的裂缝和接缝，使之拥有更好的传荷能力，维持接缝水泥混凝土路面的性能，避免产生更严重的损坏。这项技术主要是恢复接缝和裂缝传荷的能力，因此对改善错台和提高结构承载能力具有重要意义。

5. 全深度修补

全深度修补是指对已经损坏的接缝或开口裂缝处的混凝土路面进行移除和替换的一种处理措施。混凝土修补包括荷载传递、路面增强以及对收缩缝和伸缩缝进行封缝处理。全深度修补可以恢复路面结构完整性，保持路面行驶质量，对减少水分进入路面结构内部和减缓路面损坏速率也有所帮助。

6. 钻孔压浆处治法

压浆是指将具有胶凝和固化性能的材料配置成浆液，用泵压设备将其灌入地基或裂缝内，黏结并固结，使板面与基层密贴，提高其承载力和刚度，延长板块的使用寿命。

7. 刻槽

当水泥混凝土表面出现局部性起皮、剥落、龟裂、麻面、露骨、松散等破损时，可在路面板表面凿除破损，而后在上面作薄层表面处治，采用刻槽机器按照设计要求在磨光路面表面有序刻槽，最后清扫刻槽后的粉尘。

（二）沥青混凝土路面预防性养护

沥青混凝土路面由于具有良好的力学性能、较好的耐久性和行车舒适性，是我国等级公路的主要路面形式。但是，在经受繁重的轴载负荷和密集交通量反复作用的同时，沥青路面还要常年经受气候、环境的影响，导致路面使用品质呈逐年下降趋势，因此延缓病害发展，延长路面使用寿命，保持较好的路面使用品质，降低公路养护成本是公路沥青路面养护管理的首要的和主要的任务。

1. 沥青路面预防性养护时机确定

预防性养护的经济性和有效性在很大程度上取决于采取预防性养护措施的时机，预防性养护是在路面还处于良好状况下，路面外观没有表现出多少破坏或路面仅仅有某些破坏的前期征兆时而采取的行动措施（此时进行预防性养护的效益最好）。目前常用的路面大、中修或重建时机决策方法主要针对的是明显的路面破坏，这对于预防性养护来说，不一定适合。因此，预防性养护时机的确定尤为重要。

2. 沥青路面预防性养护措施

（1）雾封层。

雾封层属于预防性养护措施。其原理就是将雾状的乳化沥青或专门的防护再生剂喷洒在旧的沥青混凝土路面上，目的是改善路面封层防水效果，封补小的裂缝孔隙，同时改善路面的表观性能，提高路表的抗老化能力。雾封层施工采用专业喷洒设备或人工喷洒工具有压力地进行喷洒，所使用的材料一般为乳化沥青、防护再生剂或其他专利材料和水，有需要时会添加一定比例的添加剂。雾封层适用于乳液能够渗透的路面，在老化和松散的热沥青混合料的路面、碎石封层表面、开级配或大孔隙沥青路面上实施雾封层是可行的。在路面产生坑洞、基础出现破坏及其他一些严重的病害情况下是不适用的。

(2)还原剂封层。

还原剂封层预防性养护技术通常应用在沥青路面老化严重的路段上，还原剂封层就是将专门的还原剂或再生剂通过一定的技术手段喷洒在已经老化的沥青路面上，其目的是更新和还原表面已经发生老化的沥青膏体，同时保护尚未被老化的那部分沥青，使其维持原有性能，减缓老化的时间，是一种常用的预防性养护技术。

(3)碎石封层。

所谓同步碎石封层就是采用专用设备即同步碎石封层车及黏结材料(改性沥青或改性乳化沥青)同步铺洒在路面上，通过自然行车碾压或轮胎压路机碾压形成单层沥青碎石磨耗层。沥青路面经过同步碎石封层处理后，使路面具有良好的抗滑性能和防渗水性能，能有效治愈路面贫油、掉粒、轻微网裂、车辙、沉陷等病害，因而主要用于道路的预防性养护和修复性养护。

(4)稀浆封层、微表处。

稀浆封层技术从20世纪80年代开始在我国研究应用，目前较广泛地应用于普通公路养护和公路下封层工程。稀浆封层即为采用机械设备将乳化沥青、粗细集料、填料、水和添加剂等按照设计配比拌和成稀浆混合料摊铺在原路面上形成的薄层。按照矿料级配的不同，稀浆封层可分为细封层(Ⅰ型)、中封层(Ⅱ型)和粗封层(Ⅲ型)，分别以ES-1、ES-2、ES-3表示；按照开放交通的快慢，稀浆封层可以分为快开放交通型稀浆封层和慢开放交通型稀浆封层；按照是否掺加了聚合物改性剂，稀浆封层可以分为稀浆封层和改性稀浆封层。现阶段我国稀浆封层主要适用于二、三、四级公路沥青路面的预防性养护罩面和新建或改建各等级公路(包括高速公路)的下封层。

微表处技术是近年来在稀浆封层基础上开发的。微表处即采用专用机械设备将聚合物改性乳化沥青、粗细集料、填料、水和添加剂等按照设计配比拌和成稀浆混合料摊铺在原路面上，并很快开放交通的具有高抗滑和耐久性能的薄层。按照矿料级配的不同，微表处可分为Ⅱ型和Ⅲ型，分别以MS-2和MS-3表示。微表处广泛适用于高速公路和一、二级公路的沥青路面的预防性养护罩面，沥青路面的车辙修复，水泥混凝土路面、水泥混凝土桥面、水泥混凝土隧道道面罩面以及新建或改建高速公路和一、二级公路的沥青路面、水泥混凝土桥面的表面磨耗层。

(5)复合封层。

沥青复合封层是由碎石联结层、改性乳化沥青透层、同步(异步)乳化沥青碎石封层、稀浆封层或者微表处结构层等一系列功能层组合而成的复合结构，总厚度2～3cm。复合封层为一个独立的组合结构层，稀浆封层与碎石封层结构互相嵌挤，内部各层之间无明显界面。

(6)薄层罩面。

薄层罩面的结构可分为两个层次:表面磨耗层和黏结防水层。表面抗滑磨耗层提供一个安全、舒适、耐久的行驶表面,恢复路面的表面功能,提高路面的抗滑性能,改善路面的平整度。黏结防水层能够保证薄层罩面与原路面结合紧密,防止雨水下渗,适度延缓旧沥青路面的反射裂缝。

薄层罩面的主要特点:可以有效防止下渗水的破坏,具有更好的防水损坏性能;独特的断级配混合料能更有效地降低路面噪声,减少水雾;具有更高的抗滑性能,更好的排水性能,雨天行车安全性好;施工效率高,年施工期长,开放交通时间快;在一定范围内校正表面缺陷,提高路面平整度;必要时需对原路面进行铣刨处理。

(三)桥梁预防性养护

桥梁预防性养护即通过对桥梁进行检查,拓宽人们对于桥梁早期病害的认识空间,提前发现桥梁中存在的隐形病害或预测桥梁可能出现的病害,在桥梁构件仍处于良好状态而且出现可见性退化之前,为了控制病害的发生或延缓病害的进一步扩展,在不增加结构承载力的前提下,针对各种病害,施以正确的预防性养护措施,使桥梁的总体功能状况得到改善,桥梁的服务水平得到提升。

1. 桥梁预防性养护内容和要求

桥梁预防性养护的内容主要包括:桥面铺装、排水系统、人行道、栏杆、护栏、伸缩缝、桥跨结构、墩台基础、锥坡等实施的检查、保养、维修。

桥梁预防性养护的要求:

(1)桥涵外观整洁,桥面铺装平整,排水系统顺畅,结构完好,附属设施齐全。

(2)应有应对洪水、泥石流等灾害的预防措施和应急措施。

(3)对桥梁实施养护时,应保证车辆和行人的安全通行,注意环境保护。

(4)加大桥梁检查的力度,定期对桥梁技术状况进行调查,及时发现缺陷、损坏等异常情况,系统地掌握其技术状况,建立科学的评价系统,制订相应的养护对策。

(5)对于不同的季节、不同的设施采取不同的预防性养护措施。

(6)系统地收集桥梁技术数据,建立桥梁数据库。

(7)建立和健全完整的桥梁技术档案。

2. 常见的桥梁预防性养护技术

常见的桥梁预防性养护技术及其适用性见表5-4。

桥梁预防性养护适用性　　表5-4

技术种类	适用条件	预处理
伸缩缝更换	原有伸缩缝失效	清除原伸缩缝
裂缝填封	混凝土表面出现细微裂缝(0.1mm左右)	裂缝边缘清理
修补表面缺陷	混凝土表面麻面、局部空洞等	缺陷表面清理、凿除

续上表

技术种类	适用条件	预处理
碳纤维加固	混凝土局部抗拉强度不足	缺陷处凿除
粘贴钢板加固	混凝土局部抗拉强度不足，或提高几个构件间的协同受力效果	对加固构件进行卸荷
加大截面加固	混凝土局部受压强度不足	表面凿毛

(1)伸缩缝更换。

当伸缩缝功能不能满足使用要求，严重缺损、失效，维修困难时，进行伸缩缝更换，更换伸缩缝应满足结构变形的要求。

伸缩缝更换施工步骤：准备工作→预留槽口→伸缩缝的安装就位与锚固→伸缩缝过渡段混凝土浇筑→养生。

(2)裂缝填封。

裂缝填封常用的方法有表面封闭修补法、树脂灌注法、无扩张裂缝封闭技术、化学压力灌浆法等。

①表面封闭修补法。表面封闭修补法是在微细裂缝的表面涂抹树脂保护膜，通过密封裂缝表面防止水分、二氧化碳以及氯离子等有害介质侵入混凝土内，提高混凝土的耐久性。

②树脂灌浆法。环氧树脂是最常见的裂缝灌注材料。它具有较高的机械强度，并能抵抗混凝土所遇到的大多数化学侵蚀，树脂可以灌入到0.05mm的裂缝中。除某些特殊的环氧树脂之外，当裂缝是活动的、有渗漏的、不能干透的或者裂缝数量极多时，通常不宜采用树脂灌注法。

③无扩张裂缝封闭技术。无扩张裂缝封闭技术用于早期裂缝的处理，用高强环氧树脂系胶结剂配合定量的特种水泥配比成黏稠状的修补胶剂，此种胶剂可快速附着于裂缝表面并对裂缝表层进行有效的渗透，修补后裂缝无扩张、无发展并阻断空气和水分进入裂缝深处，达到修补的目的。

④化学压力灌浆法。化学压力灌浆法是一种有效的修复结构构件裂缝的方法，能将混凝土结构恢复到使用初期的整体状况，在很大程度上使结构强度得到恢复。

施工工艺流程：裂缝处理→埋设灌浆嘴→封缝→封缝检查→配制浆液→灌浆→封口处理→质量检查。

(3)表面空洞填充处理法。

表面空洞填充处理法是对于混凝土浇筑质量不合格造成表面空洞时，为保证桥梁质量所采取的方法。

表面空洞填充处理法的步骤：准备工作→混凝土表面清理→空洞内锈蚀钢筋除锈→灌注环氧砂浆填充→养护→验收。

(4)碳纤维加固技术。

碳纤维加固技术是利用黏结剂将碳纤维增强复合材料粘贴到混凝土表面，与混凝土变形协调,共同受力,提高了混凝土构件的承载能力和刚度。

碳纤维加固技术施工工艺:施工前的准备工作→混凝土表面处理→清洗基面→配制底层树脂并涂刷→配制找平材料并整平→配制黏结树脂→粘贴碳纤维→罩面防护处理。

(5)粘贴钢板加固技术。

粘贴钢板加固技术是用环氧树脂系列黏结剂将钢板粘贴在钢筋混凝土结构物的受拉缘或薄弱部位,使之与原结构物形成整体共同受力,以提高其抗弯、抗剪能力及刚度,改善原结构的钢筋及混凝土应力,限制裂缝的进一步发展。

粘贴钢板加固技术施工工艺:表面处理→配制黏结材料→涂胶和粘贴→固定与加压→固化→检验→防腐处理。

(6)加大截面加固技术。

加大截面加固技术,是通过增大混凝土构件的截面和增加配筋,提高构件的强度、刚度、稳定性和抗裂性,也可用来修补裂缝。

加大截面加固技术施工工艺:混凝土表面处理→卸荷→植入新增钢筋→原钢筋处理→新钢筋与原钢筋焊接→支模板→浇水湿润→浇筑混凝土或灌浆料→养护。

二、再生养护技术

(一)沥青路面热再生技术

根据沥青再生和回收协会(Asphalt Recycling and Reclaiming Association)的定义,热现场再生(HIR)包括三种基本方法:加热翻松、重新铺面及重新拌和。三种方法都可以加入再生剂复苏已老化的沥青胶结料,但新鲜集料只用于重新铺面和重新拌和方法中。

1. 表面翻松的方法和设备

此种方法适用于基层稳定且有足够强度的沥青路面。虽然翻松深度可达50mm以上,但一般处理深度都在20~25mm。表面翻松的主要目的是消除表面不规则和裂缝。也可以用于恢复路表面的线形、坡度和横断面以保证排水。此种方法能有效地消除反射裂缝。该方法的设备包括一个预热装置,一个加热和再生装置,以及一台轮胎压路机。预热装置将旧沥青路面加热,加热和再生装置对旧路面进一步加热,并以一套非旋转齿翻松路面,然后喷洒再生剂。用标准螺旋器将旧路面和再生剂一起拌和,然后以熨平板整平。最后用轮胎压路机压实。该法一般无需加入新鲜集料。

经翻松再生后的路面需加铺表面磨耗层,加铺时间可以在再生后立即进行或过段时间进行。

2. 重新铺面方法和设备

重新铺面方法也是表面再生的一种,在再生的同时摊铺新的热沥青混合料,在再生面层与新面层之间形成热黏结。该法可用于修正原路面大于25~50mm深度范围内的路表面缺陷。此种方法可以消除轻微的车辙、收缩裂缝和松散等破坏。当表面翻松方法不能有效地恢复路面的表面使用要求，或常规热拌沥青罩面不适用或无必要时，重新铺面方法是非常有用的。与常规热拌沥青罩面摊铺厚度大于25mm相比，在重新铺面过程中摊铺很薄的罩面层(12mm)则是以较低的成本获得了性能优良、表面抗滑的沥青路面。

重新铺面法多面层和单面层摊铺方法主要包括下列步骤：预热，加热、翻松或铣刨，添加、拌和再生剂，摊铺再生后的混合料作为整平层，最后摊铺热沥青磨耗层。在单面层重新铺面方法中，常使用两套熨平板，一套熨平板用于刮平翻松后的沥青混合料，另一套用于整平新沥青罩面层。

3. 重新拌和方法和设备

重新拌和再生法包括以下步骤：①对表面深度40～50mm范围内的路面加热；②翻松、收集已软化的路面材料并将其送入料斗；③向拌和锅中加入新鲜集料和再生剂(如需要，可加入新鲜沥青混合料)，使之与旧材料充分拌和；④将再生后的沥青混合料均匀摊铺。当重新铺面法不能有效恢复路面应有性能时，要求另外加入新鲜集料或新鲜热拌沥青混合料，以保证路面的强度和稳定性。此再生法能有效消除路面表面50mm内的车辙、开裂和氧化(变硬)。

此方法与加热翻松法、重新铺面法的主要不同之处在于：再生过程中加入了一定量的新鲜集料或热沥青混合料，这些新鲜材料是从前方的运输车辆卸入再生设备的拌和锅中。重新拌和法一般只用到16～30kg/m^{2}的新鲜材料，因此，与常规沥青混合料罩面相比，需要较少的运输车辆，从而缩短了道路关闭时间，降低了对公众的干扰。

(二)沥青路面冷再生技术

1. 乳化沥青冷再生技术

乳化沥青冷再生沥青混合料宜采用优质阳离子乳化沥青，铣刨回收的再生沥青路面材料(RAP)的质量好坏直接决定着乳化沥青冷再生混合料的使用性能。首先RAP料应不含杂草和泥土、淤泥等有害物质，以及易碎颗粒，根据ASTM的要求，有害物质含量不宜超过0.2%，砂当量控制值为60%。RAP料铣刨回收后应进行二次破碎和筛分，使其达到生产所需的尺寸和级配。同时，在拌和场堆放时应对较小粒径材料采取覆盖措施，控制其含水量不大于3.0%。乳化沥青冷再生混合料一般选用水泥作为添加剂。水泥可以采用普通硅酸盐水泥、矿渣硅酸盐水泥、火山灰质硅酸盐水泥等，禁止使用变质水泥；宜采用32.5级以上水泥，初凝时间3h以上，终凝时间不小于6h。

2. 泡沫沥青冷再生技术

泡沫沥青冷再生技术主要用于旧沥青路面材料的再生利用，适用于各等级公路沥青路面的大修、改扩建工程。可用于高速公路、一级公路和二级公路沥青路面的下面层及基层，三、四级公路沥青路面的上面层。城市道路的大修与改扩建工程可参照执行。

(三)水泥混凝土路面再生技术

水泥混凝土路面具有强度高、刚度大、荷载扩散能力强、稳定性好等特点，与沥青路面相比，其施工简单、取材方便、性价比高。因此，在我国高等级公路、干线公路，尤其是地方道路得到广泛应用,但其致命弱点是损坏后修复困难。由于路基、路面受力体系的特殊性,传统的修补方法或加铺技术已不能很好地解决旧路面面临的复杂结构问题。在路面维修处理中,往往是投入大、成效小,存在环境影响、交通干扰、工效低、经济性差和社会影响大等严重问题。

水泥混凝土路面破损后的影响:

(1)路面平整度降低,影响行车舒适性。

(2)削弱公路整体强度,诱发其他病害。

(3)面板渗水,导致路基毁损,缩短公路使用寿命。

(4)路面坑洼不平,影响车辆操纵性和行车安全。

1. 碎石化再生利用技术优点及意义

碎石化再生技术的优点有清除水泥混凝土路面、分离路面中的钢筋,通过完全破坏原有板块来更有效地消除沥青覆盖层中的反射裂缝,提高加铺路面的可靠性和耐久性等。

水泥混凝土碎石化再生利用技术符合节约型社会的发展需要,工程造价低。经过碎石化技术改造的旧水泥混凝土不需清除,可以直接用作新路的基层,既节约了基层的材料,又节约了资金,减少了浪费,符合国家可持续发展战略决策;符合环境保护的发展需要。经过碎石化改造的水泥混凝土不需清除,避免了大量白色垃圾的产生,避免了沿途植被的破坏,有利于保护沿途的生态平衡;符合以人为本的理念,与传统的旧路改造技术相比,具有施工周期短、交通封闭时间短的优点,把对人们通行的影响减小到最低程度。

2. 应用范围

碎石化再生技术的应用范围主要有对普通水泥混凝土路面的改造、高等级水泥混凝土路面的改造、港口码头水泥混凝土地面的改造、飞机场水泥混凝土跑道的改造、广场水泥混凝土地面的改造。

3. 加铺路面结构组合确定

旧水泥混凝土碎石化后一般采用沥青混凝土。如果采用水泥混凝土路面,则需要将碎石化层作为底基层,然后加铺适当的无机结合料稳定层或以沥青为黏结剂的封层。

沥青加铺层可能采用如下四种方式:

(1)直接加铺上、中、下面层的沥青混凝土。

(2)加铺沥青稳定碎石基层(主要是开级配沥青碎石基层),然后采用两层面层的形式。

(3)加铺抗疲劳层后,再加铺沥青面层。

(4)加铺无机结合料稳定类基层,然后加铺沥青面层。

上述四种基本沥青路面加铺结构分别将碎石化层作为:基层和底基层。无论何种结构,与碎石化层相接的结构层底面的拉应力或拉应变都是关键的控制因素。前三种结构相对而言更充分地利用了碎石化层的强度，将其作为承重的主要结构层，承担传递自面层的竖向荷载。

4.路面破碎及再生利用技术方案

要彻底解决旧水泥路面问题，最有效的方法就是完成路面结构的改造，即变“白色路面”为“黑色路面”。在白色路面黑色化过程中必须解决以下三个问题：路基层的稳定性；防裂纹反射；新铺结构层间弹性模量的合理匹配。

旧水泥混凝土路面的破碎方法和再生利用技术，为水泥混凝土路面的改造提供了更为简便、高效、环保、可靠、经济而又有效的手段。

(1)锤式破碎法。

锤式破碎技术也叫多锤头碎石化技术，它是采用多个重锤反复冲击打碎面板，将路面分层打裂成大小均匀的块径。这种技术破碎后的路面，可形成上面层较小，中面层稍粗，底层粒径较大的嵌挤结构。就地破碎，工艺简单，一次成型。完成破碎后，再通过“Z”型压路机压稳，形成平整、稳固的基层结构。路面通过破碎和冲击压实后既能满足基层强度要求，又可消除反射裂缝，为新铺面层提供了理想的基层结构。

HB 碎石化施工工艺流程如下：

试破碎→试坑检查→确定破碎工艺→破碎施工→“Z”型压路机压实→钢轮压路机压实→撒布透层油→撒布石屑及碾压→改性沥青混合料施工。(撒布透层油→撒布石屑也可用稀浆封层)

(2)板式破碎法。

板式破碎技术也称门板式破碎技术，它是采用门板式重锤将水泥面板打裂成规则的方块，经胶轮压路机压稳后形成块状嵌挤状态。通过调整破碎间隙控制块状尺寸大小。该破碎法工艺简单、一次成型，压稳后的路面作为路基稳固坚实，既能满足基层强度，又可消除反射裂缝。PB2500-2 破碎后的路面，根据弯沉值和模量指标，设计合理的面层加铺结构。

PB 破碎施工工艺流程如下：

试验破碎→打裂检查→确定打裂压稳工艺→打裂→压路机压稳→撒布透层油→沥青混凝土加铺层施工。

碎石化再生利用技术采用机械施工方法，将旧水泥混凝土路面就地破碎并再生利用。既解决了传统旧水泥路改造中的交通干扰、环境污染、资源浪费、高成本、低效率等缺陷，又解决了水泥路面改造后容易出现反射裂缝的技术问题，施工工艺简单、操作方便。

第六章 公路路政管理

第一节 路政管理相关政策法规

一、路政管理政策法规的表现形式和效力

公路路政管理的依据是相关的政策法规,公路路政管理的法律依据比较广泛,其表现形式主要是宪法、法律、行政法规、地方性法规、自治条例、单行条例、规章、法律解释、国际条约和国际协定等。

1. 宪法

宪法是国家根本大法,由国家最高权力机构即全国人民代表大会制定。宪法是制定其他一切法律法规的依据,具有最高的法律地位,其他法律、法规和规章都不得与宪法相抵触。许多法律、法规的规定就是宪法条纹的具体化。

2. 法律

法律有广义和狭义之分。“法律面前人人平等”,这里指的是广义法律,即凡是法律规范都称为法律。狭义的法律,仅指全国人民代表大会及其常务委员会制定的法律。法律还可以分为基本法律和一般法律。前者由全国人民代表大会制定,如《行政诉讼法》《行政处罚法》《行政复议法》《行政许可法》《行政强制法》《国家赔偿法》等,后者由全国人大常委会制定,如《公路法》《道路交通安全法》等,法律效力低于宪法,但高于行政法规、地方性法规和规章。

3. 行政法规

行政法规是由国务院制定的。它是有关行政管理方面的专门性法律规范,行政法规是专门规范行政管理行为的,支配行政执法关系的,是行政执法依据的重要组成部分。行政法规的效力低于宪法、法律,但高于地方性法规和规章。如:国务院颁布的《公路安全保护条例》《道路运输条例》《收费公路管理条例》等。

4. 地方性法规

地方性法规是地方人民代表大会及其常务委员会制定的。但不是所有的地方人民代表大会及具常务委员会都可以制定。根据宪法和地方组织法的规定,省、自治区和直辖市的人民代表大会及其常务委员会,省、自治区政府所在地的市人民代表大会及其常务委员会,经国务院批准的较大的市人民代表大会及其常务委员会这三个层次有权制定。地方性法规涉及地方政治、经济、社会、文化等各个方面,其中大部分涉及

地方行政机关的职权和执法方式等,是交通行政执法依据的重要形式,如:《山西省高速公路管理条例》《道路货物运输管理条例》等。地方性法规规章的效力低于宪法、法律和行政法规,不得与它们抵触,而且地方性法规只在本行政区域内有效。

5. 自治条例和单行条例

根据宪法规定,民族自治地方(包括自治区、自治州、自治县)的人民代表大会有权依照当地民族的政治、经济、文化的特点制定自治条例和单行条例,自治区的报全国人大常委会批准后生效,自治州、自治县的报省级人大常委会批准后生效。自治条例和单行条例的效力相当于地方性法规的效力。在自治条例和单行条例中有相当一部分是行政执法依据,但自治条例和单行条例仅限于本地区内施行。

6. 规章

规章分为部门规章和地方政府规章两类。

部门规章由国务院部、委、局制定。一般以部长、局长令形式发布实施,如交通运输部颁布的有关交通执法规定:《交通行政处罚程序规定》《交通行政执法监督规定》《交通行政复议规定》《交通行政许可实施程序规定》《交通运输部关于规范交通运输行政处罚自由裁量权的若干意见》等;执法管理:《交通行政执法人员资格管理办法》《公路监督检查专用车辆管理办法》《交通运输行政执法证件管理规定》《交通行政执法年度工作报告制度》《交通行政赔偿案件备案审查制度》《交通行政执法重大行政处罚决定备案审查制度》等;执法监督:《交通行政许可监督检查及责任追究规定》《交通行政执法错案追究制度》《交通运输行政执法评议考核规定》等;路政管理:《公路路政管理规定》《超限运输车辆行驶公路管理规定》《公路超限检测站管理办法》等;道路运输:《道路货物运输及站场管理规定》《道路危险货物运输管理规定》《道路大型物件运输管理办法》等。

地方政府规章是由省、自治区、直辖市政府,省和自治区政府所在地的市政府以及经国务院批准的较大的市政府制定的,如:《山西省行政复议调解和解办法》《山西省治理车辆非法超限超载工作责任追究办法》《山西省道路货物运输源头治理超限超载暂行办法》等。一般以省长、主席、市长令形式发布实施。规章是有关行政管理的专门性法律规范,它在整个行政执法依据中占较大比重,规章的效力低于宪法、法律、行政规章和地方性法规。规章均应公开发布与实施,部门规章之间、部门规章与地方政府规章之间具有同等效力,在各自的权限内施行对同一事项的规定不一致时,由国务院裁决。

7. 法律解释

法律解释是指法律规范的说明和补充,法律解释有正式解释与非正式解释之分。正式解释具有法律效力,非正式解释不具有法律效力,如:学理解释、做任意解释等。正式解释可分为四种:

(1)立法性解释,是有关法律规范的内容含义和需要明确适用法律依据的解释。立法性解释包括全国人民代表大会常务委员会对宪法和法律的解释,以及有立法权的人民代表大会对政府自治条例和自己制定的法律规范的解释。

(2)司法性解释,是有关审判和检察工作中具体应用法律问题的解释,包括最高人民法院和最高人民检察院的解释。

(3)行政性解释,是有关地方性法规和地方政府规章的解释,包括法条内容和具体应用的解释。分别由地方人民代表大会及其常务委员会对自己制定的地方性法规(包括自治条例和单行条例)进行解释,由地方政府及其所属的行政主管部门对本级人民代表大会及其常务委员会制定的地方性法规(包括自治条例和单行条例)的具体应用问题进行解释,以及由地方政府对自己制定的规章内容含义的解释。

8. 国际条约和国际协定

我国批准参加的国际条例和国际协定,除声明保留的条款外,也属于我国的法律规范。国际条例、国际协定中有一部分涉及行政机关的管辖权、行政机关与公民之间的权利义务关系等,也属于行政执法的依据。WTO 规则也属国际协定,但要转为国内法来适用。

二、公路交通行政执法依据的适用原则

1. 有法必依原则

有法必依原则为执法依据的适用原则,主要有三方面内容:一是法律、法规、规章有明确规定事项,交通行政执法机关及其工作人员必须严格依照规定执行,不能以任何借口予以变通或改变;二是法律、法规、规章虽然没有明确的规定,但从相关的法律、法规和规章中,已体现了某种确定的立法精神和原则,交通行政执法机关及其工作人员也必须遵守;三是法律、法规、规章等表现形式不一,层次效力不同,只要其中某种形式有所规定,且与高层次的法律规范不相抵触,就可以作为交通行政执法依据执行,不能借口效力层次的高低或表现形式的不同而不予以执行或不予坚决执行。

2. 实体法与程序法并重原则

实体法是实现行政目标的依据,而程序法是实体法得以正确执行的保证。在交通行政执法过程中,不仅要重视实体法的贯彻实施,同时也要严格遵守程序法,程序法与实体法有着相同的法律地位,违反程序法与违反实体法同样都是违法,都可以导致实体执行法的无效。目前,我国尚未有一部专门的《行政程序法》,有关程序规定,除《行政处罚法》对行政处罚做了一些程序上的规定外,大多数实体法并存于同一法律规范中,还有一些散见于其他规定之中。但是,不管属于哪种情况,只要有程序性规定,而且不与上位法相抵触,交通行政执法机关在行政执法活动中就必须予以严格遵守。

3. 下位法服从上位法原则

下位法服从上位法原则,是指当不同效力的执法依据对同一问题的规定不一致时,交通行政执法机关及其执法人员应当执行效力层次较高的执法依据,而不执行效力层次较低的执法依据。

法制统一是我国社会主义法制的基本原则之一,下位法服从上位法原则是维护法

制统一原则的具体要求。在立法过程中，由于立法机关受诸多因素的影响，有时会出现下位法与上位法相抵触的情况，这时就要按此原则来正确适用执法依据。

4. 后法优于先法原则

后法优于先法的原则，是指同一机关就同一问题制定的两个或两个以上的执法依据，如果前后发生抵触，应该执行后颁布实施的法律依据。在立法过程中，相关的法律、法规、规章之间有时会出现不一致的情况，如果后法在颁布的同时，废止了前法中的不同规定，这样就不会出现矛盾。如果后法中没有提及前法中的相关规定，而且前法又没宣布废止，就需要以后法优于前法的原则来处理这一问题。需要特别提出的是，后法优于前法是有条件的，即后法与前法是同一机关制定并颁布的，如果后法的制定机关在立法权能上低于前法的制定机关，则不能适用这一原则。在实际工作中，有的地方曾出现政府办事机构发文废止本级政府规章或废止规章中的某些内容的情况，应当说这种废止是无效的。还应指出的是，前法被废止后，原则制定的与此配套实施的法律范围也应停止执行。

第二节　路政管理的性质、内容与机构

一、路政管理的概念

路政管理，是指县级以上人民政府交通主管部门或者其设置的公路管理机构，为维护公路管理者、经营者、使用者的合法权益，根据《中华人民共和国公路法》及其他有关法律、法规和规章的规定，实施保护公路、公路用地及公路附属设施（以下统称“路产”）的行政管理。

路政管理的主体是县级以上地方人民政府的交通主管部门。公路管理机构通过政府交通主管部门委托或地方法规授权行使公路管理、监督职责。各级地方人民政府对路政管理工作负有领导责任。

路政管理应遵循“统一管理、分级负责、依法行政”的原则。

二、路政管理的目的

《中华人民共和国公路法》（以下简称《公路法》）第一条规定：“为了加强公路的建设和管理，促进公路事业的发展，适应社会主义现代化建设和人民生活的需要，制定本法”。第四十三条第2款规定：“县级以上地方人民政府交通主管部门应当认真履行职责，依法做好公路保护工作，并努力采用科学的管理方法和先进的技术手段，提高公路管理水平，逐步完善公路服务设施，保障公路的完好、安全和畅通。”《公路安全保护条例》第一条也规定：“为了加强公路保护，保障公路完好、安全和畅通，根据《中华人民共和国公路法》，制定本条例”。

上述法律法规体现的公路路政管理的目的如下：保护公路路产、维护公路路权，保

证公路的完好、安全和畅通,促进公路事业健康有序地发展,充分发挥公路作为国家重要的基础设施的社会功能与经济作用,更好地为国家经济发展、社会文明和人民生活服务。

三、路政管理的内容

路政管理的内容主要包括保护路产、维护路权、维持秩序、保护权益四个方面。

1. 保护路产

公路路产受国家法律保护。公路路产是指公路财产,主要包括公路、公路用地和公路附属设施等。公路附属设施是指为保护、养护公路和保障公路安全畅通所设置的公路防水、排水、养护、管理、服务、交通安全、渡运、监控、通信、照明等设施和设备以及专用建筑物、构造物等。保护路产完好,保障公路畅通,是路政管理最主要任务,主要体现在以下两个方面。

一是禁止直接危害公路、公路用地和公路附属设施的行为。这些行为包括:在公路、公路用地范围内设置电线杆、变压器、地下管线及其他类似设施,设置棚屋、摊点、维修场及其他临时性设施,堆放垃圾、建筑材料及其他类似堆积物,挖掘、采矿、取土、引水灌溉、排放污水、种植作物、烧窑、制坯、沤肥及其他类似作业;在公路大中型桥梁和渡口周围200米、公路隧道上方和洞口外100米范围内采挖砂石、淘金开矿、修筑堤坝、压缩或拓宽河床、烧荒、刷坡、爆破、取土、伐木等类似作业,倾倒垃圾、污物,堆放或倒运货物,停泊船只、排筏或其他类似活动。

二是限制可能对公路、公路用地和公路附属设施造成危害的行为。这些行为包括:在公路两侧一定范围内从事开山、采矿、伐木等施工作业;超限运输(即车辆在公路上行驶时所载物品超高、超宽、超长或超重);把公路作为试验汽车制动性能的场地;因其他工程需要临时占用或挖掘公路、公路用地和巩固附属设施,在公路两侧建筑控制范围内修建永久性构造物或设施等。在遇有上述情况时,有关部门必须事先报经公路路政部门批准,必要时采取相应防护措施。否则,公路路政管理部门有权予以制止、取缔。

2. 维护路权

公路路权是指公路路产的所有权、经营权和管理权。主要表现为交通主管部门对公路路产拥有的行政管理权。维护路权是指保护公路路权不受侵犯。主要包括:控制公路两侧建筑红线;会同土地管理部门明确公路用地、留地以及附属设施用地的用地界线及土地使用权,并登记造册;审理跨越公路的各种管线和渠道修建方案;审定公路路产的产权变更,如县道、乡道和其他等级公路升级正式列入公路养护的审定;确定废弃公路的产权归属,如公路改建、扩建时,对旧路产权变更的审定;建立并维护公路路产档案等。

3. 维持秩序

维护公路的正常秩序是路政管理的基本任务之一。主要体现在维持公路渡口和公路建设、养护等工程施工作业现场的正常秩序，清理公路沿线的马路市场、摆摊设点、各种非公路标志标牌等影响公路秩序的行为，以及公路外部行政管理的正常秩序等公路行政职权。

4. 保护权益

保护权益是指保护公路管理机构、路政管理机构、公路经营公司、养护作业单位的合法权益，以及保护公路养护施工作业人员、公路管理人员从事生产、执行公务时的合法权益，保护公民、法人和社会组织依法享有的使用公路的权益，并包括因此而产生的一些行政行为等。如：办理有关路政复议案件；依法参加有关路政案件的诉讼活动；治理有关部门和个人在公路上乱设卡、乱收费、乱罚款的“三乱”行为；为处理违反公路管理法规的行为而向有关单位和人员调查、询问、取证、查阅有关文件、档案、资料和原始凭证等。

除此之外，路政管理还包括以下几方面的内容：一是依法上路巡查；二是依法进行特种检查；三是行使收费公路路政管理职责；四是负责依法调查、处理法律、法规规定内的路政案件。

四、路政管理的意义

公路是国家基础性设施，从本质上讲属于公共产品的范畴，具有很强的社会公益性。随着社会、经济的发展和不断繁荣，以及社会市场经济体制和法制建设的不断完善，公路在社会生活和国民经济中的地位越来越重要，人们对保护公路的意识也越来越强烈，对发生在公路上的日益增多的一些非理性行为和路政案件，也越来越需要国家赋予法制化的管理行为与手段加以制止和惩治，以便更好地提高路政管理水平，保障公路的完好、安全、畅通。基于上述目的，路政管理具有以下四方面的现实意义。

1. 有利于促进区域经济和社会的健康发展

一方面，公路的建成，直接促进公路沿线地区经济产业带的形成和经济的繁荣兴旺；另一方面，公路的网络性和快速性导致信息交流的加快，缩短边远地区与经济发达地区的时空差距，促进社会进步和人类文明。

2. 有利于促进国家推进依法治国的进程

路政管理是我国行政管理的重要组成部分。依法治国要求政府各部门，特别是具有执法职能的部门和人员要严格按照国家法律、法规的要求和程序，公开、公正、公平地开展执法工作。国家自颁布了《公路法》之后，相继出台了《路政管理规定》《超限运输车辆行驶公路管理规定》《公路监督检查专用车辆管理规定》等一系列规章，并初步形成路政管理法律法规体系，为“依法治路”打下了坚实的基础。因此，作为国家依法行政的一部分，路政管理在一定程度上推进了国家依法治国的进程。

3. 有利于促进公路事业的可持续发展和现代化

公路建设是发展，公路养护管理也是发展，而且是可持续发展。公路建设，主要是解决公路基础设施总量不足、规模不适应和路网结构不合理的问题，解决广大人民群众“走得了、走得通”的问题,是量的增长。而路政管理,可以解决巩固建设成果、提高路网服务水平、充分发挥公路使用效率的问题,解决广大人民群众“走得好、走得畅”的问题,是质的增长。只有在公路建设的同时,加强路政管理,保持公路始终处于良好的技术状态,提高公路服务水平,公路事业才能持续、健康地发展。

4. 有利于公路网整体服务水平和经济效益的体现

公路的路基、路面、桥涵、隧道等公路附属设施和公路用地都是公路的有机组成部分,公路附属设施的好坏直接影响其功能和作用的发挥。

因此,加强路政管理,一方面能及时制止、查处损坏公路及其附属设施的行为,既可以减少公路及其附属设施的损坏,又可以挽回经济损失,大大节约公路养护投入,降低公路运行成本;另一方面,通过加强公路两侧建筑控制区管理,通过对占用、挖掘公路,各种管线跨越公路、超限车辆行驶公路等事项的许可管理,既可以提高路网的整体服务水平,又可维护交通秩序,减少交通事故,使公路良好的社会和经济效益得到最大的体现。

五、路政管理机构和人员

1. 路政管理机构

路政管理机构是指为了完成国家赋予的路政管理职责,按法定程序组建的,具有一定层次和结构的有机整体,是一种广义和动态的行政组织。它具有以下特征:一是路政管理机构是代表国家实施公路行政管理权的组织,是按法定程序组建的;二是路政管理机构能以自己的名义实施管理活动,能独立承担自己行为所引起的法律后果。

路政管理机构的结构可分为纵向结构和横向结构两个方面。

纵向结构,也称层次结构。每个层次的业务性质相同。上、下层之间是隶属关系,下级对上级负责。机构的一般模式是:省设路政管理总队、地(市)设路政管理支队、县设路政管理大队。为适应高速公路路政管理需要,目前,许多地区都设立了高速公路路政管理专门机构。

横向结构,即职能制,指按不同的工作性质,平行分成若干部门,每个部门业务不同,业务范围大体相同,不能脱离所在的路政机构。

理想的路政管理机构体制,应把层次制和职能制有机地结合起来,形成层级职能结构。

2. 路政管理人员

路政管理人员是指依法任职于路政管理机构,从事路政管理工作,履行路政管理职能的工作人员。路政管理人员实行公开招聘、竞争上岗,由地(市)级公路管理机构组织实施,省级公路管理机构审批。路政管理员执行公务时,必须按规定着装,佩戴统一标志,并持证上岗。

第三节　路政管理方法、设备管理及内业管理

一、路政管理方法

路政管理方法是指能够保证路政管理活动朝着预定的方向发展，达到路政管理目的的各种专门的方式、手段、技术措施的总称。

研究和建立科学而有效的管理方法，是一般管理科学和各门具体管理科学的任务。一般的管理方法主要有科学决策管理法、系统工程管理法和心理行为管理法。

1. 科学决策管理法

科学决策管理法，就是从量的角度分析、控制和协调管理对象及其运行过程，从而对未来公路的交通现象及运行过程做出预测描述，进而进行精确而迅速的管理与控制决策。它是对管理对象进行目标考核和对流程进行精细化管理的方法。科学决策中的定量分析是一个基本方面，这是由作为管理对象的客观事物固有的规定性决定的，它是管理发展的一个基本趋势。

当缺乏公路管理方面的有关数据资料，以及对那些难以定量描述的因素，要对其应用前景及效果做出估计，就采用科学决策中的另一个方面，即定性分析，就是通过人为的判断与分析，把定性信息转变为定量信息，再根据定量信息做出决策。该管理方法是根据系统的、有条理的、有意识的程序去推断和检验有关对实际情况的假设。

2. 系统工程管理法

系统工程管理法，是以系统工程学原理为指导，把对象作为系统进行定量化、模型化和择优化研究的科学方法。具体说，系统方法就是将对象放在系统的联系和结构中加以研究和处理的方法。运用系统方法进行管理，是现代管理的一个重要特征。

3. 心理行为管理法

心理行为管理法，就是通过调整或改变人们的社会关系和精神状态，以满足人们的社会生活和精神生活需要来调动其工作积极性和创造性的管理方法。

二、路政设备管理

路政设备管理是指用于公路路政执法的车辆、通信器材、勘查取证设备和现代化办公设备等。

车辆设备包括路政管理公务车（轿车、面包车等）；路政巡查车（轿车、客货两用车等）；路政后勤保障车（客车、面包车）；道路清障车（牵引车、吊车、切割机、装载机、照明车等）。

通信器材装备包括手持对讲机、电话等。

勘验取证设备包括照相机、摄像机、录音器材等；路政勘察箱；称重设备。

现代化办公设备包括电子计算机、打印机、复印机、扫描仪；摄影设备；多媒体触摸

显示屏等。

警示、安全、防护设备包括示警灯、警报器、移动式标志、警示灯、锥形路标筒、路栏、强光手电、防护棍等。

三、路政内业管理

路政内业管理是指路政内勤人员和内勤业务的管理，是相对于外勤管理而言的，路政内业以路政外业为基础，路政外业要靠路政内业来反映。各级路政管理机构要处理好路政内业和路政外业的关系，做到两手一起抓。

路政内业管理对整个路政管理工作有着重要的意义，具体表现在以下几个方面。首先，公路统计管理是路政内业管理工作中的重要组成部分之一，通过统计手段和统计分析报告，为本部门领导和上级业务主管部门了解情况、指导工作、制订政策提供重要依据；其次，通过统计数字和文字材料，反映本单位的实际工作情况，体现路政外勤工作；第三，路政内业是路政管理规范化的基础，是规范化管理的重要组成部分，路政内业工作的正规、科学，为整个路政管理规范化创造条件。

路政内业管理主要包括以下内容：

(1)信息管理工作。主要包括路政信息的收集、积累、分析、加工、传递、反馈等。

(2)文字材料工作。主要包括路政常用公文的写作、路政事物文书的写作、路政法律文书的写作。

(3)统计和统计分析工作。主要包括路政统计报表、统计图表、统计报告等。

(4)档案管理工作。主要包括路产档案、处罚档案、复议档案、超限运输档案、违法建筑档案、文书档案等。

(5)许可证的合法工作。主要包括挖掘、占用公路许可证、超限运输许可证等。

(6)其他。主要包括证件、票据、印签、经费管理；装备、服装管理；负责群众来访等行政事务工作。

目前，我国的路政内业管理还是路政管理工作中的一个薄弱环节，具体表现在：首先，信息观念不强，反映情况不及时，在路政管理活动中，由于对信息管理缺乏正确的认识，应该及时上报的信息不上报或上报不及时，造成信息反馈的迟钝；其次，文字材料不符合要求，有些路政管理机构工作干了不少，但是很少认真总结，有的总结缺乏新意，水平不高；第三，数字统计不准确，统计工作搞好的重要前提就是统计数字一定要准确无误，否则，统计工作做得再多，也发挥不了应有的作用；第四，材料管理的混乱，具体表现在各种文件、报表、路政处罚、复议材料等没有专门分门别类进行整理、装订，玉石不分，时有散失；第五，内业人员不稳定，素质有待于提高。

针对以上内业管理中存在的问题，提出以下相应的解决措施和对策。第一，要增强对路政内业管理重要性和必要性的认识。各级路政管理机构的领导要充分重视路政内业工作，加强对路政内业管理工作的领导。第二，要明确路政内业人员，从组织上保障路政内业工作。一般来说，省、市(地)、县(市)路政管理机构应有一名专职内业管理人员，专门负责内业管理工作。第三，建立健全一系列路政内业管理制度。路政内业制度的建立健全，是搞好内业管理规范化的前提，路政内业制度主要包括统计报表制度、路产等级制度等。第四，要加强对路政内业人员的思想政治教育，由于内业工作繁琐辛苦，有些人怕苦怕累怕烦，不愿做这项工作。因此，各级路政管理机构要加强对内业人员的思想教育，使他们树立信心、增强干劲、立足本职，不断总结，不断提高。第五，要加强对内业人员的培训工作。内业人员是路政管理机构领导的助手和参谋，路政内业人员素质的好坏，直接关系到路政内业工作的好坏，要加强对内业人员业务培训，以提高他们的写作技巧、文字表达能力和管理水平。

路政内业事物最终要靠内业管理人员完成，要做好路政内业管理工作，就必须要有一支素质良好的路政内业管理队伍。要求路政内业管理人员不但要有敬业精神，精通路政业务，还要熟练掌握相关的法律法规和政策。

第四节　公路超限超载运输管理

车辆超限超载违法运输不仅损坏公路基础设施，引发大量的道路交通事故，而且直接导致道路运输市场的恶性竞争和车辆生产使用秩序的混乱。开展治理车辆超限超载工作，是加强安全生产、促进道路运输事业健康发展的重要措施，也是整顿和规范市场经济秩序的重要内容。

一、超限运输的定义

超限运输是指超过公路、公路桥梁、公路隧道或者汽车渡船的限载、限高、限宽、限长标准的车辆。修订后的《超限运输车辆行驶公路管理规定》（交通运输部令〔2016〕第62号）（以下简称《规定》）统一了超限认定标准。一是在重量超限认定上，经与公安部、工信部等部门协商一致，按照近期修订的《汽车、挂车及汽车列车外廓尺寸、轴荷及质量限值》（GB 1589—2016）确定的最大质量限值作为超限认定标准。二是在外廓尺寸超限认定上，继续沿用了车辆高度4米的标准，车辆长度参照GB 1589—2016调整为18.1米，车辆宽度调整为2.55米。并在此基础上，对超过宽度和长度标准，但符合《汽车、挂车及汽车列车外廓尺寸、轴荷及质量限值》规定，且车货总质量未超过限定标准的冷藏车、汽车列车、安装空气悬架的车辆以及专用作业车，不认定为超限运输车辆，使之与车辆生产标准保持一致。

车辆超载与超限是两个既有区别又有联系的概念。超载是指车辆运载的货物重量超过行驶证的核定载重量，而车辆超限是指车辆的轴载质量、车货总质量或装载总尺寸超过国家规定的限值。车辆超载但不一定超限。例如解放CA1091型载货车，其核定载质量5吨，若载货到6吨，这时它的前轴载为2.569吨（单轴每侧单轮胎，限制轴载6吨），后轴载为7.876吨（单轴每侧单轮胎，限制轴载10吨）。该车超载但未超限。车辆超限但也不一定超载。例如大力SH3603自卸车，自重27.8吨，额定载重

31.8 吨，总重 59.6 吨（限制车货总质量为 40 吨），当它满载时，前轴载 20.3 吨（单轴每侧单轮胎，限制轴载 6 吨），后轴载 39.3 吨（双轴每侧双轮胎，限制轴载 18 吨）。它虽未超载，但轴载和总质量都远远超限。车辆超载与超限主要区别如下：

1. 法律和法律依据不同

超载一词来源于《道路交通管理条例》，超限一词来源于《中华人民共和国公路法》。

2. 依据的技术参数不同

超载运输是指汽车在装载时货物超过汽车的核定载重量；超限是指车货总重加轴载重超过了公路的限值（或承载能力）。

3. 客体物不同

超载既有货物超载，也有客运超载；超限只存在货物运输中。

4. 执法主体不同

超载的执法主体是公安机关，超限的执法主体是公路管理机构。在没有综合执法授权的前提下，公安机关和交通主管部门或公路管理机构只能各自执法。

5. 法律责任不同

超载运输只负行政法上的法律责任，可处以罚款、警告和吊扣驾驶证；而超限运输具有行政和民事法律上的双重责任。

二、超限超载运输管理规定

对超限运输车辆行驶公路的管理分为两个层次：一是对于运输特大件或不可解体货物的超限运输车辆，属于特许超限运输，要求车主应按规定办理申请与审批手续，公路管理机构为承运人勘选路线，加固桥涵，提供服务，确保安全通行；二是对非法追求经济利益的恶意超限运输车辆，要严格禁止。公路管理机构要对其依法查处，严格制止，力求将这种现象减少到最小程度。

（一）对特许超限运输车辆行驶公路的管理

大件运输车辆，应当依法办理有关许可手续，采取有效措施后，按照指定的时间、路线、速度行驶公路。未经许可，不得擅自行驶公路。

1. 大件运输申请

申请人在向公路管理机构提出超限运输申请时，应提供货物名称、质量和证件、外廓尺寸及必要的总体轮廓图，运输车辆的厂牌型号、自载质量、轴载质量、轴距、轮数、轮胎单位压力、载货时总的外廓尺寸，货物运输的起讫点，拟经过的路线和运输时间，车辆行驶证等有关资料。对申请人提出的通行路线，公路管理机构还应实地查勘。不能满足超限运输车辆通行要求的公路和桥梁，必须经过改造和加固后，才能允许超限车辆通行。对于申请人自行采取加固、改造措施的，要求公路管理机构要对加固、改造方案进行审查，加强现场检查并组织验收。对于申请人不能采取有效加固、改造措施的，可以通过签订协议的方式，由公路管理机构制订相应的加固、改造方案，并组织实施。同时要求采取的加固、改造措施应当满足公路设施安全需要，并提出具体原则。

2. 大件运输许可审批

(1)跨省大件运输。

一是对大件运输许可实行等级管理，按照高4.2米、宽3米、长20米和高4.5米、宽3.75米、长28米及总质量100吨的标准将大件运输许可分为三种情形，并在申请材料、程序要求、办理时限上予以区别对待，进一步提高了许可效率。二是规定了受理时间，申请跨省大件运输的，由起运地省级公路管理机构受理，并由其在2日内向沿线各省级公路管理机构转送申请资料。三是规定了办理时间，沿线各省级公路管理机构应根据运输物品的情形分别在2日、5日或者15日内作出许可决定，统一受理和集中办理的时间分别不超过5日、10日或者20日。四是涉及上、下游省份路线或者行驶时间调整的，由起运地省级公路管理机构组织协调处理。五是沿线各省级公路管理机构同意申请的，由起运地省级公路管理机构发放超限运输车辆通行证。

(2)地(市、县)区域内的大件运输。

由地(市、县)级公路管理机构受理申请并负责审批。

对同一大件运输车辆多次通行固定路线，装载方式、装载物品相同，且不需要采取加固、改造措施的，申请人可以根据运输计划向公路管理机构申请办理行驶期限不超过6个月的超限运输车辆通行证。

3. 大件运输的许可收费

《规定》对《公路法》明确的收费范围作了细化：一是需要采取加固、改造等防护措施的，所需费用由申请人承担，相关收费标准应当公开、透明；二是需要采取护送措施的，由申请人自行采取；不能自行采取的，可委托公路管理机构实施，收费标准由省级交通运输部门会同财政、物价部门制定。此外，对经批准的大件运输车辆，途经实行计重收费的收费公路时，对其按照基本费率标准收取车辆通行费。

(二)对违法超限运输车辆行驶公路的管理

1. 货运源头管理

(1)货运源头单位、货运企业和驾驶人的义务。

货运源头单位应当安装符合标准的称重检测设备，对出站(场)货运车辆进行称重检测，签发货物装载单，确保出站(场)货运车辆合法装载；货运源头单位、货运企业应当加强对货运车辆驾驶人的教育和管理，督促其合法运输，不得指使、强令货运车辆驾驶人违法超限运输；货运车辆驾驶人不得驾驶违法超限运输车辆，途中应随车携带货运源头单位签发的货物装载单。

(2)货运源头的监管主体和职责。

道路运输管理机构应当通过巡查、技术监控等方式加强对货运源头单位的监督检查，督促其落实车辆合法装载的责任，制止不符合国家有关载运标准的车辆出场(站)。

2. 加强路面执法

一是规定公路管理机构应当采取固定检测、流动检测、技术监控等方式，对货运车辆进行超限检测。采取固定检测的，应在省政府批准的治超站进行。二是规定公路管理机构可以利用移动检测设备，开展流动检测。经流动检测认定的违法超限运输车辆，应当就近引导至公路超限检测站进行处理；流动检测点远离公路超限检测站的，应就近引导至地方交通运输部门指定并公示的路政执法站所、停车场、卸载场等具有停放车辆及卸载条件的地点或者场所进行处理。三是规定公路管理机构应当根据保护公路的需要，在货物运输主通道、重要桥梁入口处等普通公路以及开放式高速公路的重要路段和节点，设置车辆检测等技术监控设备，依法查处违法超限运输行为。四是规定公路管理机构应当使用经依法定期检定合格的称重检测设备；未定期检定或者检定不合格的，其检测数据不得作为卸载或者处罚的依据。

3. 收费公路入口管理

收费高速公路入口应当按照规定设置检测设备，对货运车辆进行检测，不得放行违法超限运输车辆驶入高速公路。其他收费公路实行计重收费的，利用检测设备发现违法超限运输车辆时，有权拒绝其通行。收费公路经营管理者应当将违法超限运输车辆及时报告公路管理机构或者公安机关交通管理部门依法处理。

4. 行政处罚的证据使用

2012 年修改后的《民事诉讼法》和 2015 年修改后的《行政诉讼法》都增加了电子数据作为证据种类。《规定》据此要求公路管理机构可以根据保护公路需要，设置超限运输车辆动态检测等技术监控设备；违法行为地或车籍所在地的公路管理机构可以根据这些技术监控设备记录资料，对违法超限运输车辆的所有人依法予以处罚。利用这种“非现场执法”形式获取的证据来执法，大大提高了执法效率。此外，还确立了计重数据等资料的法律地位，规定公路管理机构有权查阅和调取公路收费站车辆称重数据、照片、视频监控等资料，并可以将调取的称重数据、照片、视频监控等资料作为行政处罚的证据使用。

5. 违法信息登记抄报和处理反馈制度

一是要求公路管理机构、道路运输管理机构建立联动执法工作机制，加强对违法超限运输的货运车辆、车辆驾驶人、货运企业、货运源头单位的责任追究。二是公路管理机构在违法超限运输案件处理完毕后 7 日内，应当将与案件相关的信息和资料抄告车籍所在地道路运输管理机构。三是对一年内违法超限运输超过 3 次的货运车辆和驾驶人，以及违法超限运输的货运车辆超过本单位货运车辆总数 10% 的道路运输企业，由道路运输管理机构依法处理，并将结果向公路管理机构反馈。

6. 治超处罚自由裁量权

对于尺寸超限以及重量超限的违法行为，根据违法行为性质、情节和危害程度，明确了处罚自由裁量权。其中，尺寸超限的，按照超限程度分别处 200 元以下、200 元以上 1000 元以下、1000 元以上 3000 元以下的罚款；重量超限的，明确了每超 1000 千克罚款500元的标准。

第五节 路政执法

公路路政执法就是各级交通主管部门及其授权的公路管理机构根据国家的法律、法规、规章的规定，为保护公路、公路用地、公路设施，对公路使用者及其相对人采取的直接产生法律效果的行政管理行为，即依照法律、法规履行保护路产、维护路权的管理。它是交通行政执法的有机组成部分，是交通行政执法的重要内容，也是路政行业管理过程中不可缺少的中间环节。

一、公路行政执法主体

《中国人民共和国公路法》规定交通运输主管部门为行政主体，公路管理机构在其委托后进行的执法，公路管理机构不能以自己的名义进行执法。《公路安全保护条例》法规规定直接授权给公路管理机构以自己的名义做出行政行为。

交通管理部门是指具有行政处罚的下列部门或者机构：县级以上人民政府交通管理部门；法律、法规授权的交通管理机构；县级以上人民政府的交通主管部门依法委托的交通管理机构。

交通管理部门依法可以做出警告、罚款、没收违法所得、没收非法财物、暂扣证照的行政处罚。

1. 法律

《中华人民共和国公路法》《中华人民共和国行政处罚法》《中华人民共和国行政复议法》《中华人民共和国行政诉讼法》《中华人民共和国行政强制法》等。

2. 法规

《公路安全保护条例》。

3. 规章

《路政管理规定》。

二、路政执法的主要职责

交通运输部颁布的《路政管理规定》第五条概括了中国路政的职责：

(1)宣传、贯彻执行公路管理的法律、法规和规章。

(2)保护路产。

路产，是指交通主管部门及其授权的公路管理机构依法保护国家授权它享有占用、使用、处置权的所有有形和无形的财产，包括公路、公路用地、公路设施、专用建筑物、构造物、料场、材料、装备、用具、资金、财务、科研成果、专利所有权等。

公路及公路用地范围内禁止下列行为：①利用公路桥梁进行带缆、牵拉、吊装等施工作业，设置超过规定标准的高压电力线和易燃易爆的管线；②在公路桥梁下停泊船只,在桥孔内堆放易燃易爆物品、擅自明火作业、搭建永久性设施或者擅自搭建临时性设施;③取土或者爆破作业;④设置障碍,挖沟引水;⑤设置摊点、堆放物品、打场晒粮、种植作物、放养牲畜;⑥倾倒渣土、垃圾,焚烧各类废弃物;⑦堵塞公路排水沟渠、填埋公路边沟;⑧机动车滴漏、散落、飞扬物品或者随车人员向外抛物;⑨将公路作为检验机动车制动性能的场地;⑩损坏或者擅自涂改、移动公路附属设施;⑪损坏、污染公路和影响公路畅通的其他行为。

(3)实施路政巡查。

(4)管理公路两侧建筑控制区。

(5)维持公路养护作业现场秩序。

(6)参与公路工程交工、竣工验收。

(7)依法查处各种违反路政管理法律、法规、规章的案件。

(8)法律、法规规定的其他职责。

三、监督巡查

路政执法人员实施公路监督巡查时,应当根据下列情况分别作出处理:

(1)发现公路出现坍塌、坑槽、水毁等损毁,尚未设置警示标志的,设置临时警示标志,做好现场保护,同时报告公路管理机构或者通知公路经营企业及时补设警示标志并采取措施修复。

(2)发现公路上有遗洒物并能够自行处理的,在不影响交通情况下,可先自行处理;不能自行处理的,及时通知有关责任单位处理;遗洒物为遗失物的,按照《中华人民共和国物权法》的规定执行。

(3)发现公路进行养护作业的,指导和督促公路养护作业单位按照有关要求在作业现场设置警示标志,并根据需要维持养护作业现场秩序;公路养护作业造成交通堵塞时,及时启动疏导预案,会同公安交通警察依照各自职责,做好分流和疏导工作。

(4)发现群众遇到困难,需要紧急求助公安、消防、医疗等部门及时提供有关信息和帮助。

(5)发现属于紧急情况的,按照应急预案及相关制度执行。

(6)发现构成公路违法行为的,依法予以处理。

四、行政强制

公路管理机构及其路政执法人员实施行政强制,应当依照法定的权限、范围、条件和程序,遵循比例原则,选择适当、必要的方式、强度,避免造成不必要的损失。公路管理机构及其路政执法人员采用非强制手段可以达到行政管理目的的,不得实施有关行政强制。实施行政强制的程序、文书和期限按照《中华人民共和国行政强制法》《中华人民共和国公路法》《公路安全保护条例》《路政管理规定》等有关规定执行。

路政执法人员对侵占、损坏公路、公路用地、公路附属设施等违法行为,应当予以检查和制止。检查和制止时，不得损害当事人的合法权益。有下列情形之一的，路政执法人员可以依法采取下列行政强制措施：

（1）造成公路、公路附属设施损坏拒不接受现场调查处理的，扣留车辆或者进行违法活动的工具。

（2）经批准进行超限运输的车辆，未按照指定时间、路线和速度行驶且拒不改正，或者未随车携带超限运输车辆通行证的，扣留车辆。

（3）采取故意堵塞超限检测站点通行车道、强行通过超限检测站点等方式扰乱超限检测秩序，或者采取短途驳载等方式逃避超限检测的，强制拖离或者扣留车辆。

（4）法律、法规规定的其他情形。

五、行政处罚

1. 实施行政处罚的程序、文书和期限

按照《中华人民共和国行政处罚法》《中华人民共和国公路法》《公路安全保护条例》《交通行政处罚程序规定》等有关规定执行。

2. 损坏公路、公路附属设施同时构成民事违法行为

公路管理机构实施行政处罚时，应当配合民事责任的追究，不得以行政处罚代替对民事责任的追究。

3. 违法事实的情节

公路管理机构在依法查处违法行为过程中，发现违法事实的情节、违法事实造成的后果等，根据《中华人民共和国刑法》以及相关司法解释的规定，涉嫌构成犯罪，依法需要追究刑事责任的，应当按照《行政执法机关移送涉嫌犯罪案件的规定》及时移送司法机关处理，不得以行政处罚代替刑事处罚。

六、当前路政管理工作中存在的难题

（一）内部机制不够完善、健全，体制不顺

路政体制是路政管理活动的载体，路政管理职能决定路政体制。我国现行的路政管理体制不仅在领导关系、权限等方面不一致，而且机构的名称五花八门，各省市的发展极不平衡，如有的地方称路政管理局，有的称公路派出所。在公路管养上由于划分为省养和地养两部分，一个地区往往有负责国、省道公路管理的路政队伍，又有负责县乡公路管理的地方路政队伍，总体上没有形成多层次、全方位的管理网络。

（二）多头审批、多家管理、职能交叉、管理混乱

《中华人民共和国公路法》第一章第八条明确规定，公路工作由地方人民政府交通主管部门主管，交通主管部门可委托公路管理机构依照《中华人民共和国公路法》的规定行使公路管理职能。也就是说，公路的路政管理只能由地方人民政府交通主管部门负责。但是，目前在市场经济、沿线公路热，地方保护主义和部门利益的驱动下，在行政上各个部门各行其政，自行其是，造成“法出多门、政出多门”的现象。与路政

管理密切相关的部门有国土、工商、邮电、石油、电力、物价等，各部门之间所涉及的法规不吻合、不衔接，部门之间由于各自利益以及权利与义务的取舍，必然导致有关公路路政的法律法规执行困难，自然也恶化了公路路政管理工作的执法环境。

（三）执法基础工作不完善，执法不力

1. 路产路权界定不清

路产路权是做好路政管理工作的基础，离开产权，无从执法。但在一些地方，在公路建设时，由于征用土地涉及巨额的费用问题，许多承担征地任务的地方政府，往往变通处理，并不办理正式的土地征用手续。这导致了路产路权遭受侵损时，路政部门执法难的问题。

例如，《中华人民共和国公路法》第三章第三十四条规定："县级以上地方人民政府应当确定公路两侧边沟（截水沟、坡脚护坡道）外缘起不少于 1 米的公路用地。"但是当公路用地被占用时，路政部门却常常连最基本的土地使用证书都拿不出来，在法律上就处在不利的位置，难以对违法占用公路路产的行为进行阻止。

2. 路政宣传力度不足

由于经费相对不足，宣传不能保持其连续性，只能流于形式，远不能达到家喻户晓、众人皆知的程度，干部和群众对路政和当地经济的关系理解不全面，只看眼前不看长远。一些地方政府仅仅考虑当前的地方经济发展，放任、纵容在公路两侧红线控制区内兴建餐馆、商店、旅社、停车场等违法行为，公路呈现街道化态势，对公路交通安全及长远发展都带来不利影响。

3. 执法缺乏必要的权威和有力手段

由于经费等原因，路政管理机构设备简单，通信、交通工具无法跟上工作需要，路政执法长期以来缺乏必要的权威和有力手段。往往以预防为主，教育为辅，常规的路政巡查发现违法行为后才进行立案处理，往往等到出现新问题才急于探讨和研究，管理工作缺乏预防性和计划性，在时间空间上较为滞后。如对公路沿线违章建筑案件的处理上，就存在这种现象。当违章行为出现时，路政管理部门才进行制止，如果违法当事人不听劝告强行抢建，临时建筑就成为永久性建筑，给今后处理留下"尾巴"。遇到这种情况，本应该立即强制拆除并处以罚款，但由于路政管理部门缺乏必要的强制手段，且部分红线控制区内的违章建筑业主获得土地部门的批准，长期以来，路政部门不能、也不敢使用强硬措施严肃处理违法者并拆除违章建筑物，导致路政执法丧失权威性，陷入尴尬。

（四）超限超载运输屡禁不止

公路超限运输这一顽症严重损坏公路基础设施，破坏公路运输环境，造成难以估量的损失。治超靠固定检测点查处超限车辆，局限性强，即使加上几个流动检查点，仍然不能满足当前治超工作的需要；全国一盘棋治超很难落到实处，各地治超程度不同，处罚标准不一；执法环境较为恶劣，大量违章超限运输车主不服从检查等，对超限运输车辆难以管理到位。

(五)公路建筑控制区的违章行为难以遏制

建筑“红线”控制难。公路建筑控制区,是指公路两侧规定范围内禁止修建永久性建筑的限界。《公路法》规定建筑应在公路两侧国道20米、省道15米、县道10米、乡道5米以外。“红线”控制有路政、土地、城建、规划等多个部门交叉管理,牵涉到多方利益,缺乏相互联系和约束,违章建筑一旦形成,路政部门很难管理,“红线”控制失去了应有的效力;“红线”外建房使公路与房屋之间大量土地无法耕种,浪费土地资源。地方政府会顺应群众呼声,行政干预降低“红线”标准审批建房;有些沿线无法耕种,浪费土地,群众对公路管理的法律法规认识不足、掌握不好。有的村庄把已确权的公路土地,又承包给村民当责任田。

七、偷逃通行费行为

打击车辆偷逃通行费一直以来是公路管理单位收费管理中的重点和难点工作,随着社会的发展和高速公路联网后网络的扩大,部分车主利用公路管理和技术上的缺陷,想方设法偷逃高速公路通行费。偷逃手段出现了新的变化,方式多样、手法隐蔽、查处困难。这些违法行为严重扰乱了正常收费秩序,造成通行费大量流失,而且单次逃费的金额越来越大。对车辆偷逃高速公路通行费的种类及打击方法归纳见表6-1。

偷逃通行费行为种类　　表6-1

类型	项　目	建议预防(处理)措施
车辆异常	使用液压装置	注意“看、听、查、验、核”
	服务区倒货、甩挂	出入口遇此车,及时上报分中心
	安装假轴(悬浮轴)	旁证到位,有轴组删除记录
	放气法	一侧轮胎损害可让车辆倒着驶入车道重秤
	货车“大吨小标”	仔细核实相关证件
行驶异常	冲磅、点刹	旁证到位,要求其重秤
	制动、跳磅	旁证到位,要求其重秤
	倒车(造车)	加强现场巡查,旁证到位,要求其重秤
	半倒车	加强收费班长现场巡查力度,提高收费人员现场辨别能力,查证核实,及时处理
	倒车(增加轴)	加强现场巡查,旁证到位,要求其重秤
	拆分轴	加强收费班长现场巡查力度,提高收费人员现场辨别能力,查证核实,及时处理
	走S形	观察车辆行驶路线
	过秤时故意靠一侧行驶	加强现场巡查,旁证到位,要求其重秤
	稳称	加强现场巡查,旁证到位,要求其重秤

续上表

类型	项　目	建议预防(处理)措施
设备异常	跳磅	加强现场巡查,旁证到位,要求其重秤
	电子干扰	旁站到位
	插螺丝钉	保持秤台清洁,定期清理缝隙
	倒水、洗洁精	加强现场巡查,旁证到位,要求其重秤
	顶轴法(使用千斤顶)	加强现场巡查,旁证到位,要求其重秤
	遮挡光幕	加强现场巡查,旁证到位,要求其重秤
	垫钢(木)板	加强现场巡查,旁证到位,要求其重秤
伪造与假冒	伪造通行卡	现场认真核对,提高技术水平
	伪造通行费发票	特别是省界及认可的有效票据
	假绿农车	认真核实,列入黑名单
	假军、警车	收取通行费、假车牌,及时上报
	假临时性的通行证	比如抗震救灾
	假集装箱	加强收费班长现场巡查力度,提高收费人员现场辨别能力,查证核实,及时处理
	假行驶证	收缴假行驶证
	中途换(倒)卡	最远距离处罚
其他特殊车辆、	假军车	加强收费班长现场巡查力度,提高收费人员现场辨别能力,查证核实,及时处理
	冲卡车	注意安全,及时上报,记录清楚车辆信息
	套牌车	现在很多都是规模化了,卡和车牌一起卖了,防止二义性路径识别的路径重叠;车辆套牌,包装一模一样,车型、外观、拍照、吨位都差不多
	卡丢车	加强收费班长现场巡查力度,提高收费人员现场辨别能力,查证核实,及时处理
	卡不可读车	加强收费班长现场巡查力度,提高收费人员现场辨别能力,查证核实,及时处理
	U 型车	加强收费班长现场巡查力度,提高收费人员现场辨别能力,查证核实,及时处理
内部管理	人情车	加强日常教育及监督,开展专项稽查
	卡丢车随意输入站点	加强日常教育及监督,开展专项稽查
	卡不可读车随意输入站点	加强日常教育及监督,开展专项稽查
	绿通车不仔细旁站	加强日常教育及监督,开展专项稽查
	与驾驶人相互勾结、倒卖通行卡	加强日常教育及监督,开展专项稽查
	入口故意误判车型	比较隐蔽,稽查时需逐条核对
	出口故意误判车型(小改大不改)	加强日常教育及监督,开展专项稽查
	边门管理不善	内部管理人员加强管理
	U 型车有理由放行	旁站及时,登记清楚
	公务卡管理不当	出口认真核对车牌号及卡号
	私藏通行卡	种类较多,需稽查人员日常工作中仔细发现,认真核对每一条入口异常流水

第七章　路网监测与应急处置

公路网是经济社会发展的命脉。公路网的安全、便捷和畅通，直接影响经济社会的运行效率。公路网运行监测体系建设，将显著提升公路网治理能力现代化水平，更好地保障公路网运行的经济高效和安全顺畅，有效增强公路交通突发事件应急处置能力，为百姓提供更好的出行服务。加快推进交通运输现代化，对公路网基础设施运行效能、跨区域调度协调能力、安全预警与应急反应能力等提出了更高要求。

第一节　公路网运行监测

目前，“可视、可测、可控、可服务”的路网运行监测体系初具规模，公路沿线自动化监测设施建设力度不断加大，部、省、市各级路网平台功能不断丰富拓展，数据传输的质量明显提高，恶劣天气气象条件下的基础设施运行监测能力取得较大突破。

一、路网运行管理机构

近年来，因各级交通运输主管部门、公路管理机构和高速公路经营管理单位高度重视，路网运行管理工作不断加强。

1. 省级路网运行管理机构

据初步统计，北京、内蒙古、上海、江苏、安徽、重庆、西藏、陕西、新疆、贵州、青海、宁夏共 12 个省（自治区、直辖市）成立了省级路网中心，它们在各省域范围内开展路网运行监测、出行服务，在省域及跨省范围内实施应急处置，为服务升级、路域安全发挥了重要作用。

2. 路网运行管理制度

“十二五”期间，路网运行管理制度体系逐步建立，初步形成了一系列标准规范，为全国路网运行管理制度体系的形成奠定了重要基础。近期，《公路突发事件应急预案》《公路网运行信息与阻断事件报送制度》《公路网运行监测体系“十三五”建设纲要》等重要制度文件的制修订工作已经全面启动。在省级层面，北京、上海、江苏、浙江等省（直辖市）发布了区域性路网运行（信息/调度）管理办法。江苏率先在全国建立了县级路网运行管理制度，并在徐州、南通等地探索成立了县级路网中心机构。

3. 重点领域协调联动机制

目前，跨部门、跨区域等重点领域协调联动机制正在建立。交通运输部积极与公安、气象、国土、地震、民政等部门开展跨行业合作，建立信息资源共享机制。2013 年，交通运输部与公安部、中国气象局联合印发了《关于加强恶劣天气公路交通应急管理工作的通知》。在大区域协调联动方面，部分地区因地制宜建立了省际路网运行协调联动机制。例如，晋冀蒙陕运煤通道协调联动机制、鄂赣皖高速公路区域应急联动运行机制、泛长三角地区路网信息共享机制、华北五省（市）界收费站联动保畅机制等。在跨部门业务协同方面，安徽“路警联合”的管理模式已深入到高速公路片区一级；甘肃则在全省范围探索开展公路养护、建设、路政等部门共同参与的路网运行联动业务。

二、公路网运行监测与服务系统

（一）各级职责

公路网运行监测与服务系统主要包括部级公路网运行监测与服务平台（以下简称部级路网平台）、省级公路网运行监测与服务平台（以下简称省级路网平台）、国家级和省级路网监测点外场设施及相关支撑系统。公路网运行监测与服务系统的主要应用范围为全国高速公路和国、省干线公路组成的全国干线公路网。

交通运输部负责部级路网平台及相关支撑系统的建设、运行和管理工作，指导和规范省级路网平台、国家级路网监测点外场设施及相关支撑系统的建设、运行和管理工作；具体实施工作由其设立的路网监测与应急处置中心（以下简称部路网中心）负责。省级人民政府交通运输主管部门或公路管理机构负责省级路网平台、省级路网监测点外场设施及相关支撑系统的建设、运行和管理工作；具体实施工作由其设立的路网监测与应急处置中心（以下简称省级路网中心）负责。

部、省级路网中心应建立健全工作制度，明确值班接警、信息处理、路网监测、调度指挥、预测预警、应急处置、出行服务等不同岗位的工作职责，配备相应的工作人员，确保公路网运行监测与服务工作有序开展。交通运输主管部门、公路管理机构应在本级人民政府的领导下，加强与公安、气象、国土、地震、民政、防汛、国防等部门的沟通与协作，建立有效的合作与联动机制，实现信息共享，为公路网运行监测与服务系统的建设、运行和管理提供必要支撑。

（二）信息监测与发布内容

公路网运行监测与服务信息主要包括公路基础信息、公路应急资源信息、公路网运行信息、公路出行信息等。

1. 公路基础信息、公路应急资源信息

公路基础信息、公路应急资源信息的获取与管理应按照交通运输部有关规定执行，并作为重要基础信息纳入公路网运行监测与服系统应用和管理范畴。

2. 公路网运行信息

公路网运行信息，是指以文字、语音、图像、数字等形式反映出来，通过网络传输与系统处理的、各种表明公路网运行状态内容的总称。公路网运行信息主要包括：

（1）交通运行数据：主要包括通过公路主线及节点的断面车辆数（含收费站）和车辆速度（含行驶方向）。

(2)视频图像数据:主要包括公路主线及节点的视频图像数据。

(3)公路交通突发(阻断)事件信息:主要包括达到《公路交通突发事件应急预案》《交通运输突发事件信息报告和处理办法》《公路交通阻断信息报送制度》中报送要求的信息。

(4)重要基础设施运行数据:主要包括桥梁、隧道、互通立交等重要公路基础设施运行的监测数据。

(5)路网环境信息:主要包括公路主线及节点的气象环境数据,以及与气象、国土等部门共享交换的各类公路环境信息。

公路网交通运行数据、重要基础设施运行数据和气象环境数据主要通过路网监测点的各类感知设备及传感器系统自动采集,采用网络传输方式自动实时或定时传输。其中,国家级路网监测点自动采集的数据,应通过省级路网平台同步传输至部级路网平台,不得通过未授权的数据传输链路等第三方平台或网络进行传输。

公路交通突发(阻断)事件信息主要通过人工采集,利用系统或电话、传真、邮件等方式向部、省两级路网平台报送,具体报送时限和要求按照《交通运输突发事件信息报告和处理办法》《交通运输部公路交通阻断信息报送制度》等规定执行。

3. 公路出行信息

公路出行信息主要包括对公众出行具有参考作用的路径规划、实时路况、占路施工、公路气象、事件预报预警、交通诱导等服务信息。部、省级路网中心充分利用公路沿线信息发布设施、出行服务网站、交通服务热线、广播、电视、车载终端以及移动终端等多种手段,开展公路出行信息发布工作,信息内容要最大程度地满足社会公众对公路交通“出行前”和“出行中”不同阶段的需求。

(三)路网监测手段

1. 监测点监测功能要求

(1)高速公路重要节点。

①高速公路与高速公路,普通国、省道形成的枢纽互通立交,应作为监测点,并具备交通运行监测、视频监测功能。

②高速公路特大桥梁,应作为监测点,并具备视频监测和交通运行监测功能,同时根据实际需求和资金情况,具备桥梁健康状况监测功能;高速公路大型桥梁,宜作为监测点,并具备视频监测和交通运行监测功能,同时根据实际需求和资金情况,具备桥梁健康状况监测功能。

③高速公路长大隧道及特长隧道,应作为监测点,并具备视频监测和交通运行监测功能,同时根据实际需求和资金情况,具备隧道健康状况监测功能。

④省界收费站、出入全国范围内重要城市、重要港口、车站、码头、工业区以及重点旅游景区的收费站,应作为监测点,并具备视频监测和交通运行监测功能;其他高速公路收费站,宜作为监测点,并具备视频监测和交通运行监测功能。

⑤高速公路与连接重要港口、车站、码头、工业区以及重点旅游景区的干线公路行

车的互通式立体交叉，应作为监测点，并具备视频监测和交通运行监测功能。

⑥高速公路过境环线与地市级以上城市快速路、主干路形成的平面交叉或立体交叉，应作为监测点，并具备视频监测和交通运行监测功能。

⑦高速公路交通量调查站所处位置，应作为监测点，并具备视频监测和交通运行监测功能。

⑧高速公路Ⅰ类超载超限检测站所处位置，应作为监测点，并具备视频监测、交通运行监测以及超载超限检测功能；其他类超载超限检测站所处位置，宜作为监测点，并具备视频监测、交通运行监测以及超载超限检测功能。

⑨高速公路服务区，应作为监测点，并具备视频监测和交通运行监测功能。

⑩气象主管部门在高速公路设置、规划的气象状态监测站所处位置，应作为监测点，并具备视频监测、交通运行监测以及气象状态监测功能。

(2)高速公路重要路段。

①高速公路易拥堵、易发生突发事件路段，应作为监测点，并具备视频监测和交通运行监测功能；易拥堵、易发生突发事件重要路段，需满足以下条件之一：

a. 年平均发生 3 起(含)以上造成拥堵排队长度超过 5 千米且拥堵时间超过 2 个小时的路段。

b. 年平均发生 5 起(含)以上一般突发类公路交通阻断事件的路段。

c. 三年内发生 2 起(含)以上重特大公路突发事件的路段。

②高速公路恶劣气象条件频发路段，应作为监测点，并具备视频监测、交通运行监测以及气象状态监测功能；高速公路恶劣气象条件频发路段，需满足以下条件之一：

a. 年平均因低能见度导致被封闭次数达到 6 次(含)以上的路段，或小于 200 米的雾日数达到 8 天(含)以上的路段。

b. 年平均有 20 天(含)以上出现 8 级以上的大风的路段。

c. 年平均有 7 天(含)以上出现严重路面结冰的路段。

d. 三年内因恶劣气象条件发生 2 起(含)以上重特大公路突发事件的路段。

e. 三年内因恶劣气象条件发生 2 起(含)以上公路基础设施严重水毁的路段。

③具有明显地形地貌、气象分界特征的高速公路路段，应作为监测点，并具备视频监测、交通运行监测以及气象状态监测功能。

④高速公路长下坡、高边坡、避险车道、地质灾害易发等危险路段，应作为监测点，并具备视频监测和交通运行监测功能。

⑤节点间距超过 10 千米的高速公路路段，应间隔 5 ~ 10 千米设置一处监测点，具备视频监测和交通运行监测功能。

(3)普通国、省道重要节点。

①普通国道与普通国道形成的平面交叉或互通立交，应作为监测点，并具备交通运行监测、视频监测功能；普通国道与普通省道、普通省道与普通省道形成的平面交叉或互通立交，宜作为监测点，并具备交通运行监测、视频监测功能。

②普通国道、普通省道与连接重要港口、车站、码头、工业区以及重点旅游景区的干线公路行车的互通式立体交叉，应作为监测点，并具备视频监测和交通运行监测功能。

③普通国道、普通省道与地市级以上城市快速路、主干路形成的平面交叉或立体交叉，应作为监测点，并具备视频监测和交通运行监测功能。

④具有明显经济和交通分隔效应的普通国道特大桥梁，应作为监测点，并具备视频监测和交通运行监测功能，同时根据实际需求和资金情况，具备桥梁健康状况监测功能；具有明显经济和交通分隔效应的普通国道大桥，宜作为监测点，并具备视频监测和交通运行监测功能，同时根据实际需求和资金情况，具备桥梁健康状况监测功能。

⑤普通国、省道长大隧道和特长隧道，应作为监测点，并具备视频监测和交通运行监测功能，同时根据实际需求和资金情况，具备隧道健康状况监测功能。

⑥普通国、省道交通量调查站所处位置，应作为监测点，并具备视频监测和交通运行监测功能。

⑦普通国、省道一类超载超限检测站所处位置，应作为监测点，并具备视频监测、交通运行监测以及超载超限检测功能；其他类超载超限检测站所处位置，宜作为监测点，并具备视频监测、交通运行监测以及超载超限检测功能。

⑧气象主管部门在普通国省道设置、规划的气象状态监测站所处位置，应作为监测点，并具备视频监测、交通运行监测以及气象状态监测功能。

⑨普通国、省道在省级行政区划边界处和地市级行政区划边界处，应作为监测点，并具备视频监测、交通运行监测以及气象状态监测功能。

⑩普通国、省道收费站、服务区、出入城市口宜作为监测点，并具备视频监测、交通运行监测以及气象状态监测功能。

(4)普通国、省道重要路段。

①普通国、省道易拥堵、易发生突发事件路段，应作为监测点，并具备视频监测和交通运行监测功能。

②普通国、省道公路恶劣气象条件频发路段，应作为监测点，并具备视频监测、交通运行监测以及气象状态监测功能。

③具有明显地形地貌、气象分界特征的普通国、省道路段，应作为监测点，并具备视频监测、交通运行监测以及气象状态监测功能。

④普通国、省道公路长下坡、高边坡、避险车道、地质灾害易发等危险路段，宜作为监测点，并具备视频监测和交通运行监测功能。

⑤节点间距超过 20 千米的普通国、省道路段，宜间隔 10 ~ 20 千米设置一处监测点，并具备视频监测和交通运行监测功能。

2. 监测点监测内容与质量要求

监测点监测内容主要包括视频图像数据和交通运行数据。

(1)视频图像数据。

视频图像分辨率应不低于 D1、每秒不低于 25 帧。视频图像应确保实时传送,且图像清晰。视频图像应叠加地市、公路名称、摄像机桩号或位置名称、方向等信息。

(2)交通运行数据。

监测点交通运行数据主要包括断面交通量(车辆数)(辆/小时)、车辆类别(大/小)、行驶方地点速度(千米/小时)、时间平均速度(千米/小时)、占有率和视频图像等内容。

①断面交通量。监测点的断面交通量(即车辆数)数据,应区分车辆类别(车辆长度≤6 米为小车,>6 米为大车)和车辆行驶上、下行方向。

②车辆速度。监测点的地点速度和时间平均速度,应区分车辆行驶上、下行方向。断面交通量和车辆速度应全天候监测,其准确度应不低于 85%;应每隔 10 分钟以内上传一次数据,上传时间间隔可设置。

三、公路网运行监测与服务水平

1. 公路沿线自动化监测设施规模不断扩大

总体看,我国公路网运行监测设施规模与质量上有明显进步,“可视化”基本得到解决,“可测化”“可控化”打下初步基础,并为“可服务”建立了业务平台。

2. 省级路网平台建设质量提升明显

目前,全国约有 20 个省份正在加快推进省级路网平台建设。例如:江苏高速公路路网指挥调度平台,利用现代化的感知设备,实现路网监测、主动应急、科学发布、综合显示、智能决策等功能。青海的一体化监测网络,重点解决了高速公路网、国省干线公路重点路段和旅游通道公路的动态可测、可视、可诱导。北京普通公路路网管理与应急处置系统,建成了信息监测、应急处置、指挥调度、公众服务、数据平台、系统支撑六大类共计 11 个子系统,初步实现对国省道及重要旅游公路运行状态的动态监测,并建成市、区两级管理平台。

3. 部级路网平台系统联网建设取得新突破

在突发事件报送业务方面,部路网中心通过搭建“全国路网运行信息报送平台”,基本形成了覆盖全国 50 万千米干线公路网的阻断信息实时报送系统,并逐步实现部、省数据联网与信息共享;在公路技术状况监测方面,部路网中心正在积极构建部级养护管理平台,开展“国家公路网综合养护管理系统”建设;在交通运行监测方面,部路网中心已具备调看全国各省(自治区、直辖市)重要路段、重点桥隧和收费站的视频图像功能,并止在推动基于手机信令的京津冀区域路网运行监测系统建设;在应急指挥方面,部路网中心充分应用交通移动应急通信指挥平台,每遇重大突发事件时,调度指挥各省(自治区、直辖市)应急通信车奔赴处置一线,在第一时间回传现场视频图像,实时开展应急会商。

4. 高速公路 ETC 联网建设加快推进

在公众出行服务方面，全国高速公路 ETC 全部实现了联网，部、省两级公路出行服务平台信息发布的质量、准确性和及时性明显提高，通过微博、微信、手机 APP 等新媒体服务形式在不断丰富，高速公路交通广播示范工程建设取得了阶段性成果，公路交通气象预警和出行信息服务日益成为展示交通运输行业为社会公众服务形象的新窗口。

第二节　公路突发事件应急处置

一、公路突发事件基本情况

近年来，我国极端气候、自然灾害频发，公路网安全运行与应急处置工作面临巨大压力。滑坡、地震灾害见图 7-1、图 7-2。

图 7-1　陕西安康段山体滑坡

图 7-2　云南鲁甸 6.5 级地震

《公路交通突发事件应急预案》(2009 版)将突发事件分为四类，分别为自然灾害、公路交通运输生产事故、公共卫生事件和社会安全事件。2014 年的《交通运输部突发事件应急工作暂行规范》按照交通运输部工作职责及在国家各类突发事件中承担的责任，将突发事件分为海(水)上搜救事件、重大海上溢油事件、公路交通突发事件等 9 个类别。地震、泥石流等自然灾害、各种交通事故、公路设施缺陷等安全隐患、雨雪等恶劣天气都会对公路运行产生巨大风险，2015 年各类公路阻断事件比例见图 7-3。2016 年上半年，全国 31 个省(自治区、直辖市)共发生突发性公路阻断事件 13069 起，与去年同期相比增长 49.17%。共计造成 284 条高速公路、142 条国道、435 条省道局部交通中断，中断时间累计达 12

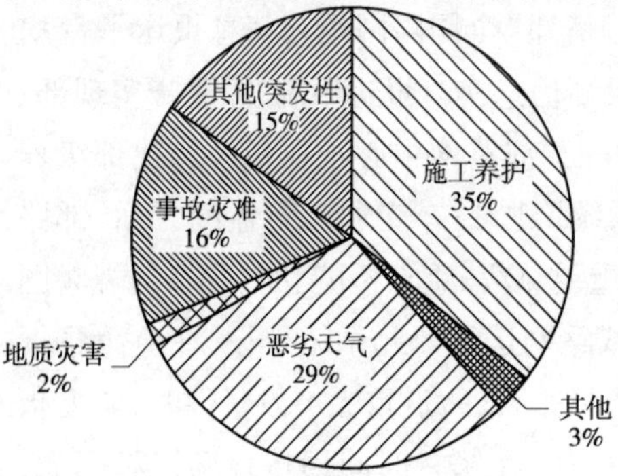

图 7-3　2015 年各类公路阻断事件比例

万小时。

二、信息报告与处理

原则上由交通运输部应急办负责重大、特大交通运输突发事件信息收集、流转、报送工作。部内各司局、单位按照《交通运输突发事件信息处理程序》(交搜救发〔2012〕89号)规定的信息处理责任分工,负责业务范围内各等级突发事件信息处理工作。

(一)信息的日常监测

1. 信息来源

信息的来源较为广泛,既包括基层交通运输部门和单位上报的信息,也包括气象、海洋、地震、国土等政府相关部门的天气、海况、地质灾害信息预报,同时还有国家网络和信息安全管理部门、专业机构发布的突发事件和预警信息,网络、电视、广播、报刊等新闻媒体报道的信息,以及其他国家及国际组织的信息通报。

2. 需监测的突发事件信息

需要监测的突发事件信息包括可能诱发突发事件的自然灾害,可能发生的事故灾难,可能造成人民群众生命财产损失的社会安全事件,可能影响公众健康和生命安全的公共卫生事件,可能发生的网络攻击、网页篡改、系统故障和信息破坏事件。

(二)信息阻断信息报送

2011年交通运输部制定了《交通运输部公路交通阻断信息报送制度》(交公路发〔2011〕183号)。《交通运输部公路交通阻断信息报送制度》规定了信息的分类、报送的内容和方式、报送流程和要求,明确了公路交通阻断信息报送工作应当遵循属地管理、专人负责、统一审核、准确及时、网络报送的原则,规范了公路交通阻断信息报送工作,加强了国省干线公路网运行监测与管理,进一步提高了公路交通应急保障和公共服务能力。

三、应急组织机构

我国公路交通应急组织体系由国家级(交通运输部)、省级(省级交通运输主管部门)、市级(市级交通运输主管部门)和县级(县级交通运输主管部门)四级应急管理机构组成,见图7-4。

部、省级路网中心利用公路网运行信息,开展公路网运行态势评估、突发事件预测预警等工作,科学制订灾害性天气、地质灾害等公路网运行预报预警内容和级别,并提供全国干线公路网运行趋势预报和特定区域公路网运行中短期预测预警服务。

部、省级路网中心应围绕应急预案开展公路突发事件应急处置工作,开展公路网运行统筹调度、公路交通组织和疏导、应急抢修保通等事项的组织与协调工作,具备重特大公路突发事件信息获取和汇总、预案组织管理、抢通方案制订、路网调度指挥、应急资源调配等应急处置功能,科学开展封闭(开启)公路路段、收费站的决策支持工作,必要时按照指令对公路网实施调度指挥的具体执行工作,配合有关部门对局部拥堵路段进行交通分流和疏导,保障全国干线公路网运行畅通。

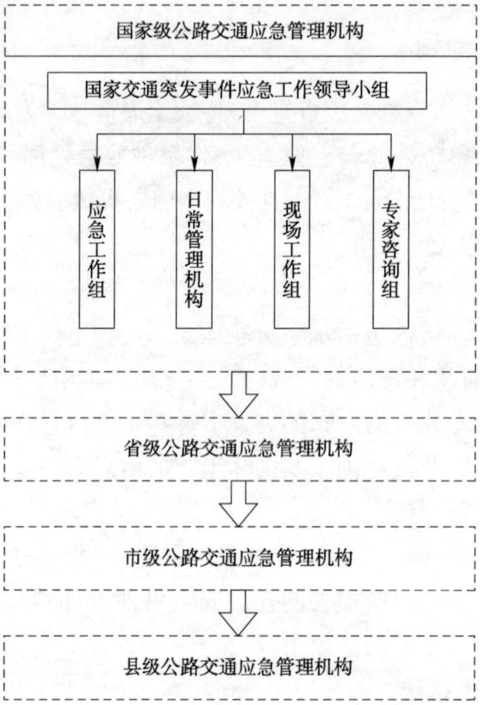

图7-4　四级应急管理机构

部、省级路网中心应根据应急预案和流程,实现公路突发事件信息的报送接收、分析处理、综合显示、分发下达等功能;实现应急队伍、物资装备等应急资源的辅助调度和部署;实现应急处置指令跟踪、执行反馈、过程监督和效果评估等功能;实现对应急管理机构、应急队伍、物资设备、通信保障等人力、物力、财力资源的信息管理,包括资源监控(应急资源跟踪反馈、应急资源分布、应急资源状态等)以及物资储备、配置调度和编码管理等功能。

(一)应急领导小组

交通运输部应急领导小组是Ⅰ级公路交通突发事件的指挥机构,由交通运输部部长或者经部长授权的分管部领导任组长,分管部领导或者公路局局长及办公厅主任、应急办主任任副组长,交通运输部相关司局及部路网中心负责人为成员。应急领导小组的职责如下:

(1)负责统一领导、组织协调Ⅰ级公路交通突发事件的应急处置工作,发布指挥调度命令,并督促检查执行情况。

(2)根据国务院要求或者根据应急处置需要,成立现场工作组,并派往突发事件现场开展应急处置工作。

(3)根据需要,会同国务院有关部门,制订应对突发事件的联合行动方案,并监督实施。

(4)当突发事件由国务院统一指挥时,部应急领导小组按照国务院的指令,执行相应的应急行动。

(5)决定部公路交通突发事件应急响应终止。

(6)其他相关重大事项。

(二)应急工作组

交通运输部应急领导小组下设综合协调组、抢通保通组、运输保障组、通信保障组、新闻宣传组等应急工作组。应急工作组由交通运输部相关司局和单位组成,在部应急领导小组统一领导下具体承担应急处置工作,并在终止应急响应时宣布取消,见图7-5。

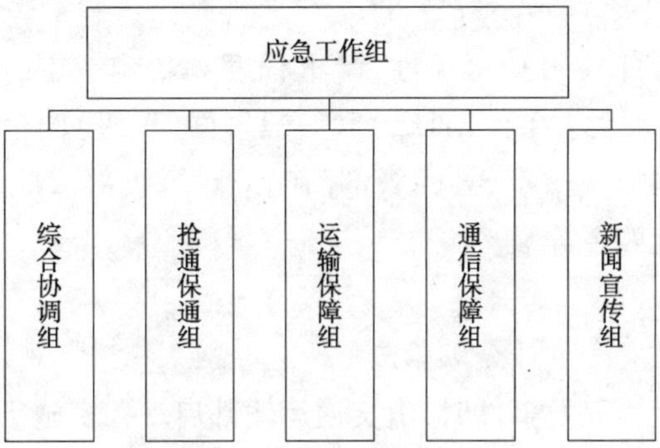

图7-5　应急工作组

(1)综合协调组。由交通运输部应急办或办公厅负责人任组长,根据需要由部相关司局和单位人员组成。负责起草部应急领导小组工作会议纪要、明文电报、重要报告、综合类文件,向党中央、国务院和相关部门报送信息;协助部应急领导小组落实党中央和国务院领导同志以及部领导的有关要求。

(2)抢通保通组。由公路局负责人任组长,根据需要由交通运输部相关司局和单位人员组成。负责组织协调公路抢修及保通工作,组织协调跨省应急队伍调度和应急装备物资调配,拟定跨省公路绕行方案并组织实施,协调武警交通部队和社会力量参与公路抢通工作,拟定抢险救灾资金补助方案。

(3)运输保障组。由运输服务司负责人任组长,根据需要由部相关司局和单位人员组成。负责组织协调人员、物资的应急运输保障工作,协调与其他运输方式的联运工作,拟定应急运输征用补偿资金补助方案。

(4)通信保障组。由科技司负责人任组长,根据需要由部相关司局和单位人员组成。负责应急响应过程中的网络、视频、通信等保障工作。

(5)新闻宣传组。由政策研究室负责人任组长,根据需要由部相关司局和单位人员组成。负责突发事件的新闻宣传工作。

(三)其他工作组

(1)专家咨询组。专家咨询组由公路交通运输行业及其他相关行业工程技术、科研、管理、法律等方面专家组成,负责对应急准备以及应急行动方案提供专业咨询和建议，根据需要参加公路交通突发事件的应急处置工作。

(2)现场工作组。现场工作组由部相关司局和单位人员组成，按照统一部署，在突发事件现场协助开展突发事件应急处置工作，并及时向部应急领导小组报告现场有关情况。必要时，现场工作组由部领导带队。

(3)灾害评估组。灾害评估组由交通运输部总工程师任组长，根据需要由部相关司局和单位人员组成。负责组织灾后调研工作，指导拟定公路灾后恢复重建方案，对突发事件情况、应急处置措施、取得主要成绩、存在的主要问题等进行总结和评估。

四、公路突发事件应急处置

公路交通突发事件按照其可控性、严重程度和影响范围分为特别重大事件(Ⅰ级)、重大事件(Ⅱ级)、较大事件(Ⅲ级)和一般事件(Ⅳ级)四个等级。公路交通突发事件应急响应分为国家、省、市、县四级部门响应。每级部门应急响应一般可分为Ⅰ级、Ⅱ级、Ⅲ级和Ⅳ级四个等级。

(一)分级响应

1. Ⅰ级公路交通突发事件分级响应

发生Ⅰ级公路交通突发事件时，由交通运输部启动并实施Ⅰ级应急响应，相关省、市、县级交通运输主管部门分别启动并实施本级部门Ⅰ级应急响应。

2. Ⅱ级公路交通突发事件分级响应

发生Ⅱ级公路交通突发事件时，由省级交通运输主管部门启动并实施省级部门应急响应，相关市、县级交通运输主管部门分别启动并实施本级部门应急响应且响应级别不应低于上级部门应急响应级别。

3. Ⅲ级公路交通突发事件分级响应

发生Ⅲ级公路交通突发事件时，由市级交通运输主管部门启动并实施市级部门应急响应，相关县级交通运输主管部门启动并实施县级部门应急响应且响应级别不应低于市级部门应急响应级别。

4. Ⅳ级公路交通突发事件分级响应

发生Ⅳ级公路交通突发事件时，由县级交通运输主管部门启动并实施县级部门应急响应。

发生Ⅱ、Ⅲ、Ⅳ级公路交通突发事件时，按照国务院部署，或者根据省级交通运输主管部门请求，或者根据对省、市、县级部门应急响应工作的重点跟踪，交通运输部可视情启动Ⅱ、Ⅲ、Ⅳ级应急响应，指导、支持地方交通运输主管部门开展应急处置工作。

需要派出现场工作组或者有关专业技术人员给予指导的，可启动Ⅳ级应急响应；在此基础上，需要协调事发地周边省份交通运输主管部门、武警交通部队，或者调用国家区域性公路交通应急装备物资储备给予支持的，可启动Ⅲ级应急响应；在此基础上，需要在资金等方面给予支持的，可启动Ⅱ级应急响应。

(二)应急响应启动程序

1. Ⅰ级响应时,交通运输部按下列程序和内容启动响应

(1)部路网中心接到突发事件信息报告后,及时核实有关情况,报部公路局、应急办。

(2)由公路局商部应急办提出启动Ⅰ、Ⅱ、Ⅲ、Ⅳ级应急响应建议。

(3)拟启动Ⅰ级应急响应的,经分管部领导同意,报请部长核准后启动,同步成立部应急领导小组,各应急工作组、部路网中心等按照职责开展应急工作,并将启动Ⅰ级应急响应有关信息按规定报中办信息综合室、国务院总值班室,抄送应急协作部门,通知相关省级交通运输主管部门。

(4)拟启动Ⅱ、Ⅲ、Ⅳ级应急响应的,经分管部领导同意后启动,同步成立部应急领导小组,并按照需要成立相应应急工作组。部应急领导小组组成人员报部长核准。

(5)相应级别的应急响应启动后,发现事态扩大并符合上一级别应急响应条件的,按照前款规定及时启动上一级别应急响应。

(6)Ⅰ级应急响应启动后,及时向社会公布;Ⅱ、Ⅲ、Ⅳ级应急响应启动后,视情向社会公布。

2. Ⅰ级应急响应终止时,交通运输部采取如下终止程序

(1)部路网中心根据掌握的事件信息,向事发地省级交通运输主管部门核实公路交通基本恢复运行或者公路交通突发事件得到控制后,报应急工作领导小组。

(2)由综合协调组商相关工作组提出终止Ⅰ、Ⅱ、Ⅲ、Ⅳ级应急响应建议和后续处理意见。

(3)拟终止Ⅰ级应急响应的,经部应急领导小组组长同意,报请部长核准后终止,或者降低为Ⅱ、Ⅲ、Ⅳ级响应,转入相应等级的应急响应工作程序,同步调整部应急领导小组及下设工作组。

(4)拟终止Ⅱ、Ⅲ、Ⅳ级应急响应的,经部应急领导小组组长同意后终止,或者降低响应等级,转入相应等级的应急响应工作程序。

五、应急能力建设

应急管理最重要的任务是不断地做好准备。有准备与没有准备不一样,准备得好与不好也不一样。应急管理的主攻方向应当放在突发事件应对准备的重点和难点上。"十三五"期间应急管理工作的重点:完善"一案三制",提升"应急能力"。具体是:

(1)加强以风险治理为核心的应急管理基础能力建设。

(2)加强监测预警能力建设。

(3)加强信息与指挥系统能力建设。

(4)加强应急救援队伍能力建设。

(5)加强物资保障能力建设。

(6)加强紧急运输能力建设。

(7)加强通信保障能力建设。

(8)加强科技与产业支撑能力建设。

(9)加强公众忧患意识和自救能力建设,特别是提高第一响应者应对突发事件的能力。

(一)应急预案的编制与管理

应急预案是针对可能的重大事故或灾害,为保证迅速、有序、有效地开展应急救援行动、尽可能地降低事故导致的人员伤亡、财产损失和环境破坏,在事故后果和应急能力分析的基础上,预先制订的有关计划或方案,包括在应急准备、应急行动和现场恢复等方面所做的具体安排。

预案编制的组织体系应遵循的原则为"统一领导,层次分明,分级负责,部门分工,综合协调",应急功能应遵循的原则有:

(1)早发现、早报告、早控制、早解决的原则。

(2)信息畅通,反应灵敏,体现联动的原则。

(3)资源整合原则。

(4)宏观要求与实际操作相结合的原则。

(5)以人为本的原则。

(6)重点突出原则。

应急预案力争做到标准化、规范化。应急指挥协调组织结构应该标准化;应急响应的程序应该标准化;应急相关的术语应该标准化;应急资源的分类应该标准化;不同层级、类别的应急预案应该规范化;应急预案的编制、管理过程应该规范化。

(二)应急装备物资储备

由于自然地质灾害、事故灾难以及社会公共突发事件的不断增多,给覆盖率越来越高的公路基础设施带来了极大影响,公路、桥梁、隧道阻断等公路突发事件时有发生,公路交通应急保障能力建设面临的形势日趋严峻。在这种情况下,着力加强国家公路交通应急装备物资储备中心建设不仅是加强交通运输应急体系建设的重要切入点,而且也将进一步提升公路应急协调处置和装备物资调度能力,有效提高部省联动和跨区域应急处置能力。公路应急储备体系构成见表7-1。

公路应急储备体系构成 表7-1

级别	名　称	事件等级	储备物资	反应时间
国家	国家公路交通应急物资储备中心	特别重大公路突发事件(Ⅰ级)	应对特别重大突发事件所必需、应急处置能力强、平时不常用、社会征用困难、地方储备不足的综合性、大型、专业装备或设备	12小时
省级	省级公路交通应急物资储备中心	重大公路突发事件(Ⅱ级)	应对重大突发事件所必需的物资和大中型专业设备	6小时

续上表

级别	名　称	事件等级	储 备 物 资	反应时间
市级	市级公路交通应急物资储备中心	较大公路突发事件(Ⅲ级)	应对较大突发事件较常用的应急物资和中小型设备	3 小时
一般公路交通突发事件(Ⅳ级),由公路养护单位(县级公路管理机构、道班、养路段)进行处置,应急物资和设备以公路养护单位配备的物资和小型设备为主				

1. 国家区域性公路交通应急装备物资储备中心布局

根据公路突发事件的类型和分布规律,确定公路应急事件发生的重点区域,结合公路网布局、自然地理区位以及重大公路突发事件的应急处置能力要求,科学划分储备中心覆盖范围,得到国家区域性公路交通应急装备物资储备中心布局初步方案。考虑武警交通部队等其他公路交通应急物资储备的分布,按照储备中心建设的自然地理、交通等条件,以及覆盖区域内中心拟建省份建设实施的可行性,综合确定国家区域性公路交通应急装备物资储备中心的选址。根据公路突发事件的类型及其对装备和装备物资的需求,提出应急装备、物资的配置要求。

2. 物资储备

国家区域性公路交通应急装备物资储备中心在应急突发事件应急处置中主要起调剂作用,主要储备为应对特别重大突发事件所必需、应急处置能力强、平时不常用、社会征用困难、地方储备不足的多功能、大型、专业装备或设备。在辐射范围内,事发后中心储备装备物资一般情况下可在 12 小时内到达突发事件现场参与救援工作。

(1)应急装备。

工程机械类主要包括挖掘机、装载机、推土机、平地机、起重机、自卸车、平板拖车等。

应急处置类主要包括多功能除雪车、推雪铲、吹雪车、钢桥、机械化桥、清障车、冲锋舟、大功率移动式水泵以及应急通讯车、应急监控车、海事卫星电话等通信设备。

后勤保障类主要包括电源配电车、运油车、应急维修救援车、净水车、野餐车、野外帐篷、救生衣、个人防护装备、救生筏、发电机组、移动照明灯等。

(2)应急物资。

中心储备的应急物资主要包括防滑料、防滑链、麻袋(或编织袋、草包)等。

(3)具体需求。

国家区域性公路交通应急装备物资储备中心针对不同类型公路自然灾害突发事件应急工程机械类和应急处置类装备储备需求具体如下:

①地震。

工程机械类:挖掘机、装载机、推土机、起重机、平地机、自卸车、平板拖车等。

应急处置类:钢桥、机械化桥以及应急通讯车、应急监控车、海事卫星电话等通信设备。

②滑坡、泥石流。

工程机械类：挖掘机、装载机、推土机、平地机、自卸车、平板拖车等。

应急处置类：钢桥、机械化桥以及应急通讯车等通信设备。

③雨雪冰冻灾害。

工程机械类：推土机、平地机、自卸车、清障车、平板拖车等。

应急处置类：多功能除雪车、推雪铲、吹雪车以及应急通讯车等通信设备。

④洪水。

工程机械类：挖掘机、装载机、推土机、平地机、平板拖车等。

应急处置类：钢桥、机械化桥、冲锋舟、大功率移动式水泵，以及应急通讯车、应急监控车、海事卫星电话等通信设备。

截至2015年底，河南郑州、黑龙江北安中心已经基本建成；广东清远、甘肃兰州、青海西宁、西藏（昌都、拉萨等）等中心正在紧张建设或进行开工前的准备工作。

（三）应急演练的组织与实施

应急演练为检验应急计划的有效性、应急准备的完善性、应急响应能力的适应性和应急人员的协同性而进行的一种模拟应急响应的实践活动。

1. 分类

（1）按组织形式划分，应急演练可分为桌面演练和实战演练。

①桌面演练。桌面演练是指参演人员利用地图、沙盘、流程图、计算机模拟、视频会议等辅助手段，针对事先假定的演练情景，讨论和推演应急决策及现场处置的过程，从而促进相关人员掌握应急预案中所规定的职责和程序，提高指挥决策和协同配合能力。桌面演练通常在室内完成。

②实战演练。实战演练是指参演人员利用应急处置涉及的设备和物资，针对事先设置的突发事件情景及其后续的发展情景，通过实际决策、行动和操作，完成真实应急响应的过程，从而检验和提高相关人员的临场组织指挥、队伍调动、应急处置技能和后勤保障等应急能力。实战演练通常要在特定场所完成。

（2）按内容划分，应急演练可分为单项演练和综合演练。

①单项演练。单项演练是指涉及应急预案中特定应急响应功能或现场处置方案中一系列应急响应功能的演练活动。注重针对一个或少数几个参与单位（岗位）的特定环节和功能进行检验。

②综合演练。综合演练是指涉及应急预案中多项或全部应急响应功能的演练活动。注重对多个环节和功能进行检验，特别是对不同单位之间应急机制和联合应对能力的检验。

（3）按目的与作用划分，应急演练可分为检验性演练、示范性演练和研究性演练。

①检验性演练。检验性演练是指为检验应急预案的可行性、应急准备的充分性、应急机制的协调性及相关人员的应急处置能力而组织的演练。

②示范性演练。示范性演练是指为向观摩人员展示应急能力或提供示范教学，严格按照应急预案规定开展的表演性演练。

③研究性演练。研究性演练是指为研究和解决突发事件应急处置的重点、难点问题，试验新方案、新技术、新装备而组织的演练。

不同类型的演练相互组合，见图 7-6。

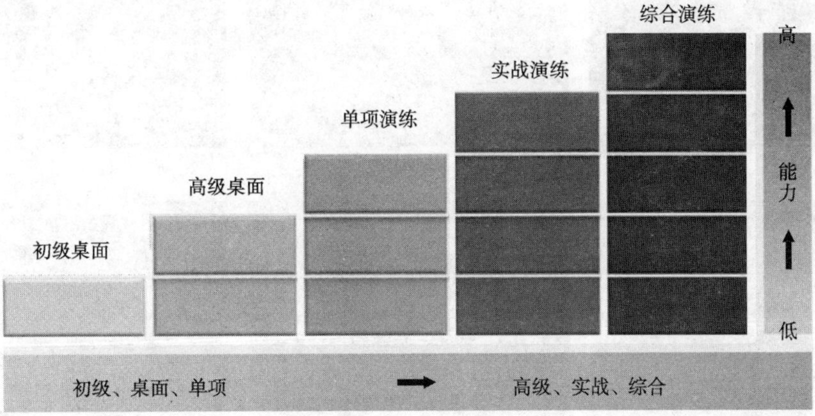

图 7-6　应急演练类型

2. 实施全过程

应急演练方案要确定参加人员和参演者，制订详细的演练计划，编写和筹备各种演练文件，控制模拟体系，确定评估体系，准备设施设备和后勤事项。

应急演练前要给参演者详细的细节信息，包括出场时间表，每个人的职责，表达的情景等。

应急演练结束后要分析数据，召开总结会，详细讨论有待改进的措施，撰写详细的总结报告，跟踪其再次实施，并评估效果。

3. 全国公路交通警地联合应急演练

为完善公路交通警地联合应急救援机制，检验和锻炼警地交通应急救援队伍实战能力，磨合警地双方公路突发事件应急救援抢险联动机制，自 2011 年开始，交通运输部会同武警交通指挥部联合地方省级人民政府每年举办公路交通联合应急演练。

2011 年演练地点位于北京延庆县境内白河堡水库下游约 3.5 千米，滦赤路某路段。演练分为现场短片演示和实兵实战演练，其中现场短片主要反映公路交通警地联合应急救援接警响应程序，实兵演练分为道路抢通、直升机救援、战备钢桥架设和堰塞湖排险四个环节，见图 7-7。

2012 年度公路交通联合应急演练，在湖北举行，由湖北省交通运输厅、武警交通直属工程部具体承办，江西、安徽两省交通运输厅协办。演练以中部省际枢纽应急保畅为主导，设计了“省际路段联动”和“区域路网联动”两个场景，信息处置（省省间/部省间）、综合救援、抢通保畅、区域联动、路网联动 6 个主科目，见图 7-8。

2013 年度公路交通警地联合应急演练在陕西秦岭终南山公路隧道举行，应急演练模拟了在特长公路隧道内发生交通事故车辆起火的场景，检验了交警、武警交通部队、医护、路政等部门联合进行应急救援和应急处置的能力，见图 7-9。

图 7-7　2011 年北京应急演练

图 7-8　2012 年湖北应急演练

2014 年度公路交通警地联合应急演练在甘肃天水举行。以舟曲“8·8”特大泥石流灾害抢险救援行动为参照，以持续强降雨引发泥石流、山体滑坡，造成道路中断、河道堵塞等重大灾害为实战背景，分启动应急响应机制和组织指挥联合处置行动两个阶段，重点演示情况接报与响应、灾情侦察与判断、落石区防护、泥石流处治、生命搜救、爆破排危清障、滑坡体清理及河道疏浚、架设机械化桥开辟救援通道等科目，见图 7-10。

a)　　b)

图 7-9　2013 年秦岭终南山应急演练

a)　　b)

图 7-10　2014 年天水应急演练

2015 年度公路交通警地联合应急演练在新疆塔城举行。演练以强降雪和持续风吹雪导致玛依塔斯段公路断通为实战背景，按照启动应急响应、组织力量投送、开展联合处置行动等基本程序，重点组织了灾情侦察、人员搜救、救助车辆、除冰雪恢复道路通行等科目的训练和实战工作。沿途考察了磁诱导技术、悬臂式反光膜视线诱导标、管状化风墙、现代化防风雪机械等科技手段应用情况和除雪保通抢险救援设备与设施，见图 7-11。

a)　　b)

图 7-11　2015 年塔城应急演练

第三节　出行服务

一、全国 ETC 联网建设

2014 年底,14 个省份的联网任务圆满完成。2015 年,经过系统改造、工程建设和联合测试,河南、湖北、广东、贵州四省攻坚克难,于 6 月底成功并入全国 ETC 联网区域。至此,我国已有 18 个省市 ETC 联网开通,电子收费用户总量达到 1508 万。2015 年底 ETC 实现全国联网,这是全国路网运行管理职责范围第一个真正意义实现全国联网运行的业务系统,也标志着我国高速公路管理水平跃上一个新的台阶。

二、出行信息服务内涵不断拓展

近年来,各级交通运输主管部门和公路管理机构高度重视出行信息服务工作,全国公路出行信息服务体系呈现全方位发展态势。

1. 丰富信息发布方式、完善服务系统功能

据初步统计,全国 31 个省(自治区、直辖市)共计开通省级公路交通网站、网页 115 个,共有 26 个省份开通公路出行信息服务微博 59 个,27 个省份开通公路出行信息服务微信 46 个。其中,北京、天津、上海、江苏、浙江、广东、陕西、甘肃等省、直辖市实现了出行信息发布内容和发布渠道全覆盖。另外,部路网中心自己的微博"交通运输部路网中心"也已开通运行。

2. 信息发布数量和质量提升

以"中国公路出行信息服务网"为代表的全国性和各省(自治区、直辖市)公路出行信息发布平台,日均发布各类路况信息 1 万余条,信息涵盖全部影响路网运行的计划性和突发性事件,公众满意程度不断提升。

3. 中国高速公路交通广播建设

中国高速公路交通广播建设取得阶段性成果,由交通运输部、中央人民广播电台等单位联合开展的中国高速公路交通广播京津冀湘渝示范工程建设已取得阶段性成果,已在京津冀湘地区正式开播,即将覆盖安徽主要高速路段,其中湖南已组建了运营实体。

4. 利用互联网、移动通信网信息优势

利用互联网、移动通信网信息优势开展资源共享与合作发布。上海、江苏、福建、江西等地积极探索利用中国移动、中国联通等手机信令数据拓展路网运行状态监测手段,丰富出行信息服务数据资源;浙江、贵州等地与百度、阿里、腾讯公司合作,打造基于云平台的公路出行服务信息采集和发布平台。这些都为今后更大范围开展跨区域公路出行信息服务提供了宝贵经验。

5. 推进“互联网 +”“大数据”

2015 年 6 月底至 7 月初，国务院接连出台了《关于运用大数据加强对市场主体服务和监管的若干意见》和《关于积极推进“互联网 +”行动的指导意见》，上述两个意见体现的中央精神和提出的具体工作部署为路网运行管理工作带来了全新的机遇。

按照中央“互联网 +”行动工作部署，交通运输部提出推动互联网产业与传统交通运输业有机融合，推进实施“互联网 + 便捷交通”“互联网 + 高效物流”新一代国家交通控制网工程等专项行动计划，将积极推进基于互联网平台的便捷化公路交通服务发展，为社会公众提供实时路网运行状态查询、出行路线规划等服务，进一步加强对公路交通关键设施运行状态与通行信息的采集，推进基于互联网平台的多种出行方式信息服务对接和一站式服务，最终促进形成“互联网 +”背景下的交通运输新业态和新模式。这一要求有利于推动路网运行数据跨部门关联比对分析等加工服务，充分挖掘数据价值，改进路网运行监测预测和风险预警，并及时向社会发布相关信息。

第八章 收费公路

第一节 我国收费公路的发展历程

一、收费公路的发展

高速公路是20世纪30年代在西方发达国家开始出现的为汽车交通提供特别服务的基础设施，目前全世界已有80多个国家和地区拥有高速公路。高速公路作为一种现代化的交通方式，具有通行能力大、快捷舒适、服务水平高等突出优点，所以，高速公路不仅是交通运输现代化的重要标志，同时也是一个国家现代化的重要标志。

改革开放以来，伴随着国家综合国力的全面提升，我国高速公路建设也经历了历史性的跨越式发展。改革开放初期到1988年，是我国高速公路的起步阶段。为切实改变交通严重滞后局面，1984年国务院第54次常务会议作出"贷款修路，收费还贷"的决定。这也意味着我国收费公路建设开始起步。

1988年10月，沪嘉高速公路建成通车。1989年我国召开了第一次高等级公路建设现场会，提出了今后建设高等级公路的10条政策措施，成为长期指导我国高速公路建设的政策依据。1992年，我国"五纵七横"国道主干线规划出台，为我国高速公路持续、快速、健康发展提供了指导和保障。1993年，又制定了交通运输上新台阶的目标，召开了全国公路建设会议，明确了高速公路建设重点。这些重要会议明确了高速公路建设的政策依据、技术标准、投融资方式等，为我国高速公路的大规模建设提供了重要保障，我国高速公路也开始进入快速发展时期。

1990年9月，沈阳至大连高速公路建成通车，开创了我国建设长距离高速公路的先河，为20世纪90年代大规模的高速公路建设积累了经验。1993年，京津塘高速公路建成通车，这是我国第一条经国务院批准利用世界银行贷款进行国际公开招标建成的高速公路。

截至1997年底，我国高速公路通车里程达到4771千米，10年间年均增长477千米。在高速公路发展的第一个10年中，我国相继建成了沈大、京津塘、成渝、济青等一批具有历史象征意义的高速公路。

1998年，国家实施了积极的财政政策，提出要加快包括高速公路在内的基础设施建设步伐。同年，全国加快公路建设工作会议召开，对加快高速公路建设做出了新的部署，明确了加快高速公路建设的新的目标、任务和措施，高速公路建设进入了跨越式发展阶段。

1999年,全国高速公路总里程突破1万千米。2000年,全国高速公路总里程达到1.6万千米,居世界第三位。京沈、京沪高速公路建成通车,在我国华北、东北、华东之间形成了快速、安全的公路运输通道。2001年,建成"西南动脉"之称的西南公路出海通道——重庆至湛江高速公路。同年我国高速公路总里程跃居世界第二位。2002年底,我国高速公路通车总里程一举突破2.5万千米,2004年、2005年和2007年分别突破3万千米、4万千米和5万千米。

1998—2007年的10年,我国高速公路年均通车里程超过4900千米,是前10年年均通车里程的10倍多。

2008年底,为了缓解国际金融危机的影响,中央确定了扩大内需促进经济增长的政策措施,交通运输基础设施建设要加快进行。交通运输部随即决定首先要加快建设国家高速公路网等重点工程,对符合规划的高速公路项目,沿海港口进出港航道和输港通道项目,以及内河国家高等级航道项目,积极争取国家政策支持,促进交通运输大建设、大发展。

2009年,中国高速公路新开工项目里程首度达到1万千米,使得2010年的最后4个月里,中国高速公路通车里程猛增近6000千米,这一年的高速公路通车里程达到9186千米,创下22年里的最高纪录。

截至2015年底,全国高速公路总里程已超12万千米,居世界第一。中国收费公路里程16.44万千米(不含已取消收费公路),高速公路里程超过3000千米的省份增加为14个。

20多年里,我国高速公路也经历了从无到有,从起步建设到初步成网的巨大变化,在支撑经济发展、推动社会进步、保障国家安全、促进可持续发展方面发挥了重要作用。

二、收费公路的基本现状

现从公路的现状(图8-1)和公路存在的主要问题两方面来说明收费公路的基本现状。

(一)基本现状

其现状从管理体制、法律规定和基本分类来进行说明,具体如下:

1.管理体制

国道由中央政府(交通运输部)规划,省道由省政府规划,县道由县政府(县交通运输局)规划,乡道由乡政府规划;而国道和省道都是由省政府(省交通运输厅、省公路局)建设、管理和维护,县道由县政府(县交通运输局)建设、管理和维护,乡道由乡镇府建设、管理和维护。

2.法律规定

于1997年出台的《公路法》对收费公路做了原则性的规定,如收费公路的分类、管理模式等。2004年国务院出台的《收费公路管理条例》对收费公路做了进一步的细化规定，如最长的收费期限，收费标准的确定方式。由此带来的经济效益还是可观的，见图8-2。

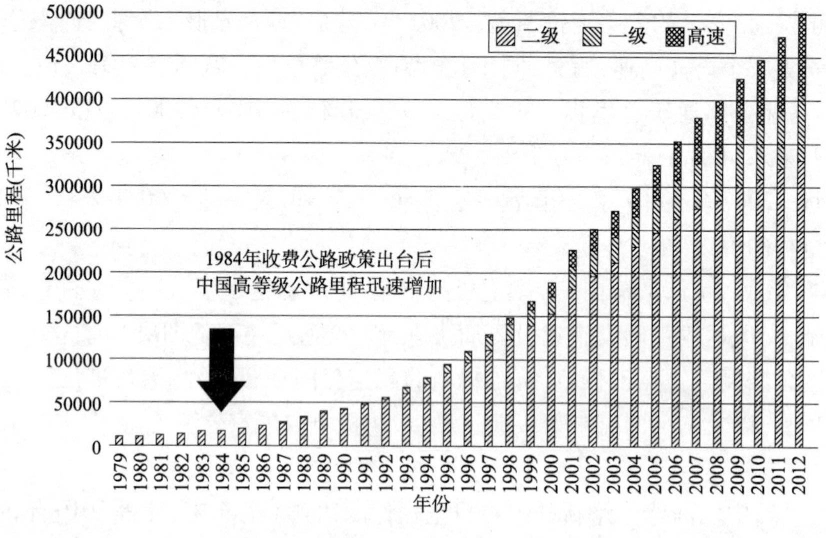

图8-1　公路发展图

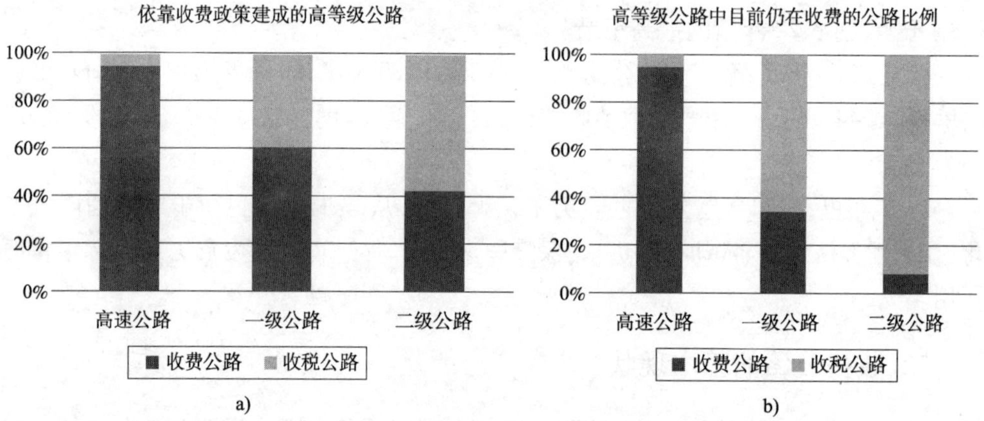

图8-2　收费公路与收税公路比例

政府还贷性收费公路即由政府贷款建设的公路，收费目的是为了还清贷款和保证收费期间的公路维护，通行费由公路局征收和使用。由企业投资建设或依法受让的公路，收费目的是为了收回投资并获得一定利润，通行费由投资企业征收和使用。

(二)存在的主要问题

公路行业长期处于"收不抵支"状态，一直以来主要依靠负债方式发展。每年总收入7000亿元(燃油税、车购税、通行费、一般财政投入等)，总支出20000亿元(建设、养护、还债、税费等)。在入不敷出的情况下，又面临着收费公路陆续到期的严重问题。这其中主要问题就是养护。公路养护专项税收严重不足，远不能满足非收费公路养护的基本需求。

1. *公路养护方面*

2009年税费改革后，成品油消费税替代了原承担普通国省干线和农村公路养护责任的养路费。普通公路养护资金征收渠道和筹资责任实现了地方费到中央税，落实了《公路法》中“国家采用依法征税的办法筹集公路养护资金”的规定。但普通公路养护资金总量不足的突出矛盾一直未能解决。养护需要大于养护税收加养护贷款。2009年，全国增加了257.7亿元贷款用于公路养护；2010年又新增256.9亿元，这种没有可靠偿还来源的“养护贷款”，贷款养护的状况一直持续至今。尽管地方通过贷款缓解了部分养护资金缺口，全国仍有164万千米普通公路得不到正常养护。致使超过8.6万千米普通国省干线和155.75万千米农村公路的路况长期处于“中差”水平，普通公路能及时养护的占60%（靠税收贷款），列入养护计划但无钱养护的占40%。如果依靠通行费养护的高速公路停止收费，每年又将会增加近1000亿元养护税收缺口。

2. *还债方面*

收费公路整体亏损严重，高速公路面临陆续到期停止收费的巨大压力，单位里程债务不断上升，收入持续下降，剩余巨额债务难以偿还。截至2012年底，全国收费公路累计建设投资总额为4.65万亿元，债务余额为2.91万亿元。2012年度全国收费公路通行费收取3281亿元（超过用于公路的车购税与成品油消费税之和），支出3847亿元，亏损566亿元。连续两年收不抵支，且亏损呈扩大趋势 。尽管还本付息支出高达全年收入的86%，但仍未能满足银行还本付息要求，审计发现很多地方存在“借新还旧”乃至“债务逾期”现象。2011年每公里债务余额2551万元，每公里通行费收入346万元。2012年每公里债务余额2822万元，每公里通行费收入319万元。变化情况每公里债务余额增加13%，每公里通行费收入减低7.8%。很多高速公路无法在规定收费期限内清偿债务。

债务规模不断扩大，还债压力持续增加。收不抵支和无法按时偿还债务的根源是收费年限、收费标准与实际偿债及维护需求严重不匹。由于运输企业和私家车主的压力，很多收费公路实际执行的收费标准远远低于计算的理想收费标准，见图8-3。

如采取单独核算收费期限的方式：

(1)2014年内有2134千米政府还贷高速公路到期，停止收费后有超过2126亿元的债务失去偿还来源。

(2)到2019年，累积会有7460千米收费高速公路到期。

3. *公路建设方面*

我国公路发展任务艰巨，还将长期处于负债发展阶段，到期停止收费会使公路

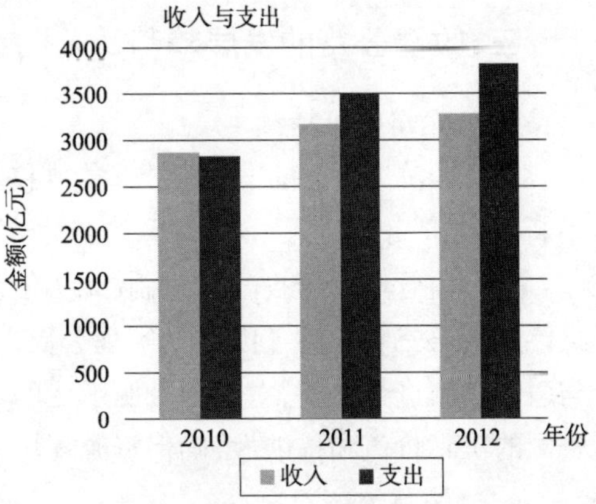

图8-3 养护收支平衡图

发展失去最重要的资金来源,使发展后继无力,2013—2020 年国道需投资 41759 亿元;同期省级公路和农村公路需要投资 48980 亿元。2013—2020 年公路建设共计 90739 亿元,年均 11342 亿元。

通行费是我国公路发展第一大资金来源,2012 年高速公路通行费收入为 2922 亿元,是同期车购税的 1.54 倍。如果按照《收费公路管理条例》规定的收费年限和现行的收费标准,新建和改建的高速公路采用项目独立核算方式,根本无法收回投资或还清贷款,很多项目甚至无法获得贷款收费政策设计时未考虑到高速公路改扩建问题(如四车道改八车道),改扩建后能否重新核定收费标准或延长收费期限存在法律空白。一些刚刚改扩建的收费公路很快面临到期,改扩建的新增债务还未开始偿还,也有一些公路因此搁置了改扩建计划。

4. 管理

高速公路全面实行了联网收费,如采取分段分批停止收费的模式,会破坏网络的整体性和管理的统一性,还需增设大量主线收费站,使通行效率大幅下降。回收建设成本的收费政策,未考虑收费对路网流量的调节作用。由于《收费公路管理条例》修订工作尚未完成,在独立核算政府还贷高速公路收费期限的省份,出现了陆续到期的收费项目,而地方政府只能采取暂时延长收费期的方式勉强维持。

5. 收费公路产权不清

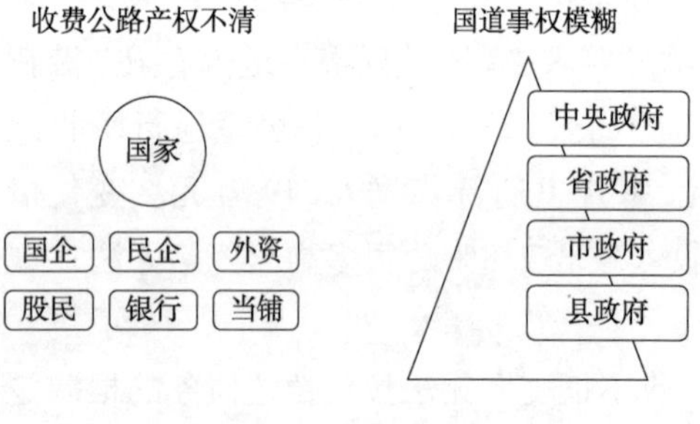

图 8-4　管理问题

目前,很多经营性公路的产权并不属于国家,而是分散在企业手中,有些公路桥梁还被抵押给了银行甚至直接卖给了融资租赁机构。

国道事权模糊。《公路法》规定国道事权可在省一级,但有些地方国道就被下放到了县一级。中央政府到省政府到市政府到县政府,见图 8-4。

三、收费公路的发展趋势

(一)经济的可持续

只有经济上可行的发展模式才能维持其可持续性;而经济上长期亏损的模式必然要不断扩大"债务性投入",才可能"维持运转",但最终将付出巨大的超出承受能力的代价。

现有监管体制与投融资机制,无法使公路发展从第一阶段自动进入到第二阶段,最终达到第三阶段的。因此要实现公路"经济的可持续",就必须对现有的机制体制与政策措施进行调整,对超出资源承受的不合理需求进行引导,用公路规费政策反映资源的实际价值和稀缺性,确保资源环境的可持续。

(二)统贷统还

完善统贷统还政策,解决政府还贷高速公路的债务偿还和路网完整性问题。《公路法》规定，县级以上地方人民政府交通主管部门利用贷款或者集资建成的收费公路的收费期限，按照收费偿还贷款、集资款的原则，由省、自治区、直辖市人民政府依照国务院交通主管部门的规定确定。《收费公路管理条例》规定，省、自治区、直辖市人民政府交通主管部门对本行政区域内的政府还贷公路，可以实行统一管理、统一贷款、统一还款。国务院同意的《关于开展收费公路专项清理工作的通知》（交公路发〔2011〕283 号）中对统贷统还公路收费期限作了进一步明确，即“实行统贷统还的政府还贷收费公路，其收费年限按照偿还完贷款即停止收费的原则执行”。

（三）特许经营

建立特许经营制度，确保经营性公路合理回报，并控制在合理水平，继续吸引社会资本投资收费公路建设。在现有法律法规框架基础上，吸收和借鉴国外的特许经营模式，建立我国经营性收费公路特许经营制度，完善收费公路价格形成机制。《特许经营协议》中应约定合理回报率、超额利润限制机制、政策性亏损补偿机制。在确保高速公路公益性和社会公共利益的同时，也要保障好收费公路投资经营企业的合法权益和合理回报，以保持投资吸引力。

澳大利亚收费公路管理局规定：项目通行费收入如果在协议约定的 110% 以内，全部归项目公司；超过 110% 的部分管理局参与分成；如果低于 90%，管理局则给予一定补偿。

（四）两个体系

国务院已明确提出了“公路两个体系的发展方向”，统筹发展以普通公路为主的体现政府普遍服务的非收费公路和以高速公路为主的收费公路。在普通公路养护税收缺口未解决之前，高速公路以实施非营性利的养护期收费为宜，以避免陷入与普通公路相同的养护困境。建立公路两个体系，高速公路收回投资或还清债务后实行非盈利的养护期收费，该模式比成倍提高成品油消费税率更适合国情，使用者付费的方式也更加公平。

世界银行《中国高速公路：连接公众与市场，实现公平发展》报告也建议中国延长收费期，实行全国统一偿债政策。

（五）信息公开

媒体报道实际情况：误解导致社会支持的不可持续影响了收费公路政策的正常实施，也阻碍了未来政策的调整和完善。国外公路都免费，国外公路税种多，税率高，总额大，且一直在加大收费公路比例。而中国收费公路“暴利”利润超过 90%。2011 年、2012 年两年亏损近千亿，85.6% 的收入用于还本付息。收费公路增加物流成本。公路运价指数连续五年下降（年均 5%），收费公路政策使公路技术等级通行条件迅速提高，提高运输速度、效率和燃油经济性，缩短周期，见图 8-5。

图 8-5　信息公开

我国物流成本是发达国家的 2 倍，因为我国物流费用占 GDP 比例 18%，是发达国家的 2 倍。我国物流成本(托运价格)是发达国家的 1/4～1/3，该指标高是我国货运总量高(5～10 倍)导致的。不收费、不加税的情况下仍能享用到与发达国家水平相当的公路基础设施。公路收费和公路收税是此消彼长的关系，取消政府二级还贷公路的代价是每升油多收 8 分钱消费税。

交通运输部于 2013 年 11 月编制出版了《收费公路怎么看·交通热点面对面》一书，采用通俗易懂的问答形式，对收费公路政策作了全面解读。

(六)条例修订

按照 2013 年度立法计划安排，交通运输部于 2013 年初启动了《收费公路管理条例》修订工作，并于 5 月份向行业和社会公开征求了意见，《收费公路管理条例(修正案)》送审稿已于 2013 年 8 月 15 日正式上报。

(七)模式借鉴

日本国家高速公路全都是收费公路，我国高速公路也将长期收费。日本收费公路发展中也曾遇到过类似问题，日本政府正是通过改革和创新较好地解决了这些问题。1956 年日本道路公团法规定：建设管理收费公路的特殊法人执行政府决策规划的独立机构，其业务活动基本原则，包括经营目标、经营范围都是立法确定的。由此 1956 年起，陆续成立了四家道路公团，建成了日本国家高速公路网。

运行的近 50 年中问题逐渐积累，直至 2005 年全面爆发。日本政府对收费公路管理模式进行了改革完善(管理、资金、服务、信息)。管理从道路信息公开(公益性独立行政法人、资产管理、债务偿还、标准制定 、服务监督)到特许运营公司团(国有全资公司、分区域设置 ，运营、管理、收费、融资、建设 、监理)的方向发展，见图 8-6、图 8-7。

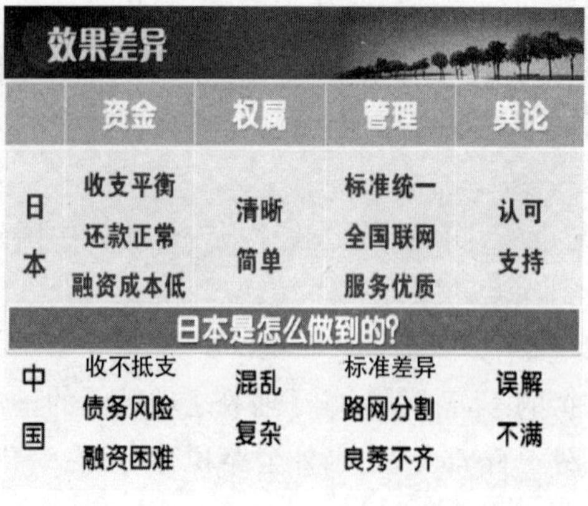

图 8-6　日本中国差异图

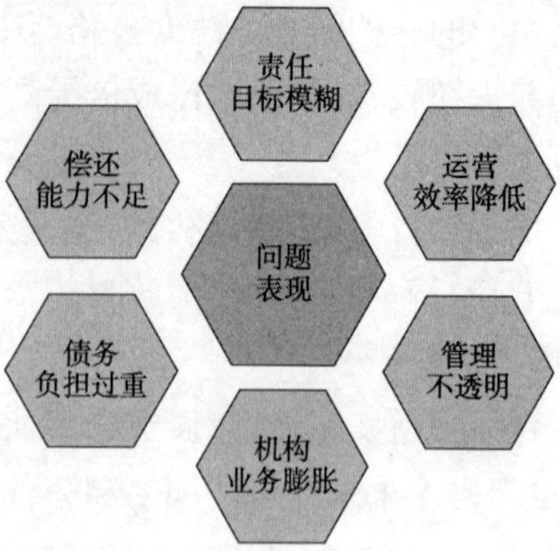

图 8-7　改革前——公团模式

(八)特许运营模式

资产出租属于非营利性质，租金全额用于偿还收费公路债务；租金标准按通行费扣除管理维护成本确定，绝大部分收入都被租金形式上缴给了“机构”，该方式程序上优先确保了养护资金，使服务保障不受其他因素影响。在资金方面，通过对规划、期限、标准等因素的统筹考虑，建立与建设规模相匹配的偿还能力，消除了债务风险，特点是收费标准和期限都是精确计算得来的。特许运营见图 8-8。

建设规模(建设支出、还债支出、管养支出)等于偿还能力(收费标准、收费里程、收费期限)。通过机构实施,日本全国收费公路的统贷统还实现了发达与欠发达地区的交叉补贴,见图 8-9。

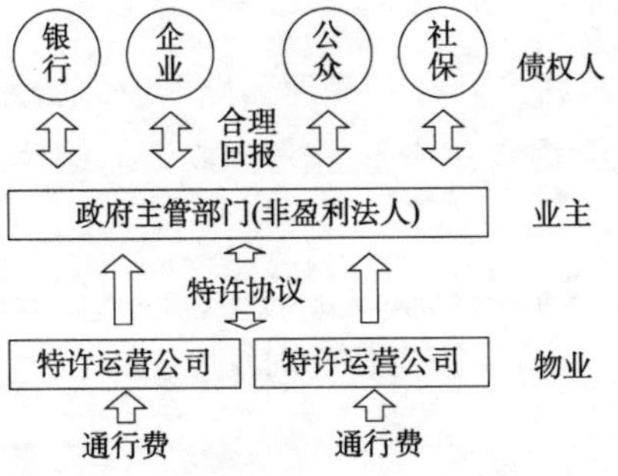

图 8-8 特许运营

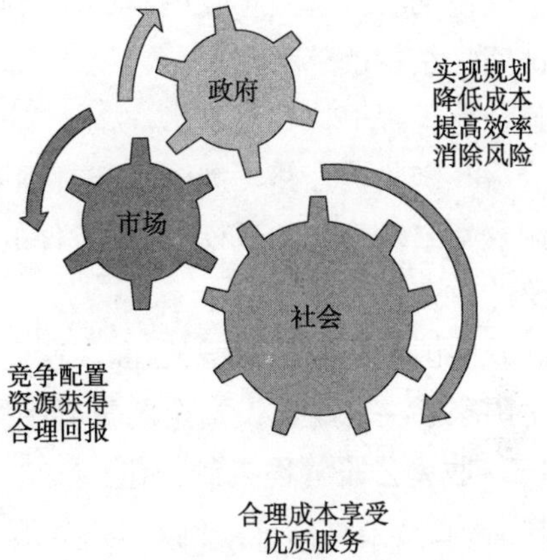

图 8-9 三者的关系

(九)金融渠道

以发行债券为主,银行、企业、公众、社保基金、养老保险都有机会自由公平参与。

2005 年成立之初,机构承接的债务为 38.8 万亿日元(约为 2.1 万亿人民币),2011 年底时间机构债务余额为32.1 万亿日元,用13%的时间偿还了17%的债务。服务行业由机构监督转向公司服务维护受机构监督(由于通行费并非公司利润来源),这样公司就会主动寻找客户需求,由此企业得利润,公众获更多更好服务。资产持有保持公益性、运营下放调动积极性、业主唯一确保完整性、统贷统还增加安全性、债券融资提高支持度、信息公开增加透明度。

(十)最终目标

利用好政府、市场和社会各自的优势与资源,协调好三者关系,调动各方积极性,在实现"共赢"基础上确保收费公路的可持续发展。

第二节 收费公路的相关政策

一、政策导向

作为国民经济和社会发展的重要基础设施的公路,从理论上讲,属于政府必须提供给社会的公共产品,应该无偿提供给用户。但由于我国公路建设起点较低,根据社会经济和交通发展要求,有选择、有重点地建设收费公路是一项解决资金不足、加快公路建设、促进社会经济发展行之有效的政策措施。发展收费公路是公路改革与发展的重大突破,是我国发展公路事业的战略性选择,今后一段时期收费公路仍将继续发展,但政府部门也要控制收费公路总量。

(一)收费公路结构变化

全世界建有收费公路的国家与地区共有20多个,其中70%的收费公路在中国。这样大规模的收费公路存在明显的不可持续性和许多潜在问题,因此对我国收费公路进行战略性结构调整势在必行。截至2015年底,全国公路总里程457.73万千米,其中高速公路里程12.36万千米。

今后我国收费公路发展建设与管理的重点将会转移到高速公路和一级公路中,严格控制收费二级公路的规模,在有条件的时候,逐步减少甚至完全取消二级及二级以下公路的收费。

随着中国经济的快速增长,非高速公路取消收费只是迟早的事。而高速公路收费仍将是国家解决公路建设资金的重要手段,并将持续相当长的时期。

(二)收费公路管理机制变化

根据《收费公路管理条例》第二章第十一条"建设和管理政府还贷公路,应当按照政事分开的原则,依法设立专门的不以营利为目的的法人组织。省、自治区、直辖市人民政府交通主管部门对本行政区域内的政府还贷公路,可以实行统一管理、统一贷款、统一还款。经营性公路由依法成立的公路企业法人建设、经营和管理。"可以得出,今后我国很可能以政府还贷收费公路的"统一管理"和"统贷统还"模式取代现有的"一路一单位"的贷款模式,实现省级范围内收费公路统筹管理、平衡还贷。把省内的收费公路视为一个整体,实施规模经营,改变目前对各个收费公路单独进行筹资与偿还债务的做法,将公路收费收入、转让公路经营权的收入进行统一管理。

这种规模化的管理机制有利于统一公路收费标准、公路养护的专业化及满足交通需求,提高服务水平。同时,便于省内收费站点的统一规划布设,也可大大减少收费站点的设置数量,提高整个路网的运行效率。

收费制度对绝大多数国家初期高速公路网建设起了非常重要的作用,尤其对非政府投资来说,收费高速公路的建设、经营、管理的特许经营制度,将有效地解决公路建设的资金来源,提高项目经营管理的效率。

《第一财经日报》记者在2016年3月2日从交通运输部了解到,未来10~15年,我国公路基础设施仍处于集中建设、加快成网的关键阶段,公路建设任务依然繁重,资金需求规模十分庞大。交通运输部表示,未来仍将坚持和依靠收费公路政策。

二、相关政策

收费管理的相关政策如下:

(1)《中华人民共和国公路法》:是指调整公路规划、建设、养护、经营、使用和管理过程中发生的社会关系的法律规范的总称。包含:公路基本法律法规、公路规划法律法规、公路建设法律法规、公路养护法律法规、公路路政管理法律法律、收费公路法律法规、公路保护法律法规等。其中收费公路法律法规包含:《收费公路管理条例》《收费公路权益转让办法》《关于开展收费公路专项清理工作的通知》。

其中收费公路部分摘录如下:

第五十八条:国家允许依法设立收费公路,同时对收费公路的数量进行控制。

第五十九条:符合国务院交通主管部门规定的技术等级和规模的下列公路,可以依法收取车辆通行费:

(一)由县级以上地方人民政府交通主管部门利用贷款或者向企业、个人集资建成的公路;(二)由国内外经济组织依法受让前项收费公路收费权的公路;(三)由国内外经济组织依法投资建成的公路。

第六十三条:收费公路车辆通行费的收费标准,由公路收费单位提出方案,报省、自治直辖市人民政府交通主管部门会同同级物价行政主管部门审查批准。

第六十五条:有偿转让公路收费权的公路,转让收费权合同约定的期限届满,收费权出让方收回。由国内外经济组织依照本法规定投资建成并经营的收费公路,约定的经营期限届满,该公路由国家无偿收回,由有关交通主管部门管理。

(2)《收费公路管理条例》:是为了加强对收费公路的管理,规范公路收费行为,维护收费公路的经营管理者和使用者的合法权益,促进公路事业的发展,根据《中华人民共和国公路法》(以下简称《公路法》)制定的本条例。

第三节 收费公路的运营管理

一、收费公路运营管理体制

(一)概述

收费公路运营管理主要包括五个方面的因素:管理职能的划分、管理机构的设置、管理人员的组成、管理规则的确定和运行机制的确定。

我国对收费公路运营管理体制的研究和探索是伴随着1988年10月31日竣工通车的我国第一条高速公路沪—嘉高速公路而开始的。并且形成了最早的一种管理模式——“沪嘉模式”。1990年我国大陆当时最长的一条高速公路沈阳—大连高速公路建成通车,由于其管理体制充分体现了“集中、统一、高效、特管”的原则,从而形成了具有鲜明特色的“沈大模式”。此后随着我国各地高速公路的全面发展,人们对高速公路的运营管理体制的争议越来越大,为此,国务院于1992年3月颁布的《国务院办公厅关于交通部门在道路上设置检查站及高速公路管理的通知》(国办发〔1992〕16号)中规定:“高速公路管理的组织机构形成,由省、自治区、直辖市人民政府根据当地实际情况确定,暂不作全国统一规定。”将高速公路运营管理体制的探索列为省级人民政府的改革探索,以期通过对各种管理体制的改革实践,找出适合我国实际、最能发挥收费公路最佳使用效果的收费公路运营管理体制。据此出现了许多收费公路运营管理体制的模式以及相应的组织管理机构。

1.我国收费公路运营管理的体制与现状

我国高速公路管理模式繁多。有一家管理的,也有按项目多家管理的;有以行政区域分段管理的,也有由公司跨地区集中管理的。近年来,全国主要管理模式有以下几种:

(1)由国资委依法行使国有资产出资人权利,委托省交通运输厅进行实际管理,承担本省高速公路项目建设和运营管理的大型国有企业。这种模式是我国高速公路建设与运营的主要模式,又可分为:

①由省人民政府批准,经工商局注册登记正式成立集团公司,作为省政府对全省高速公路建设的投资主体,同时受省交通运输厅委托行使高速公路行业管理职能。

②经省人民政府批准,由相关单位或企业依照《中华人民共和国公司法》等法律、法规,按照市场经济和建立现代企业制度设立的股份有限公司,并成功上市,作为公路建设融资窗口、资本运作载体以及优良公路资产的经营管理者。

(2)成立由省交通运输厅管理的省高速公路管理局,主要负责省属高速公路的建设,承担项目法人和投资主体职责;负责省属高速公路的投融资工作,负责省属高速公路的养护、通行费征收、服务设施管理,受交通运输厅委托负责省属高速公路的路政管理,保护路产路权。这种模式由于与国家发展和改革委员会《关于实行建设项目法人负责制的暂行规定》要求“基本建设大中型项目在建设阶段须组建项目法人”的原则有冲突,目前已逐步向第一种模式转变。

(3)采用BOT(Build-Operate-Transfer,意指“建设—运营—移交”)模式。BOT模式是政府部门通过特许权协议,在规定时间内,将项目授予外商为特许权项目成立的项目公司,由项目公司负责该项目的计划、设计、投融资和建设,并经所在国政府特许,在一定时期内运营该项目。特许期满,项目公司将特许权项目无偿移交给当地政府部门。这种模式由于相关政策、合同条款的不完善,在我国高速公路建设与管理中不占主导地位,但也在发展与探索中。

我国自20世纪80年代末期开始修建高速公路,各省、市人民政府根据各自的实际情况,对收费公路管理的组织形式曾进行了不同的探索,形成了多种模式并存的局面,而各种模式间也有很多交叉和相容的部分。这里仅列举几种主要的类型。

1)按管理权限划分

收费公路按管理权限划分,一般可分为集中管理型和专线管理型两大类。

(1)集中管理型:成立省级专门机构实行统一管理,这是目前比较认同的做法。将管理重心放在资金、技术、实力比较强的省一级,有利于加强高速公路的统筹管理和领导,有利于充分发挥收费公路的投资效益和运营效益。

这种体制形成了事实上的“一省两局”,在现有管理体制下,两局间的协调较为困难。

(2)专线管理型:按高速公路的不同路段分别成立专门的管理机构,就是通常所说的“一路一公司”或“一路一局”。

这种方式的缺点是不利于统一行业标准及行业规范，不利于公路行业的统一调控。

2)按机构性质划分

收费公路按机构性质划分，可分为事业管理型、企业经营型和事业单位企业化管理型。

(1)事业管理型：采用自收自支形式，实行收支两条线管理，通行费收入全额上交上级主管部门，运营管理经费根据年度计划由上级主管部门审批划拨。这种体制具有较强的计划性和行政管理性，较易于体现收费公路运营管理的政府职能，但行政干预范围较大，独立行使自主权限小。特别是面对收费公路经营管理逐步走向市场的新形势，这种方式已不再适应今后发展的方向。

(2)企业经营型：完全采用企业公司运作方法，在经济上实行独立核算、自负盈亏。虽受上级部门或董事会、管委会领导，但本身是较完善的经济实体。这种体制在人事、财务、经营等各方面有较强的独立自主权，较易于通过自主经营实现自我发展。

(3)事业单位企业化管理型：在机构设置及经费使用上基本沿用事业管理型模式，在财务核算上借助了公司核算方法的某些优势，并根据核算方式的侧重不同，形成准事业型或准企业型的管理。这种体制综合了上述两种体制的优点，便于行使政府职能，利于搞活经营管理。在一定时期内，对高速公路运营管理起到了积极作用。但这种体制在用人、权责、管理机制等方面无法真正按照现代企业制度独立运作，易造成大量冗员、资金浪费等现象。

3)按管理内容划分

收费公路的运营公路分为建管一体型和专门管理型。

(1)建管一体型：从筹资贷款、设计施工直至收费还贷、养护维修、经营管理，均进行全权负责。这种体制具有较好的统筹兼顾性，有利于降低工程造价及运营成本，提高施工质量及服务水平，增强收费公路经济管理者的负责经营意识，充分发挥收费公路应有的社会效益和经济效益。一般兼容于集中管理型或企业经营型体制。

(2)专门管理型：在收费公路建成后，设专门公司(局)负责运营管理工作。这种体制有利于收费公路技术密集的专业化管理，较利于集中精力研究各项管理业务，提高管理水平。但此种体制在建设转入管理后需要一个较长的调整适应期，且管理的好坏在一定程度上依赖于建设施工质量，管理的衔接性、主动性相对较差。转让经营权的收费公路一般也属于这种管理类型。

2. 现行运营管理体制存在的问题

随着我国社会主义市场经济的逐步建立，现有收费公路运营管理体制中的一些问题也显现出来，尤其是管理体制混乱、机构设置交叉重叠、职能不清、执法力度不够等问题相当突出。目前存在的主要问题如下：

(1)一路多制。

公路作为交通运输的基础设施，其运营管理应当是一个完整的系统工程，特别是对系统内人、事、路(环境)的管理，不能人为地分割开来，而目前存在的交通与公安政出多门、执法不一、相互掣肘的现象已严重影响了高速公路的管理及其在社会中的形象。近年来，随着高速公路运营管理公司化进程的加快，以政府职能形式派驻的路政队伍与高速公路管理公司间的工作协调问题，也有待在实践中完善。

(2)各地割据。

由于不少收费公路的投资主体不同或采用分段修建方式，因而在一个省、一个地区的同一路段中，往往存在多个互不隶属的管理单位或实体，这些单位或实体按照各自的利益行使管理权、设置主线收费站，缺少相互间的协调和统一，影响了收费公路的畅通，给用户带来了诸多不便。

(3)政企不分。

目前我国收费公路大多是由政府投资逐渐向政府与企业、内资与外资多元化投资主体转变的过程中运作的。因此，即便是一些已经注册的收费公路经营公司，也都或多或少地带有原事业单位的背景，这就束缚了收费公路自主的法人身份，影响了运营效益。

我国在高速公路管理方面有以下特点：

①管理机构数量多。全国约有高速公路管理机构240个。

②管理规模过小。在全国240余个高速公路管理机构中，管辖里程超过100千米的仅56个；管理里程超过300千米的仅16个，超过500千米的仅4家单位。

③路政管理模式复杂。省公路局负责业务管理的模式；收费公路管理局负责的模式；交通厅直接派驻的模式；收费公路企业负责的模式；实行属地管理，由当地交通局或公路分局负责管理的模式；实行综合执法，与交通安全、稽查合并的模式。

④路网分割。目前的收费公路中出现了多个利益主体各据一方，分散管理，独立行事的局面。

总之，从筹措资金的角度看，尽管收费公路的企业化经营有利于调动各方面建设公路的积极性，增加公路建设的资金来源，减轻政府的负担。但由于在收费公路的建设、运营过程中与政府、社会各界有着密切的关系，在经营过程中的政策扶持力度、利益分配关系以及政策与法规的完备性和稳定性都直接影响着企业利益，也就增加了许多矛盾及其协调的难度。

3. 运营管理体制发展的趋势

其主要方式如下：

(1)经营权转让。在收费公路建成之后，业主通过转让经营权收回先期建设投资。购买经营权方则通过收取通行费及其他费用方式在转计期内收回投资，获取利润。

(2)BOT方式。它由投资方进行收费公路建设，经营若干年后再无偿转让给当地政府。

(3)股份制改造。其通过对收费公路资产存量的重组和股份化改造,将收费公路股票在境内外直接上市融资,筹集大量资金。今后我国收费公路的运营管理必将进入一个企业化管理的时期。

(二)建立有中国特色的高速公路运营管理体制架构

随着公路的快速发展,政府管理经济的职能转向制定和执行宏观调控政策,已明确预示了收费公路的运营管理必将走市场体制的道路。

1.基本思路

建立有中国特色的收费公路运营管理体制架构,必须从我国的实际出发,充分考虑我国经济体制改革和政治体制改革的总体框架和要求,实行党政分开、政企分开,走企业化管理的道路高速公路的经营管理体制应当推行公司(集团)制,在国家给予优惠政策的前提下,实现高速公路的特许经营,其具体架构是:一个省(直辖市)组建一个高速公路总公司(集团),负责全省(直辖市)高速公路的建设和经营;每一条高速公路组建一个子公司,负责该路的经营管理。总体架构的实现,分为四个部分。

(1)针对每一个收费公路的建设项目,应按《中华人民共和国公司法》的要求组建经营性收费公路公司,也就是子公司,实行严格的项目法人责任制,让独立的法人对收费公路项目的策划、筹资、建设、经营管理、偿还贷款、保值增值的全过程,全权负责。

(2)成立省级收费公路总公司,受政府委托,对省内各收费公路子公司实施管理。

(3)理顺现行的收费公路管理体制、规范名称和管理权限。对于收费公路公司的经营活动,政府以代表者的身份参与经营管理,而不应进行过多的行政干预。

(4)各级政府采用执法委派或派驻方式,对收费公路的路政管理和交通安全管理进行统一管理。

2.架构的优越性

上述收费公路运营管理架构比较适合我国目前收费公路的发展趋势,具有较多的优越性。

(1)比较好地处理了政府与企业间的关系,基本上达到了政企分离的目的。

(2)实现了收费公路建设、养护、经营、管理的"一体化"要求,有利于收费公路设计、施工、管理等各个环节的衔接,有利于降低成本,提高建设质量,减少人员,实现管理层的精干、高效。

(3)贯彻了"统一收费,统一经营,分路筹资,分路建设,分路核算,分路还贷"的原则,提高了各子公司的责任意识和经营意识,增强了企业内部的竞争和活力。

但目前收费公路的建设与管理中,政府的行为和行政干预尚不能完全排除。这是因为在目前的条件下多数省份的经济实力不足,单靠企业融资确有一定难度,加上特许经营的有关法规、政策尚不能完全配套,单纯依靠公司体制去发展收费公路的条件还很不成熟。因此在实践中还要依据具体情况进行具体的分析,确定相应的对策,逐步实施。

此外,我国收费公路的建设目前主要由省级政府负责组织实施,故在收费公路运营管理体制上各地会按照自己的具体情况进行组织与安排。

(三)机构设置原则及注意的问题

在收费公路运营管理体制确定的前提下,建立合理的收费公路管理机构,对于完善管理职能,提高管理效益有着不可低估的作用。

1. 机构设置的主要原则

收费公路运营管理机构的设置,应当把握以下几个主要原则。

(1)统一领导的原则。收费公路的统一领导是指交通行政主管部门实施的行业管理职能的统一,管理法律、法规、规章的统一,管理经济、技术标准的统一,以及运行总体目标的统一。实现统一领导的,要求在机构设置和职能配置上,应相对集中而不宜分散。

(2)分级管理的原则。不同地区的收费公路应以不同地区为主管理。此外,收费公路管理中还有行政管理和资产经营两大类,各类还有不同的层级,具有相应的管理范围和权责。这些特点决定了收费公路的管理应依据管理幅度原则,实行统一领导下的分级管理,以充分发挥中央、地方和收费公路经营企业等多方面的积极性。

(3)分工合作的原则。在收费公路管理的大系统之中,各个管理层级——中央、地方和管理基本单元;多个管理环节——计划、组织、控制、反馈;各个管理子系统——路政、交通安全、收费、养护、服务、通信监控等,都有相应的机构按职能分工运作。

(4)精简高效的原则。管理机构设置和职能配置的合理程度将直接影响体制运作成本和效率。

为此,在收费公路管理机构设置上,应在统一领导、分级管理、分工合作的基础上,尽可能利用现有管理资源,由一个部门来管理。

2. 机构设置应当注意的问题

在设置高速公路运营管理机构时,应特别注意如下问题:

(1)要注意机构的兼容性。收费公路运营管理的业务涉及面较宽,有着承接关系或交叉联系,很难完全分割开来。因此,在确定机构时,要充分考虑各业务间的兼容性,尽量缩小管理层面,扩大操作层面,实现机构的精干高效。

(2)要注意机构的扩展性。分期修建的收费公路投入运营需设置管理机构时,必须研究发展规划,使机构设置能够适应今后的发展需求,并有较强的扩展功能,以便将来连续管理或与路网管理衔接。

(3)要注意机构的超前性。收费公路一般具有较完善的技术装备和较先进的科技管理手段,管理机构设置时不仅应当适应这种状况,而且还须具有超前意识。特别是随着现代化办公系统的应用,会加速管理观念的更新,缩减机构编制,设置机构时应当考虑。

(4)要注意管理的社会性。收费公路运营管理具有较强的社会性,特别是在提供服务方面。但在机构设置中,要注意简化这些机构,将那些能够由社会承担的业务推向社会,如救护、维修和服务区等。

（四）运营管理机构设置

根据《中华人民共和国公路法》和收费公路运营管理机构设置的主要原则，收费公路管理宜采用“直线职能制式”，按照不同的管理层次，分别建立相应的管理机构。

1. 管理机构设置

1）分级管理机构

收费公路的运营管理无论采用行政事业型还是公司企业型，一般采用三级管理形式。

（1）各省（市）、自治区高速公路主管局（总公司）为第一级，负责对收费公路规划建设、资金使用、规范标准等实行宏观管理，下设与管理内容有关的职能处室（部），主持各项工作。

（2）各地区高速公路管理处（子公司）为第二级，具体负责高速公路的各项运营管理工作。

（3）路段所辖各管理所为第三级，一般有收费站、监控站、通信站、养护工程队、服务区等。

上述三级管理目前通常采用二级核算方式，即实行局、所两级的核算。管理所除服务区工程队外，一般不再建立核算机制，但也有进行三级核算管理的。

2）职能管理机构

收费公路职能管理系统的建立，应坚持“精简高效”的原则，各部门的设置应依据实际情况，同时在业务上注意体现一定的综合功能。有条件时，可按党政管理系列、业务管理系列、行政管理系列建立数个综合部（室），实行集体综合办公。

3）操作管理机构

收费公路操作管理机构一般有两种类型。

（1）建立综合管理所，即按区段管辖长度（大约每50千米）设置管理所，由管理所全权负责管辖路段内的养护、收费、路政、监控、服务经营等各项业务，路段内的收费站亦由管理所管理。这种设置有利于区段内的管理协调，特别适合路程较长的收费公路。

（2）建立专业管理所，即按不同的业务内容设置专业管理所，由各专业管理所分别负责养护、路政、收费、监控的服务经营等业务。专业管理所下可视情况设置或不再设置管理班（组）。这种设置特别适用于路程较短的收费公路。

但无论上述管理系统如何组织，系统的各元素间都存在着互相制约、互相联系，只有将其融为一体，才能充分发挥收费公路的功能。

2. 内部管理机制

收费公路的运营管理不仅取决于内部管理系统的设置，还决定其采取的管理方法及管理机制，这方面应当注意以下几点。

（1）改革用工制度。在保证人员高素质的前提下，尽可能压缩在编人员，扩大合同工、临时工的使用范围。使用雇佣人员，便于管理；经费耗用较少；机动性较大；竞争性较强，利于择优录用。其缺点是工资基金管理难度大，培训任务较重。但总的说来利大于弊。收费公路用工应当保证一定的流动比例，从而保持管理上的竞争和活力，做到骨干力量相对稳定，一般人员相对流动，流动比例通常不超过30%。

(2)落实经济承包责任制。对于养护工程或其他业务，可采用经济承包的办法落实责任。承包的内容可以是包任务、包质量、包安全、包成本（或经济指标）、包完成时间等。

(3)采用内部招投标管理。适用于大多数收费公路经营性管理内容。特别是在所有权与经营权分离的前提下。适宜采用招投标管理的项目包括：收费公路养护工程、单项工程、服务区各种经营、物资采购、职工副业基地管理等。

(4)实行责任目标管理。各部门要根据收费公路运营管理的规划和年度工作，制订各自的工作计划和工作目标，并以此作为考核的依据。责任目标的制订要包括工作内容、工作标准、完成时间、成果验收等量化考核指标，并依此进行阶段和全年工作考评。

(五)职能管理

收费公路运营管理部门除应做好外部的管理工作外，还应做好如技术、计划、财务、物资、材料以及设备、设施管理等内部的各项管理工作。

1.技术管理

收费公路的技术管理工作涉及工程、养护、路政、通信及监控等项目的管理，均应该严格遵守国家的各项方针、政策和有关技术规范及质量标准。应采取管理的方法如下：

(1)明确技术岗位责任制。明确岗位责任制，做到各司其职。

(2)建立综合技术档案。建立完整技术档案。技术档案包括：路段施工、竣工图纸；机具、仪器产品说明及细部安装图样；试验、科研项目的报告及验收鉴定书；有关技术法令、技术法规、技术制度及相关文件。

(3)认真把好技术关。路政、养护、通信监控单位，要随时了解工程、通信线路、机具、监控设施情况，并按规定制度养护、维修。要建立各工种技术操作规程和标准，对于大、中修工程，应按计划安排，做好设计和预算，安排好招标和工程监督，按合同进行管理，并参与中间检查及竣工验收工作。

(4)掌握信息动态。收费公路方面的路况信息和技术动态，均在不断发展和更新。应随时收集国内外有关信息，结合实际和需要加以利用。

(5)积极开展技术革新。要特别注意运用新设备、新机具、新工艺、新材料。可鼓励员工进行技术开发；也可视需要与有关大专院校、科研部门进行技术合作。

(6)协同作战。包含公路内部管理与外部协调。如对交通故障的排除、交通事故的处理，不仅需要路政、交通安全人员的协调，还需要医疗、急救、抢救队伍的配合。

2.计划和财务管理

1)计划管理

在计划管理工作中要抓住三个中心环节:计划的编制、计划的实施、计划的控制与检查分析。在具体工作中还应做好以下几件事:

(1)对计划要进行分类管理。在投资方面要有长期、中期、短期计划,包括设施建设、技术改造、发展预测、人才培训开发、交通运营等;在收入计划方面主要是车辆通行费和其他项目的收入;在支出计划方面主要是还贷实施计划及经营管理费用计划,材料供应、设备购置等计划,专项大、中修计划,经常性维修计划。

(2)重视计划的基础工作。第一,要制订统计报表。每日、每月、每年各项原始报表要及时填报,要统一统计指标口径及计算方法,并实施归口管理和进行汇编分析。第二,要建立和健全各项定额。正确使用已有定额和及时补充、修订定额。

(3)注意收集经济情报,做好预测工作。收集关于收费公路经济信息资料,掌握国内外公路经济动态,为运营决策者提供依据,为计划的准确性提供可靠的数据。

2)财务管理

财务管理应贯彻国家政策法令,认真执行各项财务制度,严肃财经纪律,维护国家财产,并推行各级财务工作人员岗位责任制。做好财务工作应注意以下几点:

(1)编制执行财务计划要做到拨款、使用、分配按计划进行,并注意开源节流。

(2)对各项生产经营活动的收支情况,实行财务监督和检查,对经济合同和协议财务人员要参与审查。

(3)经常性地对有关经济活动进行观察与分析,及时提供财经信息,做好领导的参谋;有计划地做好财经人员培训工作。

(4)制定本系统的各种财务规章制度和办法,按规定完成各项报表和账目,健全会计档案,并妥善保管有关凭证资料。

(5)会同有关部门核定单位固定资产和流动资金,并对此加强管理。

(6)结合上级有关规定,制定各项奖惩办法并检查监督实施,同时定期进行财务审计。

3.物资材料的管理

物资材料的管理是指对道路养护、维修和管理所需各种物资材料的计划、采购、供应、保管、发放全过程的管理。应做到以下几点:

(1)遵守国家政策法令,严格各种物资材料管理制度。

(2)应做好物资材料的计划、采购、保管、发放工作,并按要求的规格和日期提供生产需要的物资材料。

(3)在保证道路质量标准的前提下,尽可能采用新材料、新工艺、新机具、新设备。

(4)要制定物资耗用定额及储备定额,并进行督促检查。

(5)搞好仓储管理。其包括物资验收入库、储放保管、废旧物资回收及物资储备等项工作。验收入库时要把好质量、数量关。储放保管既要分区、分类、标码堆放,做到账物相符，又要使物资安全，注意防潮、防锈、防火、防盗、防腐、防尘。在发放物资材料时，应实行限额发料，防止浪费。同时，还应定时清仓核资，检查有无超储积压，有无损坏变质，有无压库破坏现象，做到及时堵漏、挖潜、修复。此外还应通过信息反馈，及时掌握物资材料储存情况，提出缺货或超储物品类别，向领导和有关部门提供可靠信息。

(6)提高物资周转率和以较低的费用供应物资，少占用流动资金。在保证产品质量的前提下，通过优选货源来供应物资。

4.设备设施管理

收费公路设备、设施种类多且技术先进，结构复杂，因此必须加强管理。管理工作应注意以下六个方面。

(1)正确选择选购设备。在选型时要注意产品可靠性、稳定性、耐久性，尤其野外使用的设备要经得起恶劣气候的考验；还要注意产品使用的经济合理。在签订供应合同时，要注意产品规格、型号、单位、单价、检验标准、调试安装运转要求和设备保修期长短等内容。

(2)设备、设施的使用，要防止“大机小用”“小机大用”“精机粗用”等不正常现象；要做到按安全操作规程行事。

(3)设备、设施应有计划地维护、检查和修理，以使它们经常处于完好状态。这项工作内容包括：日常维修，定期检查，计划小、中、大修，并建立预防修理制度。

(4)要加强设备、设施的改造，所谓改造是将科学技术新成果应用于现有设备，以提高设备和设施的使用性能。

(5)对设备、设施要建立技术档案，了解购置、使用、保养状况。

(6)及时编制或修订主要设备安全技术操作规程，做好设备事故的分析工作，处理好事故并防范事故于未然。

二、收费公路运行管理制度

收费公路运行管理制度有《中华人民共和国公路法》《收费公路管理条例》和依据法律、法规结合本地实际制定的地方公路管理条例等。如《上海市收费高速公路运行管理规定(试行)》是为加强本市收费高速公路运行管理，保障收费高速公路的完好、安全和畅通，根据《中华人民共和国公路法》《收费公路管理条例》和《上海市公路管理条例》等法律、法规，结合上海市实际制定的规定，对促进上海市高速公路事业发展，将起到积极的作用。其对上海市收费高速公路的运营管理部门的设置、职责、要求等做出了详细的规定。

收费公路运行管理制度的内容一般包括收费公路试运行期以及正式运行后的养护、收费、监控、服务、使用及相关的监督管理活动的有关制度。

参考文献

[1] 交通运输部. 中国交通运输60年[M]. 北京:人民交通出版社,2009.

[2] 李作敏. 交通工程学[M]. 北京:人民交通出版社,2003.

[3] 管楚度,龙科军. "一带一路"关键交通节点区位分析与开发[M]. 北京:人民交通出版社股份有限公司,2015.

[4] 李海波. 刍议如何处理公路养护与路政管理之间的关系[J]. 科技创新与应用,2012(08).

[5] 邹君俊. 高速公路养护管理模式对比研究——以福建省为例[D]. 昆明:昆明理工大学,2014.

[6] 穆新华. 高速公路养护运行机制改革研究[D]. 西安:长安大学,2010.

[7] 卢艺琪. 农村公路养护体制及运行机制改革研究[D]. 西安:长安大学,2009.

[8] 张庆伟,刘静. 国内外高等级公路养护管理体制探讨[J]. 道路工程,2014.

[9] 吴贵平. 高速公路养护管理现状及解决策略[J]. 江西建材,2012(02).

[10] 王明林,梁巍,吴琳娜. 论新时期新形势下的高速公路养护体制[J]. 黑龙江交通科技,2003(02).

[11] 赵保平. 我国现行公路养护管理体制的弊端及其改革方向探讨[J]. 公路工程与运输,2005(01).

[12] 郗恩崇. 高速公路路政管理[M]. 北京:人民交通出版社,2004.

[13] 王文武. 公路路政管理手册[M]. 2版. 北京:人民交通出版社,2013.

[14] 宋林锦. 公路路政管理[M]. 北京:人民交通出版社,2012.

[15] 国家质量监督检验检疫总局,国家标准化管理委员会. GB 1589—2016 汽车、挂车及汽车列车外廓尺寸、轴荷及质量限值[M]. 北京:中国标准出版社,2016.

[16] 王笑京. 公路网运行监测与服务暂行技术要求[M]. 北京:人民交通出版社,2012.

[17] 卢毅,刘建生,张敬文. 高速公路建设项目业主管理指南[M]. 北京:人民交通出版社,2007.

[18] 畅良臣,雷崇国. 高速公路管理体制的探讨[J]. 公路运输文摘,2002,(04).

[19] 魏浩华. 高速公路收费与路政应知应会[M]. 北京:人民交通出版社,2013.

[20] 张擎. 公路建设项目投资与融资[M]. 北京:人民交通出版社股份有限公司,2015.

[21] 唐琤琤,何勇. 公路安全保障工程实施技术指南解析[M]. 北京:人民交通出版社,2007.